東洋古典百選 14

孫子兵法

孫　　　武
許文純 譯解

一信書籍出版社

머리말

　동서 고금을 통해 병법서(兵法書)로서 최고의 권위를 자랑하는 것은 손무(孫武)의 《손자병법(孫子兵法)》이다. 『적을 알고 나를 알면 백 번 싸워서 위태롭지 않다.』라는 유명한 명제도 바로 이 책에 실려 있다.
　손무는 공자(孔子)와 거의 같은 시대인 춘추(春秋) 말기 시대의 병가(兵家)로서, 지금의 산동성(山東省)인 제(齊)나라 태생이다. 자는 장경(長卿)이고, 손자(孫子)는 그의 존칭이다. 손자에 대해서는 다른 인물의 경우와 마찬가지로 현존 기록이 많지 않아서 상세한 내력은 전해지지 않고 있다. 그의 생몰연대(生沒年代)도 불확실하며, 《손자병법》의 저자로, 맹자(孟子)와 같은 시대의 전국(戰國) 시대 중기에 활약한 손빈(孫臏)으로 보는 설(說)도 있다. 그러나 손빈은 손무 이후에 《손자》를 정리하고 체계를 세운 사람 중의 한 사람으로 보는 견해가 다수이다. 한편, 손무는 실재 인물이 아니었다라고 주장하는 사람도 있다. 이의 근거는 《좌전(左傳)》에 그에 대한 기록이 전혀 나오지 않는다라는 데 있다. 그러나 《좌전》에 없다고 해서 그의 실재를 부정하는 것은 부당하다. 왜냐하면 《사기(史記)》에는 처음 합려(闔閭) 왕을 찾은 손무가 그가 지은 병법 13편을 왕에게 바친 일이 있다라고 기록되어 있기 때문에, 이 《사기》의 기록을 부정할 수도 없다. 따라서 손무에 대한 생애 기록은 극히 미미해서 많은 연구 대상이 되고 있다.
　그러나 일반적 주장으로는, 손무는 일찍이 《병법(兵法)》13편을 지어 양자강(揚子江) 하류, 지금의 소주(蘇州) 부근에 번영했던 오(吳)나라 왕 합려에게 보이고 장군으로 등용되어, 그의 군사를 이끌고 초(楚)나라를 격파한 인물로 보고 있다.
　《손자병법》은 《손자(孫子)》, 《오손자병법(吳孫子兵法)》, 《손무병법(孫武兵法)》이라고도 한다. 《사기》의 손자오기열전(孫子吳

起列傳)에는 병법 13편으로 기록되어 있고,《한서(漢書)》예문지(藝文志)에서는《오손자병법(吳孫子兵法)》82편으로 기록되어 있다. 그러나 지금은 13편만이 전해지고 있다. 이것은 위(魏)나라 무제(武帝) 조조(曹操)가 주석을 한《손자》의 본문에 의한 것인데, 이것을 현행《손자》의 원형으로 보고 있다. 따라서 현행《손자》13편이 과연 합려가 보았던 손무의 병법이었는지는 확실치 않지만 위 무제는 처음부터 손무의 13편을 원본으로 했을 것이라는 게 일반적인 주장이다.

 《손자》13편의 내용은 시계(始計), 작전(作戰), 모공(謀攻), 군형(軍形), 병세(兵勢), 허실(虛實), 군쟁(軍爭), 구변(九變), 행군(行軍), 지형(地形), 구지(九地), 화공(火攻), 용간(用間) 등으로 되어 있다. 이 책은 중국의 최고 병서(兵書)로서, 그 내용에 있어서도 다른 병서와 비교가 안 될 정도로 뛰어나다.

 이 책을 미루어 볼 때 손자는, 정황을 명확히 파악하여 피차의 수의 다소, 강약, 허실, 공수, 진퇴 등을 총체적으로 분석하여 전쟁에 대한 객관적인 인식과 운용을 통해서만 전쟁에서 이길 수 있다는, 전쟁의 법칙성을 탐구한 최초의 인물로 평가받고 있다. 또한 그의 사상에는 노자(老子)의 사상도 포함돼 있고, 소박한 유물론과 변증법적 요소들까지도 풍부하게 포함돼 있다.《손자》는 13편으로 나뉘어 있으면서도 이러한 사상들로 처음부터 끝까지 일관되게 전개되어 있는 것이다.

 본서(本書)는 시계(始計) 제일(第一)부터 용간(用間) 제십삼(第十三)까지 총 13편의 내용을 원문(原文), 원문의 뜻인 해의(解義), 그것의 함축적 의미와 배경을 설명한 문의(文義), 현대 생활과의 관계를 소개한 해설(解說) 순으로 체계를 잡아, 독자의 이해를 돕고자 했다. 아무쪼록 본서가 독자의 사회생활에 일조가 되었으면 하는 바람이다.

次　例

머리말 —————————— 5

始計(시계) 第一 —————————— 9
作戰(작전) 第二 —————————— 57
謀攻(모공) 第三 —————————— 76
軍形(군형) 第四 —————————— 96
兵勢(병세) 第五 —————————— 111
虛實(허실) 第六 —————————— 128
軍爭(군쟁) 第七 —————————— 151
九變(구변) 第八 —————————— 177
行軍(행군) 第九 —————————— 191
地形(지형) 第十 —————————— 219
九地(구지) 第十一 —————————— 240
火攻(화공) 第十二 —————————— 281
用間(용간) 第十三 —————————— 291

始計 第一

1

> 孫子曰, 兵者, 國之大事, 死生之地, 存亡之道, 不可不察也.

【解義】 손자는 말했다. 병(兵)은 나라의 큰 일이요, 죽고 사는 땅이요, 남아 있고 망해 없어지는 길이니 살피지 않을 수 없다.

손자(孫子)라는 사람은, 중국 춘추 말기, 지금부터 2천 몇백 년 전의 제(齊)나라 사람으로 오(吳)나라 왕 합려(闔閭)에게 벼슬한 사람이다.

오(吳)라는 나라 이름은 중국 역사에 여러 번 나타나는 이름인데, 이 오나라는 주(周)나라 초기에 태백(泰伯)이란 사람이 세운 것으로 전해지고 있는 가장 최초의 오나라다.

2천 몇백 년 전의 옛날 일인데다가 당시는 중국의 이른바 춘추 전국 시대라는 나라끼리 같은 민족 서로간의 싸움으로 잠시도 조용하고 편할 날이 없던 혼란한 시기였으므로, 지금까지 남아 있는 역사적 기록도 적고 해서 아무래도 여러 가지 점이 명확하지 못한 것은 어쩔 수 없는 일인 것 같다.

극단적인 말을 하는 사람은, 손자는 실지로 존재하지 않았던 사람이라고까지 한다. 이유인즉 그 당시의 일을 기록한《좌전(左傳)》이란 역사책에 손자의 이름이 전혀 나오지 않기 때문이란 것이다.

그러나 이 역사책은 주로 당시의 재상이라든가 그런 중신들의 말만 기록한 책이어서, 손자와 같이 단순히 한 병술가였던 사람이 기록에 빠져 있다고 해서 그것만으로 실재했던 사람이 아니라고 하는 것은 올바른 판단이 될 수 없을 것 같다.

 손자라는 것은, 공자니 맹자니 하는 것과 마찬가지로 〈손〉이라는 성에다가 〈자(子)〉라는 경칭(敬稱)을 붙인 것으로, 본래의 이름은 손무(孫武)라고 한다. 위에서 《좌전》이야기를 했지만, 《좌전》다음으로 가장 권위 있는 역사책으로 손꼽히는 《사기(史記)》에는 이 손무에 대한 전기가 실려 있다. 그는 생각하는 규모가 크고 그러면서 아주 날카로웠던 병법가로서, 그가 말한 병법 13편은 약간 뒤이기는 하지만 거의 같은 시대의 병법가였던 오기(吳起)의 병법과 함께 〈손오병법(孫吳兵法)〉으로 불리고 있는 가장 대표적인 병서다.

 《사기》의 손자·오기 열전(列傳) 등 기록에 보면 대략 다음과 같은 이야기가 실려 있다.

 손무 즉 손자는 병법에 관한 저술을 가지고 오왕 합려를 만나보게 되었다. 합려왕은 손자를 보고 이렇게 말했다.

「경이 쓴 병법 13편은 전부 다 읽었는데 매우 내용이 훌륭했소. 그러나 책에 쓴 그대로 과연 될 수 있는지 한번 시험해 볼 수는 없겠소?」

「시험해 볼 수 있습니다.」

「부인들에게도 시험할 수 있겠소?」

「할 수 있습니다.」

 그래서 합려왕은 궁중에 있는 궁녀 1백80명을 골라 내어 손자에게 주었다.

 손자는 90명씩 두 대로 나눠 편성을 마친 다음, 왕의 사랑하는 후궁 둘을 청해 양쪽 부대의 대장으로 삼았다. 손자는 궁녀들에게 각각 창을 들게 한 다음, 단에 올라가 호령을 하는 것이었다.

 그는 훈련에 관한 자세한 지시와 약속을 마친 다음, 약속을 따르지 않는 사람에게 벌을 주기 위한 형구(刑具)를 차리고 약속에 의해 북을 울렸다.
 그러나 평생에 입어 보지 못한 갑옷을 입고, 들어 보지 못한 창을 든 철없는 궁녀들은 북소리에 따라 막상 발길을 내디디려 하니, 억지로 참고 있던 웃음이 한꺼번에 터져나오는 것을 막을 길이 없었다.
 억지로 웃음을 참으려니 더욱 우습기만 했다. 1백80명의 궁녀들은 북소리가 웃으라는 신호라도 되는 것처럼 손으로 입을 가리고 킥킥거리기에 정신이 없었다.
 손자가 이를 예상하지 못했을 리는 없다. 그는 성난 얼굴에 우렁찬 목소리로,
「약속이 분명치 못하고, 호령이 익숙지 못한 것은 장수의 잘못이다.」
하고 한 번 더 똑같은 약속을 되풀이한 다음 다시 북을 울렸다. 그러나 궁녀들은 여전히 웃기에만 바빴다.
 손자는 이제 화가 머리끝까지 치밀어올라,
「약속과 호령이 이미 분명히 전달되었는데도 그대로 시행이 안되는 것은 대장에게 책임이 있다!」
하고, 왕의 총희인 두 대장을 당장 끌어내어 처형하라고 군리(軍吏)들에게 명령을 내렸다.
 이 광경을 대(臺) 위에서 바라본 합려왕은 크게 놀라 급히 사람을 보내 이렇게 말을 전달했다.
「과인은 이미 장군의 실력을 알았소. 과인은 그 두 여자가 아니면 밥을 달게 먹을 수 없고, 잠을 편히 잘 수 없으니 처형만은 말아 주오.」
 그러나 손자는 단호히 거절했다.
「신은 이미 왕명을 받아 장수가 된 몸입니다. 장수가 군에 있을 때는 왕명도 받지 않는다고 했습니다.」
하고, 즉시 두 대장의 목을 베어 머리를 장대 끝에 꽂아 군중들에게 내보이게 했다.

웃음을 멈추고 어리둥절해 있던 궁녀들은 순간 얼굴이 흙빛이 되어 전신이 얼어붙는 것만 같았다.

손자는 궁녀 중에서 다시 두 사람을 뽑아 대장을 삼고, 전과 같은 약속을 또 한 번 되풀이한 다음 북을 크게 울렸다.

궁녀들은 북소리에 따라, 좌로 우로, 앞으로 뒤로, 무릎을 꿇었다 일어났다 하며, 줄과 거리가 꼭꼭 규정에 맞게 움직이며 찍 소리마저 내는 일이 없었다.

그제야 손자는 사람을 보내 왕에게,

「군대는 이미 정제(整齊)되었으니 왕께서 내려와 보십시오. 왕께서 이를 쓰시게 되면, 물과 불 속에라도 뛰어들 수 있습니다.」

그러나 자기 명령을 어기고 두 총희를 처형한 손자에게 호감이 갈 리 없었던 합려왕은,

「장군은 훈련을 그만두고 숙사로 가 계시오. 과인은 내려가 보고 싶지 않소.」

하고 달갑잖은 표정을 지었다.

손자는 이 말을 듣자,

「왕은 한갓 말을 좋아할 뿐, 그 참을 쓸 줄은 모르는구려.」

하고 실망을 표시하지 않을 수 없었다.

이것이 사실이라면 낭자군(娘子軍)의 가장 오랜 기원이 될 수도 있겠는데, 약간 앞뒤가 안 맞는 점도 있고 해서 사실 여부를 의심하는 사람들이 많다.

아무튼 이 전설에 의해, 손무는 같은 시대의 제나라 장수였던 양저(穰且)와 함께 군령이 엄했던 대표적인 인물로 손꼽히고 있다. 즉 병법 하면 손오(孫吳)요, 군령하면 손무 양저가 첫손에 꼽히고 있는 것이다.

그 뒤 손자는 그를 추천한 장본인인 재상 오자서(伍子胥)가 합려왕을 설득함으로써 오나라 군사(軍師)가 되었고, 이어 천하에 그 강성을 자랑하던 초(楚)나라를 무찔러 서울인 영(郢)을 함락시키고 임금 소왕(昭王)을 국외로 도망치게 함으로써, 일약 오나라를 천하

의 강국으로 끌어올리게 되었다.

【文義】 병(兵)이란 말은 앞으로도 자주 나오게 되는데, 병력(兵力) 즉 싸우는 군사의 뜻으로 쓰이는 외에, 무기라든가, 전비(戰備)니 전력(戰力)이니 하는 내용을 말하는 경우도 있으며, 때로는 크게 전쟁이란 뜻으로도 쓰인다. 여기에서는 전쟁이란 뜻으로 쓰인 것이다.
　전쟁이란 것은 그 나라에 있어서 가장 중대한 일로, 많은 사람들의 죽고 사는 문제가 걸려 있고, 나라가 그대로 남아 있게 되느냐 망해 없어지느냐 하는 절박한 사태마저 빚게 되는 것이므로 신중에 신중을 기하지 않으면 안되는 것이다.

【解說】 시계(始計)라는 것은, 첫 계획 또는 계산한다는 뜻인데, 전쟁이란 반드시 상대가 있는 것이므로 한 번 시작하면 서로가 이기는 것을 목적으로 하기 때문에 대개 어느 쪽이고 한쪽은 패할 운명에 놓이게 된다. 승패가 끝날 때까지 무수한 생명들이 죽어가고 잘못하면 나라가 망하는 사태에까지 이르는 것인 만큼, 하나에서 열까지 세밀한 검토와 계산이 먼저 서 있지 않으면 전쟁을 시작해서는 안되며 혹은 맞서 싸울 수도 없다.
　이 손자 병법의 첫머리 글귀는 손자의 전쟁관을 간단 명료하게 밝힌 것으로, 동서고금을 통해 허다한 전쟁과 그 비참한 결과가 모두 한두 사람, 혹은 한두 집단의 살피지 못한 원인에서 비롯되었음을 우리는 역사와 경험을 통해서 알고 있다.

2

> 故經之以五事, 校之以七計, 而索其情.

【解義】 그러므로 다섯 가지 일로써 경영하고, 일곱 가지 꾀로써 헤아려 그 실정을 찾는다.

【文義】 이러한 국가의 중대한 일이기 때문에 국내적으로 다섯 가지 항목에 대해 충분한 계획을 세우고, 대외적으로는 일곱 가지 사항에 대해 세밀한 계산을 하여, 양쪽을 비교 검토함으로써 그 우열을 가려낸다.

【解說】 경(經)은 경영(經營)이니 경륜(經綸)이니 경제(經濟)니 하는 것으로, 보다 근본적이고 기초적인 계획을 세우는 것이다. 집을 짓는 것을 예로 든다면, 땅을 측량하고 위치를 정하고 규모를 결정하는 것은 경이고, 어떤 재료를 쓰고 어떤 식으로 짓고 하는 것을 비교 조사하는 것은 교(校)에 해당한다고 볼 수 있다. 교는 계교(計校)니 교정(校正))이니 교열(校閱)이니 하는 뜻으로 쓰인다.
　여기서는 시기와 형세를 따라 섣불리 일을 일으켜서는 안된다. 먼저 무엇보다 중요한 것은 기본 조사라는 것을 강조하여 말하고 있는 것이다. 조사하지 않으면 안되는 것에 다섯 가지 중요한 일과 일곱 가지 필요한 계산이 있는데, 이 다섯 가지 중요한 일과 일곱 가지 필요한 계산을 거치지 않고는 그 정확한 실정을 파악할 수는 없는 일이다. 그럼 먼저 그 다섯 가지 일이란 어떤 것인가를 보자.

3

一曰道, 二曰天, 三曰地, 四曰將, 五曰法.

【解義】 첫째는 도요, 둘째는 하늘이요, 셋째는 땅이요, 넷째는 장수요, 다섯째는 법이다.

【文義】 먼저 첫째로 중요한 것은 정치적 외교적 도의와 도덕이다. 둘째 번이 하늘의 기후 기상과 같은 자연의 혜택이고, 셋째 번이 땅이 가져다 주는 지리적 조건이다. 그리고 넷째 번이 군을 통솔하게 될 총지휘자와 그를 보좌할 장수의 선정이고, 마지막으로 잊어서는 안될 것이 법제(法制)이다.

【解說】 싸움을 시작하려면 먼저 그 싸움에 대의 명분이 설 수 있느냐 없느냐 하는 것이 가장 중요한 일이다. 국내적으로 국제적으로 대의 명분이 서지 않는 전쟁은, 그만큼 내부의 단결을 약화시키고 외부의 성원과 협조를 얻을 수 없게 된다. 반대로 내부의 분열을 조장하고 제3세력에게 어부지리(漁父之利)를 취하게 하는 결과를 불러오게 된다. 어느 한 개인이나 한 집단의 사리 사욕이 앞서 있고 여기에 억지 명분을 붙이거나 하는 일이 있어서는 안된다.
　이것을 오늘의 기업에 비유한다면, 그것이 상업 도덕에 어긋나는 것이냐 아니냐, 대중의 공동 이익에 도움이 되는 것이냐 아니냐 하는 것이 먼저 생각되지 않으면 안된다. 무엇보다도 사회 복지에 이바지할 수 있는 것이냐 아니냐, 그보다도 사회 복지를 위해 꼭 필요한 일이냐 아니냐 하는 것이다.
　핑계 없는 무덤이 없다고 한다. 도둑에게도 이유는 있고 처녀가 아기를 가져도 할 말은 있다고 한다. 어느 침략자가 침략 전쟁이라고 말한 적이 있었던가? 이기면 임금이요 지면 역적이란 말이 있지만, 승패에 앞서 먼저 대의 명분이 서지 않으면 그만큼 힘이 약해지는 것이며, 설사 한때 승리를 거둔다 해도 그 승리가 완전한 것이 될 수는 없다.
　싸움인 이상, 일부 사람들에게 본의 아닌 고통과 피해를 주게 되는 것은 불가피한 일일지도 모른다. 그러나 그것이 불가피한 작은 수의 사람에 대한 것이고 한정된 시간 동안만의 것으로, 그것을 참고 견디기만 하면 보다 훨씬 큰 몇 배나 되는 이익을 가져오게 되는 것이면 좋은 것이다. 말하자면 사회 정의에 입각해 있는 도이다.

다음은 하늘인데, 이것은 중국 고대 철학에서 시작된, 우주의 법칙은 만상을 지배한다는 음양설(陰陽說)에 따른 것으로 생각되지만, 여기서는 《맹자》에 「천시(天時)가 지리(地理)만 못하고, 지리가 인화(人和)만 못하다」고 한 천시를 말한 것으로 좁게 해석해서 좋을 것이다. 즉 기후 같은 자연 조건을 가리킨 것으로 볼 수 있다.

사람이 생물인 이상 기상과 기후 같은 것에 지배를 받는 것은 불가피한 일이다. 이것을 크게 해석하면 자연의 법칙을 경시하지 않는 것이 된다. 도에 다음해서 이 하늘이란 것을 든 손자의 의도를 충분히 알아차리는 것이 무엇보다 중요할 것으로 생각된다.

물론 손자가 말한 기상이니 기후니 하는 것은, 오늘날 말하는 장기 예보와 같은 그런 것을 뜻하는 것은 아닐 것이며, 혹은 《삼국지연의》같은 데 나오는 천문(天文), 즉 하늘의 별을 살펴 언제 어디에서 홍수가 일고, 언제 어느 때 폭풍이 일고 하는 것을 미리 아는 그런 것도 아닐 것이다. 그러나 어느 의미에서는 하늘의 운수란 것이 이 기상이니 기후니 하는 것과 전혀 무관계한 것은 아닌만큼 보다 차원 높은 의미에서의 하늘을 뜻한 것인지도 모른다.

셋째는 땅인데, 전쟁에 있어서 아무도 그 절대적인 중요성을 부인할 수는 없을 것이다. 앞에서 말한 도니 하늘이니 하는 것이 근본적인 것인 동시에 약간 형이상적이고 추상적인 면을 가지고 있는 것이라면, 이 땅에서부터 다음에 말하는 장수와 법은 형이하적이고 구체적인 것이라 말할 수 있을 것이다. 땅이란 쉽게 말해서 「땅의 이(利)를 안다」는 것이다. 산악과 구릉의 분포, 평지의 넓고 좁은 것, 하천과 바다의 관계, 동서남북의 방위 등 자연 지리학적 조건과 이들 자연 환경에 위치한 시설, 건조물과, 상주해 있는 인구의 밀도, 집산하는 물자와 교통과 같은 조건, 그리고 그런 것들의 상호 관계 등 인문 지리학적인 지식, 또는 지반(地盤)의 강약, 지질과 토질 등의 지질학적인 것에 대해서도 충분한 조사 연구가 필요한 것으로 생각된다.

다음 네 번째는 장수다. 이 장수란 것은 총지휘자나 총대장만을 말하는 것은 아니고, 기업으로 말하면 회장, 사장, 중역, 간부 사원, 공장장 등, 여러 부하와 협력자를 갖고 있는 모든 조직의 장을 의미하는 것이리라. 한 마디로 말해 전쟁을 수행하는 데 필요한 간부의 질적 면과 양적 면을 계산에 두지 않으면 안된다는 것이다.

다섯 번째의 법이란 것은 곧 법제를 말한다. 국가 전반에 걸친 법질서는 물론이고 군 내부의 법질서와 일반 사회인들의 법질서가 제대로 제 궤도에 올라 있지 않으면, 생사와 존망이 걸려 있는 전쟁은 고사하고, 보다 소규모의 계획 사업도 생각대로 원활하게 추진되기는 어렵다. 올바른 법질서, 그것은 모든 활동을 원활하게 해 주는 결정적인 조건이 되는 것이다. 단 한 번 명령으로 온 국민과 모든 조직이 전쟁 수행을 위해 일사 불란한 총력을 집중하려면, 먼저 이를 뒷받침할 법질서가 서 있지 않으면 안되는 것이다.

공자도 말하기를 「가르치지 않고 싸우는 것은 백성을 버리는 것과 같다」고 했다. 무기만 들려 짐승 몰 듯 몰고 나가기만 하면 전쟁을 할 수 있다고 생각하는 무모한 당시의 지배층들을 두고 한 말일 테지만, 이것은 법질서가 서 있지 않고 싸우면 그것은 한낱 무고한 백성들을 죽음의 터로 갖다 버리는 거나 마찬가지란 뜻이 될 것이다.

전국시대 말기, 조나라 장수 조괄(趙括)이 진나라 장수 백기(白起)에게 패해, 40만 대군을 몰살시키게 된 것도, 그 원인 중의 하나는, 조괄이 대장이 되는 그날로 지금까지 내려오던 조직 체계를 뜯어고치고, 군법 군령들을 자기 마음에 맞지 않는다 해서 전부 새로 정하는 등, 이미 서 있는 법질서를 제 스스로 어지럽힌 데 있었다. 구관이 명관이란 말이 있는데 이것은 바로 이뤄진 법질서를 함부로 뜯어고치는 경거망동을 하지 않는 것이 현명하다는 뜻이다. 큰 기업이든 작은 기업이든 새로 지도자가 바뀌었을 때, 실정도 완전히 파악하지 못한 채 성급하게 개혁에 손을 대게 되면, 대개의 경우 뜻하지 않은 혼란을 빚게 되고 설령 무사히 넘어간다 해도 반드시 시행 착오와 같은 것을 도중에 절감하게 된다.

이상이 이쪽 조건으로서의 다섯 가지 일이다. 도·하늘·땅·장수·법, 이 다섯이 손자 병법의 머리말이요 범론(汎論)이다. 아래에 이 다섯 가지에 대해서 자세한 설명이 더해진다.

4

> 道者, 令民與上同意, 可與之死, 可與之生, 而不畏危也.

【解義】 도란 것은, 백성으로 하여금 위와 더불어 뜻을 같이하게 하는 것이니, 함께 죽을 수 있고 함께 살 수 있어, 위태로운 것을 두려워하지 않는 것이다.

【文義】 도, 즉 도의라는 것은, 국가로 말하면 국민, 사업으로 말하면 조직에 참여하는 모든 사람들과 몸은 달리해도 뜻은 같이할 수 있어, 모든 사람의 판단과 생각이 일치하고 한마음 한뜻, 생사와 고락과 성패를 같이 하는 공동 운명체에 처해 있다는 자각과 의식으로 공동 목적을 향해 나아갈 수 있게 하는 것이다. 거기에는 명령이 내렸으니 마지못해 움직인다거나, 본의는 아니지만 따라 움직인다는 그런 일도 없을 것이며, 일의 성패나 자신의 거취 문제에 불안을 품는 일도 없을 것이다.

【解說】 한 나라의 안위와 흥망이 달려 있는 갈림길에 서 있는 것과 같은 경우, 예나 지금이나 지도층들은 갑자기 생각이나 난 것처럼 〈상하일심(上下一心)〉이니 〈거국일치(擧國一致)〉니 하고 목이 아프도록 와쳐 댄다. 그러나 이것은 일찍부터 일관되어 온 도의가 없기 때문이며, 모든 국민이 납득할 수 있는 것으로 도의가 없기 때문

이다.

　50대 사람이면 누구나가 생생하게 기억하고 있는 일이지만, 일본이 2차 대전에 참패하게 된 가장 큰 원인은, 잠꼬대 같은 〈팔굉 일우(八紘一宇)〉니 〈대동아 공영권(大東亞共榮圈)〉이니 하는 격에 맞지 않는 명분 아닌 명분을 내걸고, 군벌들의 침략 전쟁을 눈가리고 아웅식으로 끝까지 고집한 때문이었다. 애당초 도의에 벗어난 침략 전쟁으로 국민의 지지를 받지 못한 데다가, 뻔히 내다보이는 결과를 과감히 시인하고 일찌감치 물러나지 못한 군벌들의 비도의적인 사리 사욕 때문이었던 것이다.

　참으로 국민들과 생사를 같이하는 거국 일치라는 것은, 이 도의가 그 바탕이 되어 있지 않는 한 아무리 상이 중하고 벌이 엄해도 두려워하는 마음 없이 국민이 전쟁에 호응할 리는 없다. 그것은 어떤 단체나 기업이나 다 마찬가지다.

5

　　天者, 陰陽寒暑時制也.

【解義】 하늘이란 것은 음양과 한서와 시제다.

【文義】 위에서 말한 대로 음양(陰陽)이란 것은 그 뜻이 광범해서 형이상적인 원리에까지 미칠 수 있지만, 여기서는 밤이 새면 밝은 아침이 되고 날이 저물면 어두운 밤이 된다, 비바람이 칠 때면 어둡고 맑게 갠 날은 한없이 맑다. 그러한 맑고 어두운 것에 얼마나 사람이 좌우되는가 하는 것을 가볍게 보아서는 안된다는 가벼운 뜻으로 보아 좋을 것이다.

　다음 한서라는 것은 글자 그대로 기후에 의한 춥고 더운 것을 말한 것으로, 보다 크게는 그것을 포함한 춘하추동 사시의 기후의 변천과 그 시기나 정도 등을 말한 것으로 볼 수 있을 것이다.

시제라는 것은, 위에 말한 음양과 한서를 때〔時〕로 보고 거기에 적응시켜 이것을 이용하는 것이 제(制)라고 하는 해석도 가능한데, 이것을 지구가 태양을 한 바퀴 도는 공전 시간, 365.2419일을 1년으로 하고, 하루를 24시간, 1시간을 60분으로 하는 등의 시간적 제약(制約)이란 뜻으로 풀이할 수도 있을 것이다. 총괄해서 시기니 시간이니 하는 때의 변화에 대한 법칙이라고 말할 수 있을 것이다.

결국 음양이니 한서니 시제니 하는 것은 자연에 대한 현상을 대표적으로 든 것일 뿐, 그 밖의 모든 자연 현상과 그에 따른 일체를 가리켜 하늘이라고 말한 것이다.

【解說】 음양에 관한 것은 추상적이기 때문에 이를 논할 수는 없지만, 한서에 대한 문제는 생물에 있어서 가장 직접적인 것이 아닐 수 없다. 우리는 전쟁 역사를 통해 추위가 얼마나 무섭고 더위가 얼마나 무서운 것인가를 잘 알 수 있다.

나폴레옹이 러시아로 쳐들어가 사람 아닌 동장군(冬將軍)에 의해 어처구니없는 참패를 한 것은 너무도 유명한 일이며, 히틀러 역시 같은 조건으로 소련을 정복할 꿈을 깨고 말았었다. 또 나폴레옹의 프랑스 군대와 히틀러의 독일 군대가 아프리카의 뜨거운 사막에서 고전을 겪었던 것도 다 아는 이야기며, 2차 대전 때 일본군이 남방에서 고전을 한 것은 실상 폭격과 포탄 이상으로 남방 특유의 악천후 때문이었던 것도 널리 알려져 있는 사실이다.

이와 같이 싸움에는 이겼어도 자연 때문에 패한 예는 얼마든지 있으며, 반면에 추위를 이용해서 얼음을 타고 강을 건너는 일이라든가, 추운 날 흙과 물을 이용해서 보루를 만든 조조(曹操)의 이야기 같은 것은 모두 자연을 이용한 예들이다.

근대 산업에서는 이 한서라는 것을 인공적으로 조절하여, 여름에는 시원한 냉방 장치를 하고 겨울에는 훈훈한 난방 장치를 함으로써 작업 능률과 사무 능률을 올리고 있는데, 이것 역시 이 한서의 현대적인 해석에서 오는 결과라 말할 수 있다.

　마지막의 시제라는 것은, 이것을 시간적인 제약 내지는 시기적인 변화라고 풀이할 수 있는데, 봄에 끝내야 할 전쟁이 여름 장마철을 만나 고전을 하는 경우도 있을 것이며, 가을 안으로 끝내야 하는 전쟁이 뜻대로 되지 않아서 겨울 추위를 만나 참패를 당하는 일도 있을 수 있는 일이다.

　이것을 산업면에서 말하면, 여름에 쓰일 물건을 제때에 만들어 내지 못하여 이듬해까지 재고로 남아 생산자의 손해는 물론 소비자에게 고통을 주게 되고, 나아가서는 그것이 기업의 도산을 가져오게 하는 원인이 될 수도 있고, 국가적으로는 물가를 자극시키고 경제 전체에 차질을 빚게도 되는 것이다.

　결국 이 시제란 것은, 크게 말해서 노동 시간과 생산 능력이란 문제에까지 확대 발전해 가는 것이다. 혹은 또 사회 정책으로 노동 인구와 고용이란 문제까지도 포함하게 될 것이다.

6

地者, 遠近險易廣狹死生也.

【解義】 땅이란 것은 원근과 험이와 광협과 사생이다.

【文義】 땅이란 것은, 먼 지역과 가까운 지역, 즉 거리와 간격, 험한 장소와 평탄한 장소, 넓은 땅과 좁은 땅, 그것이 죽는 곳이냐 사는 곳이냐 하는 것을 말하는 것이다.

【解說】 전쟁을 하는 데 있어서 제일 먼저 염두에 두어야 할 것은 거

리다. 먼 거리에 있는 땅을 기습 작전에 의해 탈취하려는 것은 불가능한 일이다. 설사 성공을 한다 해도 그것은 요행을 바라는 모험이 아닐 수 없다. 춘추 시대 진(秦)나라 목공(穆公)이 진(晋)나라 국경지역을 몰래 넘어가 정(鄭)나라를 기습 작전으로 탈취할 계획을 세웠을 때 명재상인 건숙(蹇叔)과 백리해(白里奚)는 이를 극력 반대했고 끝내 목공이 듣지 않고 이를 단행하자 두 재상은 총지휘관으로 가는 두 아들들을 통곡으로써 전송을 했었다. 결국 진나라 군사는 기습 작전에 실패하고 돌아오다가, 이를 탐지하고 매복해 있던 진(晋)나라 군사에 의해 대장에서부터 전군이 포로가 되고 만 것은 유명한 이야기로 남아 있는데, 결국 이것은 먼 거리라는 것을 염두에 두지 않고 단순히 기습 작전의 이점만을 생각한 데서 온 결과였다.

험이, 즉 지형이 험준하고 평탄한 것은 거리 다음으로 중요한 지리적 조건이 아닐 수 없다. 당태종(唐太宗)이 고구려의 안시성(安市城)을 치다가 양만춘(楊萬春)에게 패한 것은, 정복욕에 눈이 어두워 먼 거리와 안시성의 험준한 지리적 조건을 무시한 때문이었다. 양만춘 같은 명장도 이같은 지리적 혜택이 없었던들 그 실력을 제대로 발휘할 수는 없었을 것이다.

광협, 즉 지형이 넓고 좁은 것은 작전면에서 커다란 의의를 갖게 된다. 전국 때 진나라가 조나라 성을 포위했을 때, 조나라에서는 이 성을 구하느냐 버려 두느냐 하는 문제를 놓고 중신 회의가 열렸었다. 이때 명장 염파(廉頗)를 비롯해서 대부분의 장수들은, 그 성을 구하러 가는 길목은 지형이 좁기 때문에 만일의 경우 후퇴하기가 어려우니 구원하러 가지 않는 것이 옳다고 주장했다. 약한 조나라로서는 전술 면에서 당연한 원칙론이었다. 그러나 조사(趙奢)는,
「지형이 좁은 곳에서 싸운다는 것은 비유하면 두 쥐가 구멍에서 싸우는 것과 같다. 결국 힘센 놈이 이긴다는 결론이니, 문제는 어느 쪽이 잘 싸우느냐에 있고 지형에 있는 것은 아니다.」
라고 은근히 자신 있는 의도를 비추었다.

결국 조사는 이 좁은 골짜기에서 진나라 군사를 맞아 보기 좋게

승리를 거두었던 것인데, 이것은 강자는 좁은 지형이 좋고 약자는 좁은 지형을 조심해야 된다는 말이 될 수도 있을 것이다. 그러나 그것은 경우에 따라서의 이야기다.

일부당관(一夫當關)에 만부막개(萬夫莫開)란 말이 있다. 한 사람이 좁은 관문을 지키고 있으면, 만명의 군사도 이를 열지는 못한다는 뜻으로 험준한 좁은 길목을 비유해서 하는 말이다. 임진왜란 때 신립(申砬) 장군이 새재[鳥嶺]에서 적을 막았으면 서울이 그렇게 빨리 함락되지 않았을 것이라는 것은 누구나 다 하는 말이다. 왜장도 이 새재에서 고전을 치를 것을 각오했었다니, 신립 장군이야말로 지리를 이용하지 못한 사람이 아닐 수 없다. 결국 좁고 넓은 것은 험준하고 평탄한 것과 아울러 공격과 수비에 커다란 의의를 갖고 있는 것으로, 이를 전술면에 이용하는 데에 많은 복잡하고 미묘한 관계를 갖는다고 볼 수 있다.

끝으로 사생, 즉 지형이나 조건이 공격과 수비에 있어서 죽는 곳이냐 사는 곳이냐 하는 문제는 보다 복잡 미묘한 문제로 남게 된다.

쫓기는 몸이 절벽을 뒤로 하고 있을 때는 그것은 사지임이 틀림없다. 그러나 이왕 죽을 바엔 힘껏 싸워나 보자 하고 용기를 내어 적과 싸워 이겼다고 하면 그것은 생지가 된다. 한신(韓信)의 유명한 배수진(背水陣)이라든가, 그 배수진으로 조나라를 이기게 된 이유를 말하여 「사지에 빠진 뒤에 산다」고 한 한신이 인용한 병법의 말들은 이 사생의 이치를 말해 주고 있는 것이다.

여기에 말한 사생은 보편적인 원칙에서 하는 말이겠지만, 이 원칙에는 위에 말한 것과 같은 변칙이 따르기 마련이므로, 지형을 어떻게 이용하느냐 하는 문제는 이 사생이란 것에서 그 절정을 이룬다고 볼 수 있다.

7

將者, 智信仁勇嚴也.

【解義】 장수란 것은 지와 신과 인과 용과 엄이다.

【文義】 장수, 널리 말해서 관리와 주무와 통솔에 임하는 사람은 먼저 그 일에 대한 지식과 그것을 운영할 줄 아는 지혜가 있어야만 된다.
 다음은 신의이다. 약속을 꼭꼭 지키는 신의가 없으면 부하들에 대한 권위는 물론이요, 대외적으로도 신임을 받을 수 없다.
 다음은 인(仁)이다. 쉽게 말해 명령하는 기계적인 사람이 되지 말고 인정이 있고 이해가 많아 부하를 사랑하고 아낄 줄 아는 사람이 되지 않으면 안된다.
 다음은 용이다. 난관을 뚫고 나아가는 투지와 과감한 결단력이 없으면 지식도 지혜도 빛을 볼 수가 없고 부하들의 단결을 촉진시키기 어렵다.
 끝으로 엄이다. 남에게 가볍게 보여서는 안된다. 부하들이 우러러볼 수 있는 위엄과 태도를 갖지 않으면 안된다.

【解說】 통솔에 임하는 사람은 먼저 첫째로 그 일에 대한 깊은 지식과 그것을 운영할 수 있는 지혜가 필요하다.
 다음은 신(信)이다. 지식이나 지혜만 있다고 해서 통솔을 할 수 있는 것은 아니다. 그 지식과 지혜가 신의를 바탕으로 하지 않으면 안된다. 신의란 결국 안팎이 없는 믿음직한 인격, 즉 성실한 마음을 가리키는 말일 것이다. 또 어느 의미에서는 한번 한다고 하면 꼭꼭 실천하는, 다시 말해서 신상필벌(信賞必罰)과 같은 확고 부동한 마음의 자세를 가리키는 것이 될 것이다.
 그 다음은 인(仁)이다. 인은 그 말의 뜻이 너무 광범해서 크게는 성인(聖人)의 덕을 말하게 되고, 인류를 사랑하는 희생 정신도 될 것이다. 제갈양(諸葛亮)이 마속((馬謖)을 처형한 것은 신(信)이다. 그러나 그를 처형할 때 눈물을 흘린 것은 곧 인(仁)인 것이다. 반면 그 마속에게 실수를 하게 만든 것은 제갈양으로서는 지(智)가 부족

했던 것이라고 볼 수 있다. 부하를 사랑하는 마음이 없으면 부하는 명령만으로 기계처럼 움직이지는 않는다. 아니, 기계처럼 움직일 수는 있어도 그 이상의 것을 기대할 수는 없다. 사람을 움직이게 하는 형식적인 계기는 명령이 될 수 있지만, 그 움직임을 자기 뜻대로 자기가 기대한 대로 하기 위해서는, 명령대로 움직일 수 있는 피명령자의 마음의 자세가 먼저 필요한 것이다. 그러한 마음의 자세를 갖게 하는 데는 여러 가지 요소가 있겠지만, 그 중에서도 빼놓을 수 없는 것이 사랑이다.

 오기(吳起)가 병법에 뛰어난 것은 앞에서 이미 말했거니와, 그는 전쟁에 나갈 때면 병졸들과 똑같은 생활을 했다. 장군이 타는 수레가 있지만 이를 타지 않고 병든 환자를 태웠다. 말이 있건만 타지 않고 병졸들과 함께 걸으며, 말등에는 무거워하는 신병들의 짐을 실었다. 똑같은 밥을 먹고 똑같은 침대에서 잤다. 그뿐인가, 환자가 있으면 손수 약을 발라 주고 붕대를 감아 주었다. 종기를 앓고 있는 어느 병졸의 경우는, 곪은 자리에 직접 입을 대고 고름을 빨아내기도 했다. 지금까지 걸핏하면 매만 맞고 천대를 받아 오던 병졸들은, 직접 당하는 사람은 물론이요 그것을 보는 모든 사병들이 감격의 눈물을 흘리며, 죽음으로써 장군의 사랑에 보답할 것을 맹세하게 되었다.

 그러기에 오기의 군사는 어느 싸움터에 나가든 작은 수로써 큰 적과 싸워 항상 승리를 거두었던 것이다. 오기의 사랑은 한낱 수단에 지나지 않는 형식적인 것이었지만, 그 사랑을 받는 사람의 마음을 사로잡는 데는 아무런 차이가 없는 것이다.

 기업을 운영하는 통솔자들도, 오기의 이같은 사랑을 항상 염두에 두고 이를 실천하는 데에 다소라도 관심을 갖는다면, 그 밑에서 일하는 사람들의 근무 태도와 작업 능률은 눈에 보이게 향상될 수 있을 것이다.

 다음은 용이다. 난관에 부딪쳤을 때 과감히 밀고 나가는 투지다. 치밀한 계획과 신중한 태도가 물론 중요하지만, 그것을 실천에 옮길 때는 백절 불굴하는 투지와 죽기 아니면 살기라는 용단이 필요한 것이다.

항우가 8천 명 군사로 20만 진(秦)나라 관군(官軍)을 깨뜨린 것은 순전히 용기였다. 강을 건너는 순간 돌아갈 배를 불살라 버리고, 밥을 지어 먹을 솥과 가마마저 깨어 버림으로써 8천 명 의용군에게 결사의 용기를 불러일으켰기 때문에 승리한 것이다. 통솔자가 단호한 용기를 보이지 않는 한 부하들이 용기를 가질 리 만무하다. 통솔자의 용기, 그것은 부하들에게 결심과 자신을 불어넣어 주는 최면술과도 같은 역할을 하는 것이다.

끝으로 엄(嚴)이다. 상대로 하여금 감히 대항하거나 쉽게 대하지 못하게 하는 위엄을 갖지 못하면 통솔자로서는 자격을 다 갖췄다고 볼 수 없다. 이 위엄이란 것은 사랑과 항상 안팎을 이루고 있는 것이다. 사랑만이 있고 위엄이 없으면, 부하들은 사랑을 고맙게 여기지 않는다. 어머니 같은 사랑 뒤에는 아버지 같은 위엄이 항상 필요한 것이다. 이 위엄은 신과 용과도 불가분의 관계가 있다. 법을 약속대로 시행하는 곳에 보이지 않는 위엄이 있게 된다. 용단과 과감성이 없는 위엄은 허세에 불과한 것이다.

서한(西漢) 때 맹장 주아부(周亞父)의 군대들이 밤중에 공연한 공포심에서 제풀에 놀라 혼란을 일으키고 그 파동이 주아부가 있는 막사에까지 미쳤다. 그러나 주아부는 짐짓 침대에 비스듬히 기대고 누워 꼼짝도 하지 않았다. 이것은 마음의 동요를 보이지 않는 장군의 위엄이었다. 주아부의 위엄에 눌린 장병들은 이내 자신들이 경망했음을 깨닫고 곧 안정으로 되돌아갔던 것이다.

주아부가 세류(細柳)에서 변방을 지키고 있을 때 한문제(漢文帝)가 일선 시찰을 오게 되었다. 세류에 오기 전 문제는 먼저 패상(霸上)을 시찰했다. 패상을 지키는 장수는 문제의 총신이었다. 그는 천자가 시찰 온다는 말을 듣고 막료들을 거느리고 악대를 앞세워 멀리 환영을 나갔다. 어쩌면 그것이 군신의 도리상 당연한 것이었을지도 모른다. 그런데 막상 세류에 이르자, 환영을 나올 줄 알았던 행렬은 보이지도 않고 초소에 당도하자 초병들이 창으로 길을 막고 천자의 행차를 들어가지 못하게 하는 것이었다. 수행원들이 천자의 행차라고 일러도 길을 열어 주려 하지 않았다.
「군중에는 다만 장군의 명령이 있을 뿐 천자의 조직(詔勅)은 알지 못합니다.」
문제는 놀라 얼굴이 새파랗게 질린 시신들을 돌아보며 전령을 시켜 주아부에게 소식을 전하도록 했다. 이윽고 전령이 나와 길을 열게 하였으나 주아부는 여전히 보이지 않았다. 문제가 장군의 막사에 들어설 즈음에야 주아부는 자리에서 내려와 갑옷을 입은 채 서서 경례를 할 뿐이었다.
살벌한 분위기 속에 주아부의 간단한 보고와 천자의 위로가 있은 다음, 군문을 나오게 된 일행은 너무도 뜻밖의 일에 어안이 벙벙할 뿐이었다. 그러나 문제는 희색이 만면하여,
「과연 참으로 장군다운 장군이다. 아까 패상에서 있었던 일은 마치 어린아이의 장난 같은 것이었다. 만일 적군이 천자를 가장하고 나타난다면 모두 제발로 걸어나와 포로가 되고 말 것이 아닌가.」 하고 주아부를 못내 칭찬하며 마음든든해 했다 한다.
주아부야말로 특히 엄(嚴)에 있어서 대표적인 인물이었다. 그러나 문제 같은 위대한 임금이 아니면 누가 그를 알아 주었는가. 문제가 죽고 그 뒤를 이은 경제(景帝)는 주아부의 타고난 그 엄격성 때문에 그를 멀리하고 의심하여 억울한 죽음을 가져오게 했던 것이다. 엄이란 장수로서는 필요하지만 신하로서는 그리 좋은 태도가 되지 못하는 것이다.
엄이란 역시 때와 장소에 따라 필요한 것임을 알아야 할 것 같다.

8

法者, 曲制官道主用也

【解義】 법이란 것은 곡제와 관도와 주용이다.

【文義】 이 법 조항의 내용인 곡제(曲制) 관도(官道) 주용(主用)이란 글자와 글귀에 대해서는 여러 가지 설이 있고 해석이 있는데, 곡제의 곡(曲)은 위곡(委曲)이니 곡진(曲盡)이니 하는 그 곡으로 자세하다는 말이 되겠는데, 그렇게 말할 경우의 곡제라는 것은, 군대의 크고 작은 편성과 그 조직 계통과 같은 내용을 갖는 것이라고 풀이해서 좋을 것이다.
　관도는 그 곡제, 조직 편성의 명령 계통이다. 넓혀서 풀이한다면 그 복무 규율이라고 하는 것까지도 포함하게 될 것이다.
　주용이란 것은 주로 사용하는 것, 즉 군대에서 쓰는 병기, 탄약, 식량 등으로, 기업에서 말하면 자재, 공구(工具) 용도품(用度品) 같은 것에 해당되는 것이다.

【解說】 곡제는 군대로 말하면, 분대·소대·중대·대대·연대······같은 것이 되겠지만, 이것을 기업에 해당시켜 말하면, 본사·지사·사업장, 부·과·계와 같은 사업 분담의 조직이다. 흔히 한 사업체 가운데서 서로 업부 분담의 관계를 놓고, 자기의 권익이 될 만한 것은 서로 자기의 분담 내용인 것처럼 끌어당기려 하고, 반대로 귀찮은 일일 경우 이것을 딴 부서의 책임인 양 서로 떠넘기려는 사태를 빚는 경우가 많다. 이것은 곡제의 불철저에서 오는 폐단인 경우가 많다.
　또 당연히 두어야 할 필요한 부서의 설치를 등한히 했기 때문에 뜻하지 않은 손실을 가져오는 경우도 있고, 때로는 실질적인 효과를 가져올 수 없는 관념적(觀念的)인 부서의 배치로 인해 공연한 시간과 인원 낭비를 가져오는 일도 있을 것이다.
　혹은 또 명령 계통이 무시되어 거쳐야 할 루트를 통과하지 않고 건너 뛰는 일이 많으면, 어떤 일이 생겼을 때 책임이 어디에 있는지 그 한계가 애매하고 불확실해지는 일도 있을 것이다. 또 반대로 그

루트가 너무 번잡하면 상부의 의사가 도중에 흐려지고 달라지기도 하고, 또는 전달이 제대로 척척 진행이 안될 수도 있을 것이다.

 이런 것들은 모두 곡제의 불비와 불완전에서 오는 것으로, 군대와 기업이 그 실력을 마음껏 발휘하고 활동할 수 있느냐 없느냐 하는 것은 이 곡제가 적당하냐 적당하지 못하냐에 달려 있는 경우가 많은 것이다.

 한편 아무리 곡제가 잘 되어 있어도 이것을 움직이고 활용하는 명령 계통이 서 있지 않으면 아무리 잘 되어 있는 곡제도 별 소용이 없다.

 관도란 바로 관의 기강과도 같은 것이다.

 아무리 곡제와 관도가 잘 되어 있어도 목적을 위해 일을 하는 데 필요한 실비라든가 장비, 그리고 필요한 물자의 공급이 없으면 아무 소용이 없는 것이다.

9

> 凡此五者, 將莫不聞, 知之者勝, 不知者不勝.

【解義】 무릇 이 다섯 가지는, 장수로서 듣지 않는 사람이 없다. 아는 사람은 이기고 알지 못하는 사람은 이기지 못한다.

【文義】 이 다섯 가지 즉 도와 하늘과 땅과 장수와 법에 대해, 장수로서 알지 못하는 사람은 없을 것이다. 그러나 이것은 당연한 상식이지만 과연 그것을 올바로 제대로 알고 있느냐 없느냐에 따라 승패가 결정되는 것이다. 그것을 정말로 제대로 알고 있는 사람은 싸움에 이길 수 있고, 그것을 표면적인 지식이나 상식 정도로 알고 있을 뿐, 그 참다운 진리를 체득하지 못한 사람은 실전에 있어서 승리를

거두기 어려운 것이다.

【解說】 여기까지 읽어 온 독자들 가운데는, 마음속으로 그까짓 누구나 다 아는 소리를 대단한 것처럼 늘어놓고 있다고 생각하고 있는 사람도 있을 것이다.

그러나 진리란 항상 평범한 데 있는 것이다. 손자의 병법이라고 해서 뭔가 기상 천외의 신기한 것이 있을 리 없다. 누구나 다 알고 있는 진리, 그 진리의 참다운 가치를 모르고 있는 사람에게 일깨워 주는 그것이야말로 가장 값있는 말이 아닐 수 없다.

공자는 말하기를 「도(道)는 사람에게서 멀지 않다. 사람이 사람에게서 먼 것을 가지고 도라고 한다면 그것은 참다운 도가 아니다」라고 했다.

손자도 지금 여기에서 같은 말을 하고 있는 것이다. 즉,
「장수로서 듣지 못한 사람은 없다. 그러나 듣고 알고 있는 것만으로는 아무 소용이 없다. 그것을 참으로 알고 있는 사람은 이길 수 있고, 참으로 알고 있지 않은 사람은 지게 된다.」
하고, 대담하고 솔직하게 갈파하고 있다.

말로 듣고 글로 보고 그리고 머릿속에 기억하고 있는 것과, 그것이 과연 무엇이며 어떤 것인지 그 말이 지니고 있는 참뜻을 속속들이 알고 있는 것과는 근본적으로 성격이 다르다. 참뜻을 알지 못하고 한갓 상식으로 알고 있는 것은, 때로는 반대 효과를 가져오기가 쉽다. 이른바 책상 물림이란 평을 듣는 경험 없는 통솔자의 경솔한 행동과 지휘 때문에, 10년 쌓은 공이 하루 아침에 무너지고 마는 일은 역사를 통해서나 실생활을 통해서나 우리가 늘 보고 듣는 일이다. 결국 그것은 제대로 알지 못하면서 안다고 착각을 일으키고 있는 지휘자의 경솔한 태도 때문이다.

앞에서 말한 바 있는 조나라 장수 조괄(趙括)은 명장 조사(趙奢)의 아들이었다. 조괄은 재주가 비상해서 지식면에 있어서는 아버지 조사를 앞서 있었다. 부자간에 토론을 할 때면 아버지가 몰리는 일

이 종종 있었다.
 이것을 바라보고 있던 조괄의 어머니는 아들이 못내 대견스럽기만 했다. 그래서 남편을 보고,
「장군의 집에 장군이 난다는 말이 과연 헛말이 아니군요. 우리 괄이 어린 나이에 저토록 아는 것이 많으니 장차 크면 당신 못지 않은 큰 장수가 될 거예요.」
하고 괄을 칭찬했다. 그러나 조사는 이맛살을 찌푸리며,
「장차 조나라를 망치게 될 사람이 바로 다른 사람 아닌 괄일 거요. 괄을 나라에서 장수로 쓰지 않는다면 그보다 더 다행한 일은 없겠는데 잘못 알고 괄을 총대장으로 쓰는 일이 있을 때는 당신이 있는 힘을 다해 말리도록 하시오.」
하고 당부를 하는 것이었다. 부인이 그 까닭을 묻자, 조사는,
「전쟁이란 생사와 흥망이 있는 곳이오. 그런데 괄이 철없이 귀로 듣고 책으로 본 것만을 가지고 다 안 것처럼 생각하고 있으니 일을 망치기에 꼭 알맞기 때문이오.」
하고 그 이유를 말했었다. 결국 조괄은 그가 안다고 자처하는 그 지식으로 인해 대장이 되었고, 또 조사가 말한 그런 이유로 40만 대군을 하루 아침에 적의 손에 넘겨 주고 말았던 것이다.
 이를테면 조괄은 여기에서 말한 대로 들은 사람일 뿐 알지는 못한 사람이었고, 게다가 들은 것만으로 안다고 자부하는 경솔한 마음가짐까지 곁들여 전쟁 사상 가장 졸렬한 장수의 한 사람이었으며 동시에 가장 짧은 시간에 가장 많은 억울한 희생자를 내고 말았던 것이다.
 참으로 아는 사람은 늘 부족함을 느낀다. 다 알았다고 생각되는 것은 아는 것이 어떤 것인지도 아직 모르고 있는 증거다. 이것만은 예나 지금이나 다를 것이 없는 진리요 철칙이다.

10

> 故校之以計, 而索其情.

【解義】 그러므로 비교하기를 계(計)로써 하여 그 정을 찾는다.

【文義】 그렇기 때문에, 이쪽 우리 편으로서의 필요한 조건이 다섯 가지 모두 완전히 갖춰지고 그것이 만족할 만한 상태라고 생각이 되면, 이제부터 다음에 말하는 일곱 가지 조항에 대해 세밀하게 적과 우리 편과의 우열을 비교 검토한다. 그렇게 되면 실지 싸움을 시작하기 전에 벌써 그 승패에 대한 윤곽을 알 수 있게 된다. 적어도 사전에 결단을 내릴 수 있는 기초 자료는 다 갖추게 되는 것이다.

【解說】 이 대목은 별로 긴 설명이 필요치 않은 것 같다. 지금까지 말한 다섯 가지가 어느 정도 충실한가를 살펴보게 되면, 그것을 근거로 해서 그것들이 실지로 어떠한 능력을 나타내게 될지, 이제부터 말하는 일곱 가지 항목에 적응시켜 음미하고 검토해 볼 수 있다.

그 정을 찾는다는 것은 실태를 파악하게 된다는 것이다. 이 경우 경쟁 상대라는 것을 목표로 논하게 되는데, 다음 일곱 가지 조항에 대해서는 전쟁이란 것을 떠나서 말할 때 약간의 수정이 필요할지도 모른다. 그러나 이 상대를 새로운 사업 계획으로서 적용해 보는 것도 혹은 재미있을지 모른다.

11

> 曰, 主孰有道, 將孰有能, 天地孰得, 法令孰行,
> 兵衆孰强, 士卒孰練, 賞罰孰明, 吾以之知勝負矣.

【解義】 말하면, 주(主)가 어느 쪽이 도가 있는가. 장수가 어느 쪽이 유능한가. 하늘과 땅은 어느 쪽이 얻어 있는가. 법령은 어느 쪽이 행해지는가. 병중은 어느 쪽이 강한가. 사졸은 어느 쪽이 숙련되어 있는가. 상벌은 어느 쪽이 분명한가. 나는 이를 가지고 승부를 안다.

【文義】 아래로 일곱 가지 항목은, 전부 저쪽과 이쪽의 비교 검토다. 여기 말한 주(主)는 물론 임금이란 뜻이겠지만, 주체(主體)라고 보는 것이 더 정확할지도 모른다. 명목상의 임금보다 실권을 쥔 사람이 사실상의 비교의 대상이 되기 때문이다. 특히 기업의 경우는 사업의 주체가 될 것이다. 그 주체와 양쪽을 비교해 보아, 어느 쪽이 더 도의적인가를 판단하는 것이다.

다음에 장수, 즉 지도자와 통솔자의 인물들을 비교해서, 어느 쪽이 더 유능한 사람들을 많이 망라하고 있는가, 그 충실도를 측정해 보는 것이다.

다음에 기후와 같은 자연 조건과 지리와 같은 천연 조건이 어느 쪽이 더 유리한가를 비교 검토한다.

다음은 법령, 그것의 좋고 나쁘고 적당하지 못한 것도 문제가 되겠지만, 어느 쪽이 정해진 법령과 규칙이 잘 이행되고 있는가 하는 것이 비교 검토의 초점이 된다.

다음은 일선에서 움직이는 군사, 기업에서 말하면 현장 실무자들의 소질이 문제가 된다. 어느 쪽에 일대 일의 경우, 혹은 전체대 전체에 있어서 보다 강력할 것인가를 검토해 본다.

다음은 비슷한 이야기가 되겠지만, 소질에 대한 훈련도를 말한다. 아무리 강한 체질을 가지고 있어도, 훈련 즉 숙련도가 낮아서는 그 소질을 제대로 발휘할 수 없게 된다. 군사 자체와 함께 중요한 것은 훈련이다.

아무리 군사가 강하고 훈련이 잘 되어 있어도 신상 필벌의 엄한 상벌 제도가 서 있지 않으면, 단합된 힘을 제대로 발휘할 수가 없고, 단체 행동에 있어서의 기강을 바로잡을 수가 없어, 중요한 고비에 뜻하지 않은 차질을 가져오게 된다. 작은 단체나 큰 단체나 구성원들의 불평 불만은 대개가 이 상벌과 직접 관계를 갖는 경우가 많다.

이 일곱 가지에 대한 저쪽과 이쪽의 비교 검토가 가능하다면, 이것으로 벌써 싸우기 전에 그 승패를 미리 점칠 수도 있는 것이다.

【解說】「저를 알고 나를 알면 백 번 싸워도 위태롭지 않다」는 말이 다음에 나오지만, 이것이 바로 저를 알고 나를 알기 위한 보다 근본적인 사전 조치가 아닐 수 없다. 이러한 비교를 함으로써 양쪽의 실질적인 우열을 가릴 수 있고, 그렇게 함으로써 승패의 윤곽을 미리 알 수 있게 되므로, 자신없는 전쟁은 아예 일으킬 리도 없으며 본의 아닌 전쟁은 될 수 있는 한 이를 회피하게 되므로 정도 이상의 참패를 가져오는 일은 없게 되는 것이다.

기업에 있어서도 어떤 상대와 경쟁을 해야만 할 경우, 역시 이와 비슷한 사전 검토가 없이는 경솔하게 결정을 내리지 않는 것이 현명한 일일 것이다.

또 막상 비교 검토를 하는 마당에 있어서도 그것이 한낱 추정이나 억측에 그치거나, 주관적인 판단으로 자기 쪽을 좋게 보거나 하는 일이 있어서는 비교 검토가 별로 의미를 갖지 못하게 된다.

임진왜란 이전에 일본을 다녀온 사신들이 표면에 나타난 술책적인 적의 실정만을 보고, 왜인은 침략해 오지 않는다는 속단을 내린 것과 같은 일도 그 한 예가 될 수 있을 것이다. 오늘날 심각한 국제 간첩의 활약이나, 산업 스파이와 같은 것도 결국 같은 이유에서라고 볼 수 있을 것이다.

우리 속담에 설마가 사람 죽인다는 말이 있다. 정확한 판단이나 실지에 있어서의 검토도 없이, 막연한 설마라는 생각으로 무슨 일을 시작하거나 혹은 이에 대처하는 것처럼 어리석은 일은 없다. 그러나 실상은 정확한 비교 검토를 하는 가운데 있어서도 항상 이 설마라는 생각은 무의식중에 늘 상용되고 있다는 것을 알지 않으면 안 될 것이다.

한편 이 오사 칠계(五事七計)의 사고 방식은, 그대로 주식 투자 같은 경우에도 적용될 수 있다고 생각된다. 많은 경우 과거의 숫자적인 것, 외적인 조건과 그 사업과의 관련 같은 점에 있어서만 판단의 자료를 찾으려 하고 있는데, 이제까지 말한 도·하늘·땅·장수·법에 걸친 상세한 관찰이야말로 중요한 것이 될 줄로 안다.

사업체가 과거에 가지고 있던 숫자는 반드시 그 실체(實體)를 설명한다고는 볼 수 없다. 그것은 과거를 보여 주고 있을 뿐, 그것이 반드시 현재나 또는 장래까지를 보여 주는 것이 아니기 때문이다. 그러므로 비교 검토에는 과거보다 현재가 중요하고, 현재보다 그것이 지니고 있는 미래를 내다보는 것이 더욱 중요한 것이다.

12

將, 聽吾計, 用之必勝, 留之. 將, 不聽吾計, 用之必敗, 去之.

【解義】 장수가 내 꾀를 들어 쓰면 반드시 이길 것이니 머무르리라.

장수가 내 꾀를 들어 쓰지 않으면 반드시 패할 것이니 떠나리라.

【文義】 위에 말한 꾀를 만일 장수(임금)가 받아들여 쓰게 되면 반드시 적과 싸워 이길 것이다. 그러면 나는 (이 오나라에) 머무르게 될 것이다. 만일 장수(임금)가 내가 말한 꾀를 받아들여 쓰지 않으면 반드시 적과 싸워 패하게 될 것이다. 그러면 나는 (이 오나라를) 떠나고 말 것이다.

　여기에 나와 있는 계(計)는 위에 말한 것과는 다른 계략(計略)이란 뜻이다. 장수는 일반적인 통칭을 쓴 것이지만 여기서는 임금을 암시한 것이라고 볼 수 있다.

【解說】 이 대목은 생각에 따라서는 손자의 자기 선전 같은 냄새가 풍기기도 하지만, 그의 소신의 확고함을 뒷받침하기 위한 강조법으로 볼 수 있다.

　그러나 한편으로는 이것이 꼭 손자 자신을 말하는 것이 아니고, 일반적인 진리로서 통솔권과 지휘권을 가진 사람이 지혜로운 참모의 말을 잘 들으면 반드시 일에 성공을 하게 될 것이니, 그런 통솔자 밑에서는 머물러 있으면서 소신껏 일을 할 수 있을 것이며, 반대로 지혜로운 참모의 말을 듣지 않고 제 고집대로 하는 그런 통솔자는 반드시 사업에 실패를 보고 말 것이니, 일찌감치 그 밑에서 떠나는 것이 옳다는 것을 말한 것으로 풀이할 수도 있다.

13

計利以聽, 乃爲之勢, 以佐其外.

【解義】 이를 헤아려 그로써 듣게 되면, 곧 형세가 되어 그로써 그

밖을 돕게 된다.

【文義】 이해를 계산하는 것은 군사(軍事)에 있어서 가장 근본적인 문제다. 그 근본 정신과 원칙이란 것을 알고 이를 실행하게 되면, 그것이 하나의 형세 판단의 기초가 되어, 그것을 확대 해석할 수도 있고 모든 사태에 대해 적시 적기의 응용도 할 수 있는 것이다.

【解說】 이 대목은 참다운 이해를 바탕으로 하는 것이 얼마나 중요한가를 역설한 것으로 생각된다. 지금까지 이 대목에 대한 해석은 여러 가지로 행해지고 있는데, 그저 막연한 기대를 가지고 한번 써보자 하는 그런 태도가 아니고 그것이 꼭 이익을 가져다 준다는 것을 알고 행하게 되면, 그것이 하나의 목적과 원칙이 되어, 모든 면에 박차를 가하고 임기 응변하는 묘미까지 발휘하게 된다는 것을 말하는 것으로 볼 수 있다. 그래서 다음에 세(勢)에 대한 설명이 따르게 된다. 목적을 철저히 아는 곳에 행동 방향이 서게 되고 그것에 의해 형세 판단이 가능하며 그에 따라 임기 응변과 적시 응용의 운영의 묘까지 얻게 된다는 것이다.

14

勢者, 因利而制權也.

【解義】 세란 것은 이를 인해 권을 제하는 것이다.

【文義】 권(權)이라는 것은 권변(權變) 즉 임기 응변을 말한다. 정도(正道)와 권도(權道)라는 말이 있는데, 정도는 원칙대로의 방법을 말하고 권도는 일시적인 방편으로 정도에 벗어나지 않는 응용의 방

법을 말한다.

 하나의 큰 목적을 뚜렷이 파악하게 되면, 그 목적을 달성하기 위한 방법은 자연 있게 마련이다. 그것이 바로 권이다. 큰 목적인 이익을 위해 그에 따른 방편을 임의로 쓸 수 있는 그것이 세란 것이다.

【解說】 세(勢)는 형세니 기세니 하는 뜻으로 풀이될 수 있을 것이며, 그것은 나아가 그것을 판단하는 능력과 실행하는 박력 같은 것으로 풀이될 수도 있을것 같다. 즉 이익이란 대목표를 전제로 하여, 그것을 달성하기 위한 모든 원칙을 적지 적소에 응용하는 것이 세란 것이다.

 권(權)은 저울이란 뜻이다. 저울 추는 다는 물건에 따라 장소를 옮기는 그 무게를 정확하게 알려 주는 역할을 한다. 그래서 때와 장소에 따라 꼭 알맞는 행동 기준을 가르쳐 주는 것이 권이다. 원리 원칙을 중시하는 유가(儒家)에서도 이 권을 중요시한다.

 그것은 시중(時中)이란 것과도 통한다. 중용(中庸)은 그때 그때 맞게 하는 시중(時中)의 뜻이라고《중용》에서는 말하고 있다. 그래서 공자는 천하를 다스릴 수도 있고 맨발로 칼날을 밟을 수도 있지만 중용만은 할 수 없다고 했다.

 《맹자》에 이런 내용이 있다. 누가 맹자에게 물었다.
 「남녀가 직접 손으로 주고받지 않는 것이 옳은 일입니까?」
 「예(禮)에 남녀가 직접 주고받지 않는다고 했다.」
 「그럼 형수가 물에 빠졌을 때 이를 건져서는 안되겠습니다.」
 「형수가 빠진 걸 보고 건지지 않는다면 그것은 짐승과 다를 것이 없다. 남녀가 직접 주고받지 않는 것은 예요, 형수가 물에 빠졌을 때 건져 내는 것은 권(權)이다.」

 이렇게 원칙에는 벗어나지만 그것이 정당한 처사가 될 때 그것이 권인 것이다. 즉 다는 물건에 따라 저울 추를 옮기는 것이다.

 이상으로 시계 제일(始計第一)의 총론적인 것을 끝내고, 다음부터는 각론적인 것으로 옮기게 된다. 서론에서는 다섯 가지 계산, 그것도 조항 조항의 글귀로서가 아니고 그 글자가 지닌 참뜻과 작전의 기본 정신을 생활로써 체득할 것을 역설하고 있다.

이 이론은 그대로 사람을 죽이는 전쟁의 이론과 작전은 물론, 기업과 다른 모든 사업면에 적용시켜 얼마든지 구사할 수 있는 것으로, 경쟁에 있어서의 이치는 하나라고 말할 수 있다.

15

兵者, 詭道也.

【解義】 병이란 것은 궤도다.

【文義】 궤(詭)란 글자에는 거짓[詐]이란 뜻과 속인다[欺]는 뜻이 있다. 궤도란 문자에는 바른 이치에 어긋나는 길, 원칙을 벗어난 속임수란 뜻이 있다.

그러므로 이 대목을 그대로 풀이하면, 싸움은 적을 속이는 것이 그 본래의 성질이라는 것이 된다. 이것은 약간 온당한 해석이 될 수 없을 것 같다. 이 말이 글자 그대로 받아들여지고, 또 뒤에 나오는 비슷한 말들과 결부되어서 손자의 병법은 결국 속임수가 작전의 기본 정신을 이루고 있다는 평가를 받는 원인이 되는 것 같다. 대원칙인 국가적 이익과 이기고 보아야 하는 전쟁 목적을 위해서는 불가피한 일일 수도 있을 것이다.

그러나 이렇게 받아들여질 경우, 앞에서 말한 「권을 제하는 것이다」라고 한 것까지에 이르는 일련의 이론에 갑자기 문장의 비약이 있게 되고, 최초의 〈도(道)〉에서부터 시작된 주장이 빗나가게 되어 앞뒤가 잘 안 맞게 된다.

그러므로 여기서 궤란 것을 속이는 것으로 풀이하지 말고, 변칙적인 것임을 뜻한다고 보아야 할 것 같다. 즉 전쟁이란 것은 어떤 정해진 원리 원칙에 따라 행해지는 것이 아니다. 천변 만화라는 사태에 따라 그때그때 임기 응변하는 것이 전쟁이라는 뜻이다.

【解說】 이 대목을 글자 그대로 받아들여, 잠들어 있는 적의 목을 친다든가 밤을 이용해 적의 배후를 기습한다든가, 그런 것이 병법의 기본 원칙인 것처럼 생각하는 사람이 있는데, 그것은 어떤 특이한 부분을 가지고 본질인 양 착각을 하고 있는 것과 같다. 병불 염사(兵不厭詐)란 옛말이 있다. 전쟁에는 속이는 것도 불가피하다는 뜻이다. 불염(不厭)이란 마다하지 않는다, 싫다하지 않는다는 뜻이다. 다른 일에는 속임수란 것이 악질(惡質)로 비난의 대상이 되지만, 전쟁이란 대목적을 수행하는 과정에는 때에 따라 속임수란 것도 있을 수 있다는 정도의 뜻으로 밖에 볼 수 없다. 다시 말해 양심의 가책을 받지 않는다는 소극적인 변명의 도피처로서 이용되는 말이다. 그것은 어디까지나 특수성이요 원칙은 아니다.

전쟁이란 그 자체가 정도일 수는 없다. 상대를 죽이고 나를 죽이는 범죄 행동이라고 볼 수도 있다. 당면한 목적은 승리에 있다. 승리를 위해서는 수단과 방법을 가리지 않는 것이다. 그러기에 전쟁은 정도가 아닌 궤도인 것이다. 원칙이 아닌 변칙인 것이다. 이쪽에서 그같은 전쟁을 하는 것은 불법이다. 그러나 적이 그런 궤도의 전쟁을 꾀하고 있을 때는 그에 대한 대책이 서 있어야 할 것이다. 전쟁은 해서는 안되는 것이다. 그러나 힘이 아니고서는 불의(不義)를 응징할 수 없을 경우에는 전쟁도 부득이한 것이다. 최후의 수단, 변칙적인 수단으로서의 전쟁, 그것이 바로 궤도인 것이다. 변칙에는 변칙으로 대할 수밖에 없는 것이 전쟁이다. 그러기에 전쟁은 궤도인 것이다.

16

> 故能而示之不能.

【解義】 그러므로 능하면서도 능치 못한 것으로 보인다.

【文義】 여기서부터 정도 아닌 궤도 작전의 실례가 계속되는데, 이것은 이쪽에서 그렇게 해야 한다는 뜻도 아니고, 전쟁에는 이러한 술책들이 흔히 사용되고 있다는 일반론으로 보아야 할 것이다.
 또 이렇게 해석할 수도 있다. 모든 처사에 있어서 자기 능력을 과시하는 것처럼 어리석은 일은 없다. 대현(大賢)은 여우(如愚)란 말이 있다. 그것은 어리석은 척한다는 것이 아니다. 태연 자약한 태도가 마치 어리석은 사람 같다는 이야기다. 여기 말한 능치 못한 것으로 보인다는 것은 적을 속이기 위해 일부러 무능한 척하라는 뜻이 아니다. 능한 척하지 않는다는 것을 뒤집어 말한 것뿐이다.

【解說】 소문난 잔치에 먹을 것이 없다는 말이 있다. 말부터 먼저 요란한 것은 실속이 없다는 뜻이다. 못난 송아지 엉덩이에 뿔난다는 말이 있다. 특별나게 보이는 것은 모자란다는 뜻이 된다. 폭탄은 소리가 나기 전의 폭탄이다. 이미 소리가 나면 그것은 이미 소용이 없는 것이다. 숨은 능력이 무서운 것이지 이미 알려진 능력은 그 이상의 가치를 발휘하지 못한다. 보이지 않는 총이 무섭지, 들고 있는 총은 사실 무서울 것이 없는 것이다.
 과대 광고와 거짓 간판이 판을 치는 세상이다. 그것은 소비자와 속는 사람들이 겉과 속이 항상 반비례한다는 이 진리를 모르고서 그들의 궤도에 말려들기 때문이다.

17

用而示之不用.

【解義】 쓰면서도 쓰지 않는 것으로 보인다.

【文義】 어떤 방법을 채용할 계획으로 있으면서도 전혀 그런 기색을 밖에 내보이지 않는다.

【解說】 앞의 조항이 능력을 드러내지 않는 것이라면, 이 조항은 전술의 비밀을 뜻하는 것이 될 것이다.

성동 격서(聲東擊西)란 말이 있다. 목표는 서쪽에 두고 소문은 동쪽에 있는 것처럼 퍼뜨린다는 말이다. 결국 이것은 서쪽을 칠 계획으로 동쪽을 칠 것처럼 보인 다음, 적이 동쪽을 수비하기에 바쁜 틈을 타서 원래 목표한 서쪽을 친다는 것이다.

앞에서 말한 바 있는 주아부가 칠왕(七王)의 반란군과 대치해 있을 때 일이다. 성을 포위한 발란군이 동쪽에서 소란을 떨며 기세를 올리는 것을 본 주아부는, 동쪽에 있던 군사를 서쪽으로 옮겼다. 얼마 후 적은 과연 서쪽으로 총공격을 시도해 왔다. 적의 속임수를 주아부는 넘겨짚었던 것이다.

그러나 이런 궤도는 자칫 서로가 역이용당할 위험성이 있는 것이므로 투기의 성질을 띠고 있다. 넘겨짚고 요행을 바라기보다는 역시 정도로써 만전을 기하는 것이 안전하다.

《삼국지연의》에 이런 이야기가 있다. 적벽강 싸움에 패한 조조가 쫓기어 달아날 때, 두 개의 갈림길에 와 닿았다. 어디로 갈 것인가 망설이고 있을 때 멀리서 모닥불 연기가 오르고 있었다. 그것은 사람이 있다는 증거다. 그러나 조조는 일부러 그쪽 길을 택했다. 제갈양이 자기를 속이기 위해 짐짓 사람을 시켜 불을 피운 것이니 실상 그쪽이 비어 있다고 판단했기 때문이다. 그러나 조조의 예측은 빗나가 거기서 복병을 만나게 되었던 것이다. 그것은 조조가 넘겨짚을 것을 또 넘겨짚은 제갈양의 예측이 적중한 때문이었던 것이다.
궤도에 속지는 말지언정 궤도를 써서는 안 되는 것이다.

18

近而示之遠, 遠而示之近.

【解義】 가까워도 멀게 보이고 멀어도 가깝게 보인다.

【文義】 가깝고 먼 것은 거리를 두고 하는 말이다. 사실은 가까운 곳에 위치해 있으면서 아주 먼 곳에 있는 것처럼 꾸미고, 실지는 먼 곳에 있으면서 가까운 곳에 있는 것처럼 적게 보인다.

【解說】 교통 기관이 별로 속력이 없었던 시대에는 거리는 그대로 거리여서, 먼 곳은 멀고 가까운 곳은 가까운 것에 틀림이 없었다. 그러나 현대에는 거리의 멀고 가까운 것이 그대로 시간과 정비례하지 않게 되었다.
그러므로 지금은 이 멀고 가까운 문제는 앞에 나온 능력의 문제와 결부된다. 즉 거리는 수송 기관의 속력에 관한 능력과 상승적(相乘的)인 관계에 있어 훨씬 복잡성을 띠게 되었다고 생각지 않으면 안 된다. 따라서 이 대목의 위장술도 이중으로 복잡한 판단을 필요로 할 것이다.

또 수송 기관의 소요 시간은 교통로와도 깊은 관계를 갖는다. 이 교통로의 개선 같은 것은 기계력이 없었던 손자의 시대에는 생각조차 할 수 없는 거리라는 것을 인위적으로 좌우할 수 있는 현대에는 이런 계산에도 무척 복잡성이 개재하게 된 셈이다.

19

利而誘之.

【解義】 이롭게 하여 꾄다.

【文義】 작은 이익을 주어 상대를 유인한다. 전체적인 큰 이익을 손에 넣기 위해서는 어느 정도의 이익을 상대에게 주어 유도하거나 유인하지 않으면 안된다.

【解說】 이 글귀는, 옛날부터 전쟁 전술에서만이 아니고 외교 정책과 모든 면에 널리 애용되어 온 글귀다. 「열길 물 속의 큰 고기가 어부의 손에 들어오는 것은 맛있는 미끼 때문」이란 말이 잘 쓰여져 왔는데, 큰 고기를 낚기 위해서 맛있는 미끼가 필요한 것처럼 적을 유인하기 위해서는 적의 마음을 동하게 할 만한 것이 먼저 주어져야 한다는 뜻이다.
  그러나 이것이 잘못 악용되면 뇌물을 주고받는 문제로 확대되기 쉽다. 오늘날 국제적인 기업들이 상품 판매를 위해 상대국 정책 결정권자에게 정치 자금을 공급한 것이 문제가 되어 있는 것도 다 이런 것의 극대화라고 볼 수 있다. 아무튼 현재는 이 이이유지(利而誘之)의 손자 병법이 너무 널리 적용되고 있기 때문에 장황한 설명이 필요없을 것 같다.

그러나 이것을 그런 술책적인 면으로 해석하지 말고, 보다 근본적인 문제로 다룰 수도 있을 것이다. 이불가독식(利不可獨食)이란 말이 있다. 이익은 혼자 먹을 수 없다는 뜻이다. 이익은 관계자끼리 적당히 분배가 이뤄지는 곳에 그 참다운 뜻이 있는 것이다. 기업가가 이윤을 독점하는 곳에 항상 사회 문제가 있게 된다.

20

亂而取之.

【解義】 어지럽게 하여 취한다.

【文義】 상대방의 약점을 찾아, 배후에서 혼란을 일으켜 놓고 그 틈을 타서 이를 공략하거나 차지한다는 뜻이다.

【解說】 교란 전술이다. 최근 공작대라는 명칭을 붙여 특별 임무를 주고 특별 교육을 시켜 전문적으로 행하고 있는 실정이다. 궤도 중에서도 가장 극단적인 것이라 말할 수 있을 것이다.
　상대방을 어지럽게 만드는 데는, 그 약한 부분에 집중적인 공격을 가한다든가, 또는 어떤 한 부분에 대해 균형을 극단으로 파괴할 수 있는 돌연한 공격력을 준비해 두고, 한 부분에 대한 상대방의 응전을 틈타 제2의 부분에 공격을 가한다. 이것에 대해 응전할 태세가 정리되기를 기다리지 않고 또 새로운 제3의 부분에 돌격을 개시한다.
　이러한 공격은 모두 그 부분 부분에 대한 돌파 작전이 아니고, 적을 응전할 태세를 갖추는 데 분주하게 만들어 혼란을 빚게 하는 것이 목표가 되는 것이다. 그러므로 공격은 될 수 있는 한 예상 밖의 부분에 정신 못 차리게 잇따라 행해져야만 된다.

21

實而備之.

【解義】 실하면 갖춘다.

【文義】 이 대목에는 두 가지 해석이 있을 수 있다. 하나는 적이 실하면 이에 대비를 하라는 뜻으로 풀이하는 것이고, 또 하나는 실한 것으로 적에 대비하라는 뜻으로 풀이하는 것이다. 실은 내용적으로 충실한 것을 말한다. 갖춘다는 것은 대항할 만한 실력을 갖추는 것으로 곧 대비한다는 뜻이다.

【解說】 어느 쪽 해석에 따르더라도 그것은 궤도라고는 볼 수 없는 것이다.
 그러므로 손자가 말하려는 것은, 상대가 긴장된 상태에 있을 때는 이를 적으로 상대하는 것을 일단 중지하고, 오히려 한 걸음 뒤로 물러나 서서히 형세를 관망하면서 이쪽의 태세를 정비하기에 전념하라는 것으로 생각된다.
 말하자면 적으로 하여금 헛손질을 하게 만드는 작전이라고 볼 수 있다. 언제나 받아치는 것만이 능수는 아니다. 적의 공격을 피하여 적의 계획을 빗나가게 하는 것이 때로는 보다 나은 효과를 올릴 수 있는 것이다.
 또 어떤 의미에서는, 이쪽이 호경기를 만나 상승 일로에 있을 때, 너무 내친 기분으로 전진을 계속하지 말고 만일에 대비하는 안정 기반을 구축하라는 뜻이 될 수도 있을 것이다.

22

強而避之.

【解義】 강하면 피한다.

【文義】 강하니 약하니 하는 것은 저와 나의 힘을 비교하는 문제로, 상대가 이쪽보다 우세하다고 생각될 때는 이와 격돌하는 것을 피한다.

【解說】 강하면 피하라는 것은 약자만 골라 가며 치라는 뜻은 아니다. 정면 충돌을 피하라는 작전상의 문제일 뿐이다. 적은 군사와 약한 군사로 적과 싸울 때는 정면 충돌을 피하는 것이 원칙이다.
 「궁한 도적을 쫓지 말라〔窮寇勿追〕」는 말이 있다. 막다른 골목에 다다라 꼼짝없이 죽게 되었을 때는 지금까지 없었던 강한 힘을 휘휘할 수 있게 되므로 도리어 반격을 당해 패할 염려마저 있기 때문인 것이다. 이것 역시 적이 강해지는 것을 피하기 위한 전법에 지나지 않는 것이다. 개도 구멍을 보고 쫓는다는 것도 같은 이치에서이다.

23

怒而撓之.

【解義】 성나게 하여 어지럽힌다.

【文義】 사람에 따라서는 이 글귀를 「성내어 꺾는다」라고 읽기도 한다. 즉 짐짓 성난 모습을 지어 상대의 기운을 꺾어 당황하게 만든다는 뜻으로 풀이하는 것이다.

「성나게 하여 어지럽힌다」로 읽으면, 상대방을 자극시켜 화나게 함으로써 그 판단과 행동을 평탄하지 못하게 만든다는 것이 된다.

【解說】 사람의 감정 가운데서 가장 앞뒤를 분간할 수 없게 하는 것이 노여움이란 감정이다. 뻔히 안될 줄 알면서도 분을 못 참아 적의 유인에 끌려드는 예는 특히 무장의 경우 많다.

제갈양이 사마의와 마지막 대진을 하고 있을 때의 일이다. 제갈양과 상대가 안되는 것을 안 사마의는 진문을 굳게 닫고 제갈양의 도전에 응하지를 않았다.

생각다 못한 제갈양은 사마의에게 여자의 옷을 한 벌 보내주었다. 겁이 많은 여자 같은 네가 무슨 대장이란 말이냐 하고 모욕을 준 것이다. 사마의 쪽의 막료와 장수들은 일제히 일어나 싸울 것을 사마의에게 요구했다. 제갈양의 술책에 끌려든 것이다. 즉 노엽게 하여 어지럽힌 것이다. 그러나 사마의만은 노여워하지 않았다. 그것이 술책인 것을 알고 있었기 때문이다. 사람, 특히 책임 있는 자리에 있는 사람이 가장 주의해야 할 일은 노여움을 띤 가운데서는 결정을 내리지 말고 냉정을 기하는 것이다.

24

卑而驕之.

【解義】 낮추어 교만하게 한다.

【文義】 상대방에게 내 몸을 낮게 가져, 상대로 하여금 이쪽을 업신여기는 마음을 갖도록 한다는 것이다.

【解說】 외교적인 접촉에 있어서 흔히 쓰이는 수단이다. 상대방을 추어올려 우쭐하게 만드는 것도 역시 같은 종류의 수법이다.

이쪽에서 겸손하게 나가거나 빌붙는 태도를 보이면, 상대는 자연히 거만한 태도를 갖게 된다. 그로 인해 이쪽을 무시하거나 아니면 다른 뜻이 없는 줄 알고 경계를 하지 않게 된다.

와신 상담(臥薪嘗胆)이란 말의 장본인인 월왕(越王) 구천(句踐)이 오왕(吳王) 부차(夫差)에게 뼈에 사무친 원한을 주는 그날이 오기까지 취한 태도는 바로 이 〈비이교지(卑而驕之)〉였다. 구천의 지나친 겸손에 부차는 이미 시기가 늦은 그때까지 구천을 의심한 적이 없었다. 그러기에 구천은 조용히 힘을 기를 수가 있었고, 부차로 하여금 중국을 넘보는 군사 행동을 일으켜 국력을 피폐시키게 할 수 있었던 것이다.

책임 있는 자리에 앉은 사람은, 아부하기 좋아하는 부하를 경계하는 것은 물론 지나치게 겸손하게 나오는 상대를 항상 주의하지 않으면 안된다. 필요 이상의 겸손 속에는 반드시 뭔가 딴 의도가 있다는 것을 알아야 한다.

25

佚而勞之.

【解義】 편하면 수고롭게 한다.

【文義】 상대가 평온 무사하게 지내고 있을 때는, 뭔가 일을 꾸며 그

대책에 분주하여 지치게 만들지 않으면 공격을 할 수 없다.

【解說】 춘추 시대 때 진(晋)나라와 초(楚)나라가 서로 패(覇)를 다툴 때의 일이다. 진나라에서는 초나라를 괴롭힐 생각으로 군대를 셋으로 나눠 차례로 번갈아 남쪽을 침범했다. 초나라는 그때마다 총병력을 동원했다. 진나라는 싸움을 않고 이렇게 해서 이쪽이 한 번 움직이는 동안 상대를 세 번 움직이게 만들었다. 이것이 바로 여기 있는 일이노지(佚而勞之)의 전술인 것이다.

또 다른 세력을 부추겨, 적의 주위를 여기저기서 집적거리게 하는 것도 같은 수법이 될 수 있을 것이다. 혹은 작은 병력을 양쪽에 배치시켜 번갈아 적의 허를 찔러 이리로 달려왔다 저리로 달려갔다 하게 만드는 것도 가능할 것이다.

26

親而離之.

【解義】 친하면 떨어지게 한다.

【文義】 국제간의 모략으로 자주 쓰이는 이간질 법이다. 상대쪽 여러 세력이 서로 긴밀한 관계를 갖고 상호 협조하는 상황 아래에서는 그 전체나 어느 하나를 공격 대상으로 삼아서는 안된다. 먼저 그들 사이를 벌어지게 한 다음, 하나씩 따로따로 각개 격파의 전법을 쓰지 않으면 안된다.

【解說】 상대 편을 고립시키고 분열을 일으키게 하는 작전이다. 교묘하게 당하게 되면, 이쪽의 결합이 여간 튼튼하지 않는 한 술책에 걸

려들기 쉬운 것이다.

　갑과 을 두 나라가 긴밀한 관계를 유지하고 있을 때, 병이란 나라가 이들 두 나라 사이를 벌어지게 한다고 가정하자. 그러면 병은 다음과 같은 술책을 쓸 수도 있다.

　자기 나라 군대를 갑이나 을의 군대로 꾸며 다른 나라의 국경 지대를 침범해 들어가 재산이나 부녀자들을 약탈해 오는 것도 한 방법일 수 있다.

　이때 상대방이 냉정하고 침착한 태도로 사건을 철저히 규명하지 못하고, 그럴 수가 있느냐는 발칵하는 생각에서 경솔한 보복 조처를 취하거나 하면 뜻하지 않은 분쟁을 일으키게 되고 만다. 정보가 어두운 옛날에는 이런 일이 얼마든지 있었다.

　또 혹은 비밀 공작원을 잠복시켜 친선차 방문해 온 어느 한쪽의 귀한 인물을 저격하는 것도 분쟁의 실마리가 될 수 있다.

　아무튼 모략을 하기는 쉽고 그 모략에 걸려들지 않는 것은 어려운 일인, 남을 모략하기에 앞서 내가 남의 모략에 걸려들지 않도록 항상 경계할 필요가 있을 것 같다.

27

攻其無備, 出其不意.

【解義】　그 갖춤이 없는 것을 치고, 그 뜻하지 않은 것에 나간다.

【文義】　상대가 방심을 하거나 또는 설마하고 준비를 게을리하고 있는 것을 발견하면 기회를 놓치지 말고 즉시 공격을 한다. 공격을 할 때는 전혀 예상하지도 못한 시기와 장소를 택해서 하는 것이 효과적이다. 결국 적의 허를 찌르는 것이다.

【解說】 제(齊)나라 침략군이 노(魯)나라에 쳐들어왔을 때다. 약한 노나라의 대장이 된 오기(吳起)는 찾아온 제나라 사절에게 대적할 의사가 없다는 것을 말하고, 사절들에게 후한 뇌물을 안겨 주는 한편, 항복한 날짜와 장소까지를 약속해 보냈다.

그러나 오기는 그들을 떠나보내고 나서 즉시 총병력을 이끌고 그들 뒤를 따랐다.

제나라 진영에서는 사절들의 보고를 듣고 아무 준비 없이 항복할 때만 기다리는 판이었다. 이때 느닷없이 노나라 군대가 폭풍처럼 휘몰아 들이닥쳤다. 보초마저 세우지 않고 승전 기분에 미리 들떠 있던 제나라 군사는 무기와 군량마저 버리고 달아나기에 정신이 없었다.

이거야말로 출기불의(出其不意)에 공기무비(功其無備)가 아닐 수 없다.

전국 시대, 멸망 직전에 있는 제나라의 외딴 성, 즉묵(卽墨)을 지키고 있던 민병 대장 전단(田單)이 백 배 천 배나 강한 연나라 포위군을 일거에 격파한 것도 결국 이 출기불의 공기무비의 전술 때문이었다.

항복하기로 날짜를 거짓 잡아 주고, 성안 부자들을 시켜 입성하는 날 자기 집을 잘 보호해 달라는 구실로 소와 술을 뇌물로 바치게 하여, 적의 장병들로 하여금 내일의 입성을 축하하는 잔치를 벌여 마냥 마시고 취해 떨어지게 만든 다음, 유명한 화우(火牛) 전술로, 때 아닌 한밤중 뿔에 칼을 묶고 꼬리에 불을 단 황소떼들의 습격을 받아 몇십만 군대들이 잠결에 뛰쳐나와 서로 짓밟으며 달아나는 참패를 당하게 만들었던 것이다.

믿는 도끼에 발등 찍힌다는 말이 있듯이, 참패는 항상 승리 뒤에 있다는 것을 잊지 말아야 할 것이다.

28

> 此兵家之勝, 不可先傳也.

【解義】 이것이 병가의 이김이니, 먼저 전할 수 없는 것이다.

【文義】 이상 말해 온 12조항은 모두 궤도의 전법으로, 이것을 쓰게 되면 적에게 이길 수 있는 방법이기는 하지만, 그러나 이것들은 미리 상대가 어떻게 나올지 예측할 수는 없다.

　이 밖에 여러 가지 전술들은 그때 그때의 정세에 따라 생각해 낼 수 있는 것이므로, 미리 어떻게 나오리라는 것을 말할 수는 없다.

【解說】 이러한 궤도의 작전을 아무 준비 없이 정면으로 당하게 되면, 그야말로 그 누구도 견뎌 낼 수 없다. 그러나 그렇다고 해서 미리 그것을 일러 줄 수도 없는 일이다. 그것을 예측할 수 없는 것이기 때문에 궤도라는 것이다. 예측할 수 있는 것이라면 궤도라고는 말할 수 없다. 그러나 그것이 그렇게 무서운 것만은 아니다.

　그런 까닭에 최초에 말한 기본적인 것, 즉 다섯 가지 일과 일곱 가지 계산에 투철하는 것이 중요하다. 이것을 완전히 체득해 두는 이외에 달리 방법은 없다. 손자는 이 점을 강조하고 싶었던 것으로 생각된다.

　이 병서가 세상에 나온 뒤 2천 몇백 년 동안, 이들 궤도가 손자의 참다운 면목인 것으로 풀이되어 왔기 때문에 이런 해석은 색다른 것이 될지도 모르나, 문맥이나 글뜻으로 보아 이렇게 해석하지 않으면 앞뒤가 잘 맞지 않는 것으로 생각된다.

29

> 夫未戰而廟算勝者, 得算多也. 未戰而廟算不勝者, 得算少也. 多算勝, 少算不勝, 而況於無算乎. 吾以此觀之, 勝負見矣.

【解義】 대저 싸우지 않고 묘산(廟算)하여 이기는 사람은, 산을 얻음이 많은 것이다. 싸우지 않고 묘산하여 이기지 못하는 사람은, 산을 얻음이 적은 것이다. 산이 많은 것은 이기고 산이 적은 것은 이기지 못한다. 하물며 산이 없는 것이겠는가. 내가 이로써 보면 승부가 나타난다.

【文義】 묘(廟)는 조정(朝廷)을 뜻한다. 즉 정부 고위층이 있는 곳을 말한다. 묘산이란 것은 현지에 파견되어 있는 군이 아니고, 최고 수뇌들이 정부 안에서의 작전 회의에서 조사·연구·논의·검토하는 것이다. 뒤에 나오는 산(算)은 공산(公算)이란 뜻이다.

글뜻은, 싸움에 들어가기 전의 회의에서도 그 계산에 그릇된 판단과 실수만 없다면, 충분한 계산 방법에 뛰어난 쪽이 승리를 얻을 공산이 크다. 만일에 싸우기 이전의 검토 방법에 있어서 상대보다 뒤떨어져 있다면 확실한 공산을 얻기 어렵다. 이때의 공산 확률이 높은 쪽이 실전에 들어갔을 때도 이기는 경우가 많다. 반대로 확률이 낮은 쪽에는 이길 가능성이 적은 것이다.

더욱이 아무런 공산도 없고 확실한 숫자도 얻지 못한 채, 막연히 어떻게 되겠지 하는 주관적인 판단이나 운수나 바라는 애매한 계획으로는 참패할 것이 너무도 뻔한 일이다.

나[孫子]보고 말을 하라고 한다면, 실전(實戰)의 경과 같은 것을 전혀 보지 않고라도, 그 승패가 어떠하리라는 것에 대해 불을 보는 것보다 더 분명하게, 이 최초의 검토만으로 내다볼 수 있다고 단언할 수 있다.

【解說】 이 조항의 문장이, 궤도 작전은 미리 말하기 어렵다고 한 것을 이어받고 있는 것에 주의해야 할 것이다. 그러므로 이 사이에 〈그러므로〉라는 말을 넣어 두는 것이 이해하기 좋을 것으로 생각된다.

　실전에 들어가게 되면 이럴 리가 없는데 라고 말해 보아야 아무 소용이 없다. 작은 승패는 한때의 승부로 끝날지도 모른다. 전쟁에 있어서 국면의 유리한 전개와 불리한 전개란 반드시 있기 마련이다. 그러나 전체적인 승리는 공산이 많은 쪽이 언제나 갖게 된다는 것이다.

　이 시계편의 내용을 다시 한 번 총괄해서 사업면에 적용시켜 보면 그것은 사업에 있어서 무엇보다 중요한 것은 계획성이 없어서는 안 된다는 것이다.

　모든 점에 걸쳐 여러 모로 세밀한 검토를 해보아서, 모든 점이 합리적이 아니어서는 사업은 성립되지 못한다.

　먼저 첫째로 검토해 보아야 할 것은 사회적인 필요성이 있느냐 없느냐 하는 것이다.

　다음 둘째 번 셋째 번으로는 그 시대, 그 시세(時世)에 있었서의 필연성이 있느냐 없느냐 하는 점이다.

　넷째로는 수뇌부의 역량과 자격이 완전하냐 못하냐 하는 것이다.

　다섯째로 조직, 사업 방침, 운영 방법이 적당하냐 못하냐 하는 것이다.

　이상 다섯 가지가 손자가 말한 다섯 가지 일에 해당할 것이다.

　다음에 그것의 실제 운영에 있어서 수뇌부의 경영에 관한 지식 이것을 둘로 나누면 평상시 경영과 비상시 경영이란 것이 되겠는데, 여기에서 먼저 사업의 본체를 완전히 파악할 일이다. 비상 사태는 언제 어디서 어떤 형태로 부딪치게 될지 알 수 없는 것이므로, 어느 정도의 기본 원칙이란 것을 파악해 자유 자재로 응용할 수 있는 실력을 충분히 길러 둘 일이다.

　대체로 이런 것이 되리라고 생각하는데, 다음의 13편까지 이 기본 원칙에 해당하는 여러 가지 실례와 이론에 대한 해설이 전개되게 된다.

作戰 第二

1

> 孫子曰, 凡用兵之法, 馳車千駟. 革車千乘, 帶甲十萬, 千里饋糧, 則內外之費, 賓客之用, 膠漆之材, 車甲之奉, 日費千金, 然後, 十萬之師擧矣.

【解義】 손자가 말했다. 무릇 군사를 쓰는 법은, 치거(馳車)가 천 사(駟)에, 혁거(革車)가 천 승(勝)이고, 대갑(帶甲)이 십만에, 천 리에 양식을 보내면, 곧 안팎의 비용과 빈객의 쓰는 것과, 교칠(膠漆)의 재료와 거갑(車甲)의 받듦이 날로 천금을 쓰나니 그런 뒤에야 십만의 군사를 들게 된다.

【文義】 치거라는 것은 달리는 수레라는 뜻으로, 속력이 빠른 전차라는 뜻이다. 사(駟)는 전차 하나를 말 4마리가 끌기 때문에 수레 하나에 필요한 말의 단위로 쓰이는 말로서, 천 사는 곧 4천 마리의 말을 뜻한다. 혁거는 가죽을 씌워 덮은 수레란 뜻으로, 병기·탄약·식량 등을 운반하는 수송차를 말한다. 대갑은 갑옷을 입은 군사란 뜻으로 완전 무장을 갖춘 군대를 말한다.

 군사를 움직이려 할 때에는, 네 마리 말이 끄는 전차가 천 대에 마찬가지로 수송 차량이 천 대, 완전 무장한 병사가 십만 명이 동원된다. 그리하여 천 리나 되는 먼 거리에 탄약과 양식을 보낼 필요가 있을 때는, 국내의 물자 보급도 계산에 넣어야 되고, 이웃나라로부터 오는 외교 사절과 우리를 후원해 줄 민간 사절도 오게 될 것이므로 그들을 영접하고 보내는 비용도 막대하다는 것을 계산에 넣지 않으면 안된다.

그 밖에 활이라든가 기타 무기 등의 보충 수리에 필요한 아교니 옻이니 하는 재료를 비롯해서 병기 보충과 병사들의 식량과 피복 등 각종 비용에 하루 천 금(金──貨幣價値의 單位로 어느 정도의 액수인지는 알 수 없으나 순금 한 鎰 즉 30兩의 가치를 말하는 것이 아닌가 생각된다)의 비용을 쓰게 된다.

이러한 계산을 바탕으로 이 막대한 물자와 비용을 동원 공급할 수 있어야만 십만 명의 군사를 움직일 수 있는 것이다.

【解說】 모두가 당시의 국내전 규모에서 산출된 것이므로, 역사적인 흥미 이외에 우리가 그 속에서 얻을 것은 별로 없을 것 같다. 결국 막대한 물량 소모를 충분히 계산하지 않고는 전쟁을 시작할 수 없다는 뜻이 되겠다.

이 비용 가운데 빈객의 용이란 것이 특별히 들어 있는 것을 보아 전쟁에 직접 소요되는 비용 외에, 전쟁 수행에 따르는 민간인의 활동과 그 뒷바라지 같은 것이 상당히 중요한 의의를 갖고 있었음을 짐작할 수 있다. 유세객(遊說客)들이 가장 큰 역할을 할 수 있었던 당시인 만큼 당연한 일이었을지도 모른다. 현대 기업에 있어서도 이 빈객을 위한 비용이 무시될 수는 없을 것이다.

2

> 其用戰也, 勝久則鈍兵挫銳.

【解義】 그 싸움을 함에, 이기는 것이 오래면 곧 군사를 무디게 하고

날카로움을 꺾게 된다.

【文義】 막상 전쟁이 벌어졌을 때, 전쟁을 장기간 계속한 끝에 겨우 승리를 얻게 되면, 벌써 그때는 군사들은 지쳐 있고 군 장비도 낡아져 있어 처음과 같은 날카로운 공격력을 잃게 된다.

용전(用戰)이란 말은 평화적인 해결을 못 보고 전쟁이란 수단을 쓴다는 뜻이므로, 곧 전쟁을 한다는 말이다. 승구(勝久)는 승리를 얻는 것이 오래 걸린다는 뜻이다.

【解說】 같은 열과 열이란 실력을 가지고 양쪽이 싸움을 시작했다고 하면, 그 공격력은 서로가 맞먹을 것이다. 그러나 숫자적으로는 똑같더라도 그 군비와 병력이 어느 쪽이 더 새로운가 하는 것이 커다란 장점과 약점이 될 수 있다.

능률이 좋은 기계 설비, 새로운 생산 방식, 새 기술, 언제나 새로운 활동력에 넘쳐 흐르는 종사자, 또는 경영 관리자를 가진 기업체와, 그 반대로 낡은 설비, 구태 의연한 생산 방식, 언제까지 지나도 새 바람을 불어 넣지 않는 기술, 침체해 있는 종업원을 가진 기업체를 비교했을 경우, 거기에는 상당한 거리가 있는 것이다.

활동체라는 것은 언제나 신선한 것일수록 강하다. 오랜 사업 활동이 계속된 뒤 일정한 안정을 얻었다고 할 경우, 거기에는 벌써 하나의 위기가 준비되어 있다고 생각해서 좋은 것이다.

전쟁 용어에 생력군(生力軍)이란 말이 있다. 양쪽 진영이 맞붙어 다 같이 힘에 겨운 전투를 계속하고 있을 때, 지금까지 전투에 가담한 일이 없는 구원병이 나타났을 경우 이것을 생력군이라고 한다. 즉 생기 있는 힘을 가진 군대란 뜻이다. 막상 막하의 접전이 오래 계속되고 있을 때 이 생력군의 보급을 받을 수 있으면, 그때는 결정적인 승리의 계기가 그쪽에 이루어지고 마는 것이다. 전쟁이든 기업이든 항상 필요할 때에 동원될 수 있는 이 생력군과 같은 보급을 준비해 두지 않으면 안된다.

3

> 攻城則力屈, 久暴師則國用不足.

【解義】 성을 치면 곧 힘이 굴하고, 오래 군사를 드러내 놓으면 곧 나라의 씀이 모자란다.

【文義】 굳게 지키고 있는 성 안의 적을 공격하게 되면, 같은 힘의 경우 이쪽이 당할 수 없다. 오래 군대를 밖에 두게 되면 그 군대의 보급으로 인해 나라의 재정이 딸리게 된다. 폭(暴)은 밖에 드러낸다는 뜻이다.

【解說】 같은 힘의 경우, 수비하는 쪽이 항상 유리한 것은 1대 1의 주먹싸움에 있어서도 마찬가지다. 적을 공격하기에 앞서 먼저 수비를 염두에 두지 않으면 안된다.

더구나 성이라는 높고 튼튼한 장애물을 쳐부순다는 것은, 맨주먹으로 철갑을 입은 사람을 치는 것 이상으로 힘든 일이다. 이쪽의 힘이 열 배가 넘어야 적의 성을 공격할 수 있다고 했지만, 백 배의 힘으로도 어려울 수 있는 일이다.

보통 성을 공격하는 방법에 물자 소모전이란 것이 따르기 마련이다. 성 안에 있는 적을 굶주리게 하는 장기 전법이다.

그러나 그때는 이쪽도 많은 군사를 먼 곳에 오래 주둔시켜야만 되므로 생업에 종사할 장정들이 일터를 떠나 싸움터에 가 있게 되고, 노약(老弱)들은 그나마 싸움터에 있는 장정들의 물자 보급에 동원되어야 하기 때문에 인력 소모와 물자 낭비라는 이중의 고통을 치르지 않으면 안된다.

싸움이란 만부득이한 것이지만 성을 공격하거나 장기전 같은 것은 피하지 않으면 안된다는 것을 강조한 것이다.

4

夫鈍兵挫銳, 屈力殫貨, 則諸侯乘其弊而起, 雖有智者, 不能善其後矣.

【解義】 대저 군사를 무디게 하고 날카로움을 꺾으며, 힘을 굴하고 재물을 다하면, 곧 제후들이 그 지친 것을 틈타 일어나게 될 것이니, 비록 지혜로운 사람이 있어도 능히 그 뒤를 좋게 하지 못한다.

【文義】 이렇게 군사가 지치게 되고 그 정예함을 잃게 되며, 전투력이 약해지고 경제적으로 곤란을 겪게 되면, 이웃나라들이 이 피폐된 틈을 타서 어부지리를 취하려 들 것이니, 그렇게 되면 엎친 데 덮치는 격이 되어 아무리 훌륭한 지혜와 지도력을 가진 사람이라도 이 위험한 사태를 수습할 수 없게 된다. 탄(殫)은 다 써버린다는 뜻이다.

【解說】 이렇게 힘에 겨운 전쟁을 오래 계속한다는 것은 승리가 승리로 되지 못하는 경우가 많다. 역사상 전쟁을 좋아한 나라 치고 끝에 가서 망하지 않은 나라가 없고, 국내 혁명이란 것이 대개가 집권 세력이 전쟁으로 피폐된 기회에 이뤄지는 것이다.

전쟁만이 아니고 사업에 있어서도 마찬가지다. 경쟁 상대는 언제나 한 사람뿐이 아니다. 언제 어디에서 숨은 호랑이와 늑대가 나타날지 알 수 없는 일이다. 더욱이 이쪽이 지쳐 넘어질 지경에 이르렀을 때는, 평상시 같으면 문제도 되지 않을 양 같은 순한 짐승에게도 떠밀려 넘어지게 되는 것이다.
 힘이 있는 데까지 싸운다는 것은, 감정적으로는 비장하고 통쾌한 감이 있을지 모르지만 절대로 그것이 옳은 일이 될 수는 없다. 2차 대전 때 일본 군벌들이 자기들의 과오를 솔직히 시인하고 물러나기 싫은 체면 때문에, 육탄 부대니 특공대니 하는 것으로 장기전에 임하고 있었던 가소로운 일들을 우리는 잘 알고 있다. 진격만 하는 것이 용기가 아니다. 불리할 때 탁 고개를 숙이고 물러나는 용기가 참다운 용기다.
 이렇게 파국에까지 질질 끌려가게 된 뒤에는, 아무리 유능한 사람이 있어도 그 파국을 구제할 길이 없다. 멸망이 아니면 무조건 항복과 같은 사태를 빚고야 마는 것이다.
 더구나 주위로부터의 집중 공격에 견뎌 가면서 다시 일어설 수는 없는 것이다.

5

故兵聞拙速, 未睹巧之久也.

【解義】 그러므로 군사는 졸속을 듣고, 공교로움의 오랜 것을 보지 못했다.

【文義】 그러기 때문에 일단 전쟁을 시작한 이상은, 서투르면 서투른 대로 얼른 끝내고 말아야 한다.
 전쟁은 상대가 있다. 게다가 그 상대가 시간이 흐름에 따라 생각지 못한 방향으로 옮겨갈 수도 있는 것이다. 그러므로 새로운 변화가 생기기 전에 얼른 끝을 내고 말아야 한다. 잘못 시작한 느낌이 들거나 불리하다고 생각이 들었을 때는 더 사태가 악화되기 전에 적당한 선에서 타협을 짓고 말 일이다.

아무리 작전이 뛰어나고, 승승 장구(乘勝長驅)하는 전과를 올리고 있는 경우라 해도, 그것은 어디까지나 일시적인 것으로 영구히 계속될 수는 없다.

【解說】 말할 것도 없이 이것은 사전의 충분한 조사와 준비, 실력의 충실을 전제로 하고 있다는 것을 잊어서는 안된다.

병문졸속(兵聞拙速)이란 말은 병귀신속(兵貴神速)이란 말과는 다르다. 신속은 사람의 생각에 벗어날 정도로 빠르다는 이야기이므로 그것은 하나의 상식적인 말이 될 수 있다. 그러나 졸속의 졸은 서투르다는 뜻으로 신속보다는 더 깊은 뜻이 있는 것이다. 완전을 기해 더딘 것보다는 불완전한 대로 빠른 것이 좋다는 이야기다. 전투나 전쟁은 무조건 얼른 끝내야 한다는 뜻이다.

그러나 이 글귀는 독립된 말 그대로 받아들여서는 안된다. 덮어놓고 주먹다짐을 하라는 원칙을 말하는 것은 아니다. 어떤 원칙이 먼저 서 있고, 그런 다음 그 위에서 이 졸속주의가 가미되어야만 하는 것이다.

이 조항에서 손자가 말하려는 것은, 신중한 검토를 거쳐 승산이 있다고 보고 시작한 싸움은, 그 세밀한 부분에 다소 미흡한 점이 있더라도, 될 수 있는 한 약간의 희생을 각오하고 빨리 끝을 내야 하며 절대로 장기전에 들어가서는 안된다는 것이다. 장기전에 들어가면 그 뒤가 무섭다는 것이다.

명(明)나라가 청(淸)나라의 손에 빨리 망한 것도 임진왜란으로 인한 피폐 때문이었다. 나폴레옹 같은 전쟁의 천재도 결국 끝에 가서는 적의 포로가 되고 말았던 것이다.

6

夫兵久而國利者, 未之有也. 故不盡知用兵之害者, 則不能盡知用兵之利也.

【解義】 대저 싸움이 오래고 나라가 이로운 일은 아직 없었다. 그러므로 군사를 쓰는 것의 해로움을 다 알지 못하는 사람은, 곧 능히 군사를 쓰는 것의 이로움을 다 알지 못한다.

【文義】 무리한 장기전을 감행하여, 그로써 나라가 이익을 얻은 사례는 일찍이 없었다. 그러므로 싸움을 시작함으로써 생기게 될 폐해를 남김없이 다 알고 있지 못한 사람은, 반대로 싸움을 함으로써 얻게 되는 참다운 이익이 어떤 것인지를 알지 못하는 사람이라고 말할 수 있다.

【解說】 싸움이란 내가 손해를 보고 내가 상처를 입기 위해 하는 것이 아니다. 결국 아무 이득도 없는 싸움을 시작했다면 그보다 더 어리석은 일은 없다. 문제는 이득과 손해를 비교해서 거기에 충분한 이익이 남느냐 안 남느냐 하는 사전 계산에 있는 것이다.
　싸움을 걸었을 때 이쪽이 상처를 어느 정도 입게 되리라는 정밀한 계산을 할 수 없는 사람은, 결과로서 얻게 될 이익의 계산마저 할 수 없는 사람이 되는 것이다. 목적을 잃은 전쟁은 전쟁일 수 없는 것이다.
　전쟁만이 아니고 모든 일에 있어서도 역시 마찬가지다. 흔히 형편이니, 마지못해서니 하는 말을 하는데 그것은 한낱 구실밖에 될 것이 없다. 상당히 단수가 높은 주판을 놓아 보지도 않고 섣불리 사업을 일으켰다가 도중에 갈팡질팡하게 되어서는 아무것도 안된다. 눈앞에 번쩍이는 이익만을 생각하고 그 이익을 얻기 위한 치밀한 계획을 게을리한다면, 그것은 요행을 바라는 도박꾼과 별로 다를 것이 없다.

사슴을 쫓는 사람은 먼저 산을 보지 않으면 안된다. 고기를 잡으려면 먼저 그물이나 낚시를 구하지 않으면 안된다.

전쟁이나 경쟁에는 상대가 있는 것이다. 남을 물에 처넣으려면 자신도 한쪽 다리쯤 물에 빠질 각오를 하지 않으면 안된다. 남을 밀어냄으로써 내게 이득이 온다고 생각하는 사람처럼 어리석은 사람은 없다. 남을 도와줌으로써 얻어지는 이익을 먼저 생각하고 난 다음 만부득이한 경우에만, 그것도 승산이 확고히 서 있을 때만 싸움이 가능한 것이다.

7

善用兵者, 役不再籍, 糧不三載, 取用於國, 因糧於敵, 故軍食可足也.

【解義】 군사를 잘 쓰는 사람은, 역(役)이 두 번 적(籍)하지 않고 양식이 세 번 실리지 않는다. 씀을 나라에서 취하고, 양식을 적에게 의지한다. 그러므로 군사의 먹이가 넉넉할 수 있다.

【文義】 역(役)은 병역(兵役)을 말하고 적(籍)은 병적(兵籍), 즉 증병 장부를 말한다.

전쟁을 잘하는 사람은, 전쟁 도중에 같은 군사를 두 번 징집하는 일은 하지 않는다. 두 번 세 번 군대를 전쟁터로 나가게 하는 것은 최초의 계획이 서툴렀음을 말해 주는 것이다.

나라 밖으로 군대를 보낼 경우, 본국에서 바다를 건너거나 멀리 국경을 넘어 배편 차편으로 세 번 이상 양식을 실어 보내는 일이 있어서는 안된다. 식량은 적의 땅에서 자급 자족할 수 있는 태세로 되어 있지 않으면 안되는 것이다. 왜냐하면 그같은 대량의 보급은, 내 나라에 필요한 식량을 줄이는 것이 되기 때문이다.

내 나라 수요를 줄이는 것과 같은 식량 보급은 결코 충분한 것이 될 수 없다. 전쟁터에서 보급품이 부족하게 되면, 특히 식량이 모자라게 되어서는 전쟁이 제대로 계속될 수 없다. 그런 이유에서도 충분한 사전 조사가 필요하다.

【解說】 이야기가 상당히 구체적이고 세밀해진 것 같다.

전쟁에서 돌아온 사람이 다시 전쟁에 나간다는 것은 그만큼 전쟁이 장기전에 들어갔다는 것을 뜻한다. 또 그만큼 인적 자원이 모자라 지친 군대에게 다시 일을 시키는 것이 되므로 군사는 이미 무디어져 있고, 예기(銳氣)는 벌써 꺾이고 만 것이 된다. 그러므로 전쟁을 잘하는 사람은 그런 사태로까지 전쟁을 몰고 가지는 않는다.

식량을 세 번이나 일선으로 실어 보낸다는 것은, 그만큼 전세가 유리하지 못하다는 것을 뜻한다. 성을 차지하거나 점령 지역이 넓다면 식량은 적지에서 공급받을 수 있는 것이다. 그것이 그렇게 되지 못했기 때문에 세 번이나 식량을 실어 보내게 되는 것이다. 두 번 정도의 수송으로 전쟁을 끝내지 못하면 벌써 당초의 계획이 잘못되었다는 것이 되므로 조속한 해결책을 강구해야만 한다는 뜻이 된다.

사업도 마찬가지다. 예정보다 인원이 초과되거나 자금이 계속 딸리게 되면, 뭔가 시정책을 강구하지 않으면 안된다. 설마 어떻게 되겠지 하는 식으로 질질 끌고 나가다가는 파산 직전에 이르고 만다.

8

國之貧於師者, 遠輸, 遠輸即百姓貧.

【解義】 나라가 군사에 가난한 것은, 멀리 실어 보내기 때문이다. 멀리 실어 보내면 곧 백성이 가난하다.

【文義】 나라가 전쟁 중 일선 장병에 대한 보급이 여의치 못한 것은, 군대가 가 있는 곳이 너무 거리가 멀기 때문이다.
　너무 먼 거리에 있는 군대들에게 병기와 식량을 수송하게 되면, 본국에 있는 국민 전체의 생활이 곤궁해지고 만다.
　사업을 예로 들어 말하면, 새로 시작하는 사업이나 이를 손아귀에 넣으려는 사업이 과거의 사업 경험, 입지 조건, 설비, 그 밖의 점에서 너무 색다른 것이거나 인연이 먼 것이라면, 모든 이익과 급여 등이 생각대로 돌아가지 않게 된다.
「이번 일만 잘 성공하면, 모든 일이 다 순조롭게 될 테니까, 그때까지 고통스럽더라도 서로 참고 견뎌 주지 않겠는가」하고 경영자들은 말하기 좋아한다. 그러나 그런 것은 근본부터 잘못되어 있는 것이다.
　그것은 그 사업에 무리가 있기 때문이다. 무리한 것은 전체를 곤란하게 만들 뿐이다. 혹은 또 그때까지의 본업이 흔들리게도 된다. 이것은 사업체 자체를 피폐시키게 하는 것이다. 속담처럼 멧돼지 잡으려다 집돼지 잃는 꼴이 되는 것이다. 욕심이 많으면 식물(食物)을 감(減)한다는 속담도 이런 진리를 말하는 것이다.

9

> 近於師者, 貴賣. 貴賣則百姓財竭, 財竭則急於丘役.

【解義】 군사에 가까운 것은 비싸게 판다. 비싸게 팔면 곧 백성의 재물이 다하고, 재물이 다하면 곧 구역(丘役)에 급하다.

【文義】 구역(丘役)이란 것은, 당시의 조세부과 제도였던 정전법(井田法)에 의해 노동력을 세금으로 바치는 것을 말한다. 정전법에 대해서는 여러 가지 설이 있는 모양인데, 《맹자》에 나와 있는 것에 따르면 9백 묘(畝)의 면적을 가진 네모 반듯한 밭을 우물 정(井)자로 9등분하여 중앙에 있는 밭을 공전(公田)이라 하고, 주위에 있는 것을 사전(私田)이라 하여 여덟 집에 나눠 준다. 공전은 여덟 집이 공동으로 경작해서 거기서 나오는 것을 세금으로 나라에 바치게 되는 제도다.

그 공전의 공동 경작이 곧 구역에 해당하는데, 구역이란 구(丘)자의 뜻에 대해서는 여러 가지 설이 있으나 약하기로 한다.

즉, 출정한 군인과 전쟁에 관계가 가까운 물자는 수급 관계로 자연히 값이 오르기 마련이고 이 전쟁에 관계된 물자의 가격 상승은 자연히 전체 물가에도 영향을 미치게 된다. 결국 일반 서민들의 주머니 사정이 그만큼 어려워지게 된다.

그렇게 되면 세금 징수도 순조로울 수가 없고, 따라서 독촉과 강제 징수와 같은 현상이 일어나게 된다. 즉 백성들은 세금 징수에 쫓기고 시달리게 되는 것이다.

【解說】 전쟁을 단순히 싸운다는 한 가지 일만으로 생각해서는 안된다는 것이다. 전쟁이 일어나면 전쟁에 필요한 물자가 달리게 되므로 그것이 결국에 가서는 물가의 폭등을 가져올 염려가 있고, 물가 폭등은 다시 국민 생활을 위협하게 되며, 국민 생활이 위협을 받게 되면 국가 재정의 주축을 이루는 조세 수입마저 여의치 못하게 되므로, 백성들은 병역과 물자 보급에 시달리는 한편 세금 징수에까지 쫓기게 되어 국민 경제가 전쟁으로 인해 근본적인 동요를 빚게 된다는 것을 경계한 것이다.

전쟁과 경제를 항상 결부시켜 말하는 손자의 이론은 현대전에 있어서는 더욱 그 절실성이 강하다고 보아야 할 것이며, 더구나 사업면에 있어서는 그 사업과 관련된 경제 여건 등 복잡한 문제들이 뒤따르기 때문에 치밀한 조사와 계획, 충분한 준비와 만일에 대한 대책 등이 강구되지 않고는 섣불리 사업에 착수해서는 안된다.

10

> 力屈財殫中原, 內虛於家, 百姓之費, 十去其七.
> 公家之費, 破車罷馬, 甲冑弓矢, 戟楯矛櫓, 丘牛大車, 十去其六.

【解義】 중원에 힘이 다하고 재물이 다하여, 안으로 집이 비어 백성의 씀이 열에 그 일곱을 버린다. 공가의 씀은, 수레를 부수고 말을 지치게 하며, 갑옷과 투구와 활과 화살, 갈라진 창과 방패와 세모창과 큰 방패〔櫓〕, 구우대거(丘牛大車), 열에 그 여섯을 버린다.

【文義】 극(戟)은 끝이 양쪽으로 뿔처럼 갈라진 창, 모(矛)는 수레 위에 서서 쓰는 자루 긴 창으로 끝이 세모진 것. 구우대거는 공전

(公田) 경작을 위해 준비해 둔 소로, 전쟁중에는 이것이 징발되어 큰 수송차를 끄는 데 쓰인다.

중원(中原)은 승부를 결정짓는 큰 싸움터를 말한다. 이 싸움터에의 보급으로 인해 국력은 피폐될 대로 피폐되고, 필요한 재원도 궁핍할 대로 궁핍하여, 대부분의 집이 속이 텅 비게 된다. 이리하여 서민들은 그의 소득의 7할을 이 전쟁으로 인해 잃게 되고 만다. 한편 공가(公家) 즉 국가로서의 소모도 커서 소중한 전차는 마구 부서져 없어지고, 말은 지쳐 병들고 말며 모든 군장비와 무기며 수송 차량과 이를 끄는 소 등 약 6할이 못 쓰게 되고 만다.

【解說】 장기전, 그것도 먼 거리에서의 전쟁이 얼마나 국력을 소모시키고 백성을 곤궁에 몰아넣는가 하는 것을 역설한 것이다.

여기서 특히 주의해야 할 점은 전쟁으로 인한 국가의 공적인 소모보다도 후방 국민들의 피해 상황을 보다 먼저 더 높게 보고 있는 점이다. 손자의 전쟁관이 항상 민중을 바탕으로 하고 있다는 점을 엿볼 수 있다.

11

故智將務食於敵, 食敵一鍾, 當吾二十鍾, 䓪秆一石, 當吾二十石.

【解義】 그러므로 지혜로운 장수는 적에게서 먹기를 힘쓴다. 적의 한 종을 먹으면, 내 스무 종에 해당한다. 콩깍지와 볏짚 한 석은, 내 스무 석에 해당된다.

【文義】 종(鍾)은 양(量)의 단위로, 한 종은 여섯 섬 너 말. 기(䓪)

는 콩깍지, 간(秆)은 볏짚, 짐승의 먹이를 말한다.

그러므로 지혜로운 장수는 가능한 한, 적의 땅에서 적의 식량을 이용하는 데 힘을 기울인다. 적의 땅에서 한 종을 먹을 수 있게 되면, 그것은 본국에서 보내는 20배에 해당한다. 콩깍지와 짚 같은 것도 역시 마찬가지다.

석(石)은 양의 단위로 열 말 한 섬을 말하는 경우도 있고, 1백 20근 무게를 단위로 하는 중량의 이름도 된다. 양으로 하나 무게로 하나 결국 같은 이론이다.

【解說】 이 조항도 별로 해석이 필요치 않을 것이다. 적지에서의 자급 자족은 본국에서 보내 주는 20배의 가치를 갖는다는 것은 어떤 계산에서 나온 것인지는 알 수 없으나, 그것을 수송하는 비용, 도중에서의 유실 등, 손자의 실전 경험을 통한 계산에서 나온 것이거나, 아니면 그만큼 효과가 크다는 뜻으로 쓰인 것이리라.

사업면에 적용시켜 말하면, 새로운 사업의 경우, 거기에서 생기는 이익으로 그 사업이 유지될 수 있게 되면, 경상 이익이라든가 자본금에 손을 대고 그 사업을 운영해 가는 것에 비교하면 20배의 경제에 필적한다는 것이 된다.

12

故殺敵者, 怒也. 取敵之利者, 貨也.

【解義】 그러므로 적을 죽이는 것은 노여움이요, 적의 이를 취하는 것은 재물이다.

【文義】 그렇기 때문에 싸움은 채산(採算)이 중요하다. 적을 살상하

는 것과 같은 전투 행위는 격분하는 것만으로도 상당한 성과를 올릴 수 있는 일이지만, 적의 이익을 이쪽에서 역이용한다는 것은 그것이 곧 돈이요 재물이라는 뜻이다.

【解說】 이유에 닿지도 않는 것에 이유를 붙이고, 사실 무근의 거짓말을 사실인 양 듣고 나와 터무니없는 역선전을 하기도 하며, 온갖 수법을 써서 우리 쪽을 분격하게 만든다든가, 적의 실책을 두 배 세 배로 과장해 보도하는 것만으로도, 국지적인 전투에는 승리를 거둘 수 있다. 그러나 보다 중요한 것은 적의 자재와 시설물, 필요한 물건들을 손에 넣어 역이용하는 일이다.

「적을 죽이는 것은 노여움이다」라고 한 진리를 가장 적극적으로 활용한 예로는 앞에서 언급한 바 있는 전단(田單)의 경우를 들 수 있다.

전단은 함락 직전에 있는 즉묵성(卽墨城)을 지키면서 성을 포위하고 있는 적군에 대항하여 끝까지 싸울 수 있게 하기 위해, 간첩의 공작에 의해 적으로 하여금 성안 사람들의 분노를 일으키게 했던 것이다.

적장은 공작원이 퍼뜨린 말을 과연 그럴 것으로 믿고, 항복한 제나라 군사들을 즉묵성 사람들이 보는 앞에서 코를 베는가 하면, 성 밖에 공동 묘지를 파헤쳐 해골을 꺼내 밖에 흩어 놓는 등 성안 사람들을 공포에 떨고 절망에 빠지게 하려는 것이, 도리어 그들에게 끝까지 원수를 갚겠다는 결심을 하게 만들었던 것이다.

이런 식의 수법으로 단결과 투지를 강화하는 것도 전투에는 필요한 일이지만, 그보다 근본적인 문제는 적의 물자를 활용할 수 있는 방법에 있는 것이다.

13

　　車戰得車十乘以上, 賞其先得者, 而更其旌旗, 車雜而乘之, 卒善而養之, 是謂勝敵而益强.

【解義】 수레로 싸워 수레 열 승 이상을 얻으면 그 먼저 얻은 사람을 상 주고, 그 정기를 바꾸어 수레는 섞어서 타게 하고 군사는 잘 기른다. 이를 일러 적을 이겨 강함을 더한다고 한다.

【文義】 전차로 마주 싸워, 적의 전차 열 대 이상을 노획하게 되면, 맨 먼저 노획한 공로자에게 보상을 주어 이를 격려한다. 그런 다음 노획한 수레에 달려 있는 적의 깃발과 표시들을 우리 것으로 바꾼다.
　완전히 우리 것으로 꾸민 다음, 이것을 우리 전차대 속에 편입시켜 우리 병상들을 태운다. 그리고 적의 수레에 타고 있던 군사들을 대우하여 우리 군사로 길러 낸다.
　이것이야말로 적과 싸워 이긴 것만이 아니고, 그 이긴 것을 이용하여 우리 쪽 병력을 더욱 증강시키는 것이 되는 것이다.

【解說】 적의 이익을 내것으로 만드는 구체적인 한 예를 설명한 것이다. 여기서는 물자의 역이용만이 아니고, 사람의 역이용까지도 말하고 있다. 졸(卒)은 보통 군사라고 말하지만 가장 계급이 낮은 병졸을 말하는 것으로 때로는 직접 무기를 들고, 싸우지 않는 노무자를 가리키기도 한다. 이런 말단 병졸들은 이를 잘 대우하여 어루만져 주면 절대로 배반하는 일이 없다. 그들을 우리 편으로 이용한다는 것은 적의 손실만큼 이쪽은 보강이 되는 것이다.

한편 전쟁 심리라고도 할 수 있는 것으로, 적을 죽이는 것과 같은 1대 1의 전투, 적을 죽이지 못하면 내가 죽고 마는 위험을 건 싸움에서는 충격과 선동 등으로 우리 쪽 군사들의 분노를 자극하는 것도 중요한 방법이 될 수 있다. 나폴레옹은 이런 선동의 명수였다고 한다.

한편 약탈을 장려하고 있는 것같이 보여지는 점도 없지 않은데, 이것은 당시의 전쟁 습관상 피할 수 없었던 것일지도 모른다. 알프스를 넘을 때, 나폴레옹은 고달퍼하는 병사들을 선동하여 「산을 넘어 이탈리아에 도착하면 거기에는 아리따운 아가씨들이 용감한 그대들을 위해 맛있는 음식과 포근한 자리를 준비하고 있을 것이다」하고 약탈의 쾌감을 연상케 했다는 이야기는 유명한 이야기이다. 이 습관은 문명인들이 하는 근대전에도 여전히 남아 있다고 보아 옳을 것이다. 그러나 손자의 참뜻은 그런 약탈에 있는 것은 아니었을 것이다. 보다 본질적인 적의 물자와 인력을 전쟁 수행에 적절하게 활용하는 것만은 충분한 연구가 필요할 것이다.

14

故知兵將, 民之司命, 國家安危之主也.

【解義】 그러므로 군사를 아는 장수는 백성의 사명이요, 국가 안위의 주인이다.

【文義】 사명(司命)은 별 이름으로 목숨을 맡고 있다는 뜻이다. 그 별에 따라 사람이 죽기도 하고 살기도 하는 것이므로, 백성의 목숨은 장수에 달렸다는 말이 된다.

그러므로 전쟁이란 것을 알고 있는 장수는, 백성들의 생사와 국가의 안위를 한손에 쥐고 있다고 해도 과언이 아닐 것이라는 것이다.

【解說】 통솔자, 주재자의 책임이 중대하다는 것을 말하고 있다.

사업의 경우, 경영자는 사업 경영의 본질이란 것을 투철히 알고 있지 않으면 안된다. 작은 손실과 이득에 대해서도 그것이 경영 실체에 어떤 관련이 있는가 하는 것을 잘 판단하여, 항상 대국을 그르치지 않도록 하지 않으면 안된다.

전종업원의 생사를 한손에 쥐고 있는 사람으로서의 책임은 물론이요, 사업체 자체가 유지되느냐 무너지느냐, 발전하느냐 쇠퇴하느냐 하는 문제도 그 한 사람의 손에 달려 있는 것이다.

謀攻 第三

1

孫子曰, 凡用兵之法, 全國爲上, 破國次之. 全軍爲上, 破軍次之. 全旅爲上, 破旅次之. 全卒爲上, 破卒次之. 全伍爲上, 破伍次之.

【解義】 손자가 말했다. 무릇 군사를 쓰는 법은 나라를 온전히 하는 것을 상으로 하고, 나라를 깨는 것을 다음으로 한다. 군을 온전히 하는 것을 상으로 하고, 군을 깨는 것을 다음으로 한다. 여(旅)를 온전히 하는 것을 상으로 하고, 여를 깨는 것을 다음으로 한다. 졸(卒)을 온전히 하는 것을 상으로 하고, 졸을 깨는 것을 다음으로 한다. 오(伍)를 온전히 하는 것을 상으로 하고, 오를 깨는 것을 다음으로 한다.

【文義】 군(軍), 여(旅), 졸(卒), 오(伍)는 모두 적군을 말한다. 손자 당시의 군대 편제로서는 군사 1만2천5백 명을 1군으로 하고 여는 1군을 5등분한 병단 조직, 졸은 백 명, 오는 다섯 명을 말한다.
　전쟁이란 수단에 호소하게 된 이상, 가장 좋은 방책은 상대방 나라를 멸망시키는 것이 아니고, 상처를 입히지 않은 채 존속시켜 이쪽의 지배 아래 두는 것이다. 상대방 나라를 쳐서 다시 일어나지 못하게 만드는 것은 만부득이한 경우에 취할 방법이다.
　같은 이론은 실전에 들어갔을 때도 말할 수 있는 것으로, 한 군단이 상대라면 그 군 전체를 고스란히 우리 편으로 만드는 것이 최상책이고, 이것을 쳐서 깨뜨리는 것은 부득이한 때의 방법이다. 졸과 오의 경우에도 마찬가지다.

【解說】 상대를 완전히 숨이 끊어질 때까지 쳐서 넘어뜨린다는 것은, 거기까지에 이르는 과정에는 이쪽의 정력 소모도 그만큼 크다는 것을 뜻하므로, 많든 적든 이쪽도 상하지 않을 수는 없다.

될 수 있으면 양쪽이 다 같이 피를 보지 않고, 나라가 됐든 군이 됐든 혹은 그보다 작은 부대가 됐든, 상대를 이쪽에 굴복하게끔 만드는 것이 상책이다. 말하자면 힘의 배경을 이용하여 외교적인 수법으로 전쟁 목적을 달성하도록 하라는 것이다.

전쟁에 임하는 장수들이란, 기회만 있고 힘만 있으면 먼저 두들겨 항복을 받고 싶어하는 것이 보통인데, 가장 잘하는 싸움은 싸우지 않고 이기는 것이다. 전쟁은 어디까지나 하다하다 안될 경우의 마지막 수단이 아니어서는 안되는 것이다.

싸우는 것을 본래의 임무로 하는 전쟁도 싸우지 않고 이기는 것을 최상으로 하는 만큼, 전쟁 이외의 다른 것은 말할 필요도 없는 일이다. 그러나 전쟁이 됐든 사업이 됐든 경쟁자를 평화적인 방법으로 내 지배하에 두고 공존 공영의 건전한 발전을 목표할 때에도, 상대방을 능히 힘으로 싸워 이길 수 있는 실력이 뒷받침이 되어 있지 않고서는 안 된다.

2

是故, 百戰百勝, 非善之善者也. 不戰而屈人之兵, 善之善者也.

【解義】 이런 까닭에 백 번 싸워 백 번 이기는 것이 선의 선한 것이 아니다. 싸우지 않고 사람의 군사를 굴복케 하는 것이 선의 선한 것이다.

【文義】 백전 백승이라는 것은 누구나가 바라는 일이다. 그러나 실상은 그것이 가장 최고의 좋은 것은 되지 못하는 것이다. 가장 잘 싸우는 최고의 방법은 맞붙어 싸우는 일 없이 상대방 군대를 굴복시키는 일이다.

【解說】 초한 시대(楚漢時代) 때, 한패공(寒沛公)은 한신(韓信)을 보내 조(趙)나라를 치고, 다시 그 여세를 몰아 제나라를 치게 했다. 이때 역이기(酈食其)라는 변사가 패공에게, 싸우지 않고 제나라를 항복시킬 수 있다고 제안해 왔다. 패공은 그의 말을 받아들여 그를 제나라로 보내, 곱게 항복 아닌 귀순을 하게 만들었었다. 이거야말로 손자가 말한 선의 선한 것이었다.

그러나 한신이 역이기의 성공을 시기한 나머지 이미 항복한 제나라를 치고 들어가는 바람에 역이기는 결국 속임수를 쓴 것으로 오해를 받아 비참한 죽음을 당하고 말았었다. 손자가 보았을 때 한신은 가장 잘 싸운 사람은 될 수 없었다.

3

故上兵, 伐謀, 其次, 伐交, 其次伐兵.

【解義】 그러므로 상병(上兵)은 꾀를 치고, 그 다음은 사귐을 치고, 그 다음은 군사를 친다.

【文義】 그렇기 때문에, 군사를 쓰는 최상의 방법은 적의 계략을 꿰뚫어 보고, 이를 깨뜨리는 것이다. 그 다음은 상대를 고립되도록 서로가 가까운 나라들과 사이가 벌어지게끔 이간책을 쓰는 것이다. 다시 그 다음이 군대로써 군대를 치는 전쟁 수단인 것이다.

【解說】 손에 피를 묻히지 않으려면 상대방 전략을 훤히 들여다보고 있는 것이 가장 좋은 방법이다. 속의 속까지 꿰뚫어 볼 일이다. 소극적인 전법같이 보이지만 이것이 가장 차원 높은 적극적인 전법이다. 쉽게 말해 상대방의 계획을 미리 알아 그들이 노리는 것을 사전에 꺾어 버리는 것이다.

다음에 적의 배후 세력이 될 수 있는 힘의 근원을 끊어 버린다. 상대방이 완전히 고립 무원의 상태에 놓인다는 것은 곧 전력을 상실하는 것일 뿐만 아니라 타격을 주기 때문에 실전 이상의 효과를 거둘 수 있는 것이다.

전국 때 진(秦)나라가 조(趙)나라를 칠 때, 조나라를 도울 수 있는 각 이웃 나라들에게,

「조나라 서울이 함락되는 것은 이제 시간 문제다. 만일 이를 돕는 나라가 있으면, 조나라 성이 함락되는 즉시 군사를 옮겨 그 까닭을 물으리라.」

하고 엄포를 놓았다.

이 진나라의 벌교(伐交) 전술에 의해 조나라는 멸망 직전에 놓이게 되었던 것이다. 이때 이 진나라 벌교 전술을 뒤엎고 초(楚)나라의 구원을 얻게 된 것이, 모수 자천(毛遂自薦)이란 고사 성어를 낳게 한 모수였던 것은 너무도 유명한 사실이다. 역대로 큰 전쟁의 승패에는 외교적인 승패가 보다 큰 역할을 하고 있었다.

끝으로 셋째 번 단계에 가서 비로소 군사를 쓰게 되는 것이다. 군사를 쓰기에 이르기까지의 두 단계 일이 충분히 이뤄지고, 이젠 문제 없다고 할 수 있는 정도로까지 힘을 쓴 다음이 아니면 쉽사리 군사를 움직여서는 안되는 것이다.

이것들은 그대로 경영면의 전법에 적용될 수 있다.

4

其下攻城, 攻城之法, 爲不得已. 修櫓轒轀, 具器械, 三月而後成, 距闉又三月而後已. 將不勝其忿, 而蟻附之, 殺士卒三分之一. 而城不拔者, 此攻之災也.

【解義】 그 하가 성을 치는 것이다. 성을 치는 법은, 마지못한 때문이다. 망루와 분온(轒轀)을 가다듬고, 기계를 갖추는 것이 석 달 후에 이뤄지고, 거인(距闉)이 또 석 달 후에 끝난다. 장수가 그 분을 이기지 못하여 개미처럼 붙어, 사졸 3분의 1을 죽이고도 성이 뽑히지 않는 것은, 이는 치는 것의 재앙이다.

【文義】 분온(轒轀)이란 것은 성을 공격하는 수레로, 지금의 사닥다리차와 기중기 같은 것이었던 것 같다. 거인(距闉)은 거인(距堙)이라고도 쓰는데, 흙을 높이 쌓아 올려 성벽으로 쉽게 오를 수 있도록 만든 고속도로 모양의 길을 말한다.

최하의 방법은 성을 공격하는 싸움으로, 이것만은 하다 하다 할 수 없을 경우에 쓰는 공격법이다. 성을 공격하는 데 쓰기 위한 망루(望樓—櫓. 櫓는 큰 방패란 뜻으로 성 안의 동정을 살피기 위한 망루도 되는데, 여기서는 망루가 될 것 같다)와 사닥다리차 기중기 등의 정비와 수리, 그 밖의 필요한 기계와 도구 따위를 준비하는 데만도 석 달 이상의 시일을 필요로 하게 된다.

성벽으로 돌격해 들어가기 위한 고속도로만 하더라도 적이 지켜보는 앞에서의 토목 공사이므로, 그것을 완성하는 데도 다시 석 달

이상의 시일이 걸리게 된다. 상대에게 공격할 장소를 미리 알리고 하는 일이므로 그만큼 저항도 강할 것이 틀림없다. 공격이 뜻대로 잘 되지 않고, 시일만 자꾸 오래 끌게 되는데 초조한 나머지, 군대들을 마치 개미떼 기어오르듯 성벽을 타고 오르게 하면 최소한 3분의 1은 희생당할 각오를 하지 않으면 안된다.

이만한 희생을 치르고도 성을 함락시키지 못한다면 다시 공격할 힘을 잃게 되고, 역습을 당해 참패할 수도 있는 일이다. 이 모두가 성을 공격하는 전법이 가장 불리한 전법이기 때문이다.

【解說】 성이라는 것은 요새 중의 요새, 전수비 능력이 집중되어 있는 곳이다. 금성 탕지(金城湯池)란 이 성과 성 밖을 두르고 있는 해자(垓字)를 가리키는 말이다. 성을 공격한다는 것은 공격하는 쪽으로서는 가장 승률이 적은 공격 방법이다. 모든 수단 방법을 다 쓴 끝에 마지막으로 마지못해 써야 할 방법이다. 공격에 있어서는 특별한 기구를 마련해야 되고, 그것에 소요되는 비용과 그 비용보다도 더욱 중요한 것은, 그 준비에 많은 시일을 요한다는 사실이다. 군대를 오래 밖에 드러내 놓아서는 안된다는 원칙에 위배될 뿐만 아니라, 그 사이에 국제적인 세력 관계에 변동이 있을 수도 있고, 이쪽의 허점(虛點)을 노리는 숨은 적이 도사리고 있을 수도 있다.

실전의 예만 보더라도 난공 불락의 성을 함락시키려다 불의의 참패를 당한 일은 너무도 많다. 당태종 같은 영웅이 몇십 몇백 배의 병력을 가지고도 안시성이란 조그만 성 하나를 함락시키지 못하고, 화살에 맞아 눈까지 상한 끝에 후회와 분노를 못 이겨 그 길로 병들어 죽고 만 것은, 이 공성 전법이 얼마나 힘들고 어려운 것인가를 보여 주는 사실이다. 한낱 승리의 쾌감을 얻기 위해 이 전법으로 나온다는 것은 어리석기 그지없는 일이다.

5

> 故善用兵者, 屈人之兵而非戰也, 拔人之城而非攻也, 毁人之國而非久也. 必以全爭於天下. 故兵不頓而利可全, 此謀攻之法也.

【解義】 그러므로 군사를 잘 쓰는 사람은 남의 군사를 굴복시켜도 싸워서가 아니고, 남의 성을 뽑아도 치는 것이 아니고, 남의 나라를 깨뜨려도 오래지 않는다. 반드시 온전한 것으로써 천하를 다둔다. 그러므로 군사가 무디지 않고 이익이 온전할 수 있다. 이것이 꾀를 치는 법이다.

【文義】 그러므로 전쟁을 잘하는 사람은, 상대방 전력을 무너지게 만들어도 그것을 실지 전투를 통해서 하지 않고, 만부득이해서 적을 함락시키는 일이 있어도 앞에 말한 그런 식의 정면 공격에 의해 함락시키지는 않는다. 또 상대방 나라를 완전히 파괴 상태에 빠지게 만들더라도 그것이 오랜 시일에 걸친 전쟁을 통해 그렇게 만들지는 않는다. 반드시 희생을 내지 않는다는 원칙 아래 천하를 놓고 다투는 것이다.

이러한 방법을 쓰게 되면, 병력과 전력을 손상시키는 일이 없이 목표로 하고 있는 이익을 완전히 손아귀에 넣을 수 있는 것이다.

이것이야말로 참다운 꾀로써 싸우는 전쟁법이라 말할 수 있을 것이다.

【解說】 싸움은 지능에 의한 싸움이 최고라는 것이다. 서로 만나 싸우는 전투나 요새를 공격하는 따위의 전쟁은 최말단의 수단에 지나

지 않는 것이다. 싸우는 것 같으면서도 싸우지 않고, 치는 것 같으면서도 실지로는 치지 않는 이것이야말로 고등 전술 중의 고등 전술인 것이다.

한고조(漢高祖)가 천하 통일에 성공한 뒤에 신하들에게 물었다.
「항우(項羽)가 패하고 내가 이기게 된 이유는 무엇이겠는가?」
대답들은 다 그럴 만한 것이었다. 그러나 고조는 그것이 아니라고 하고 다음과 같은 말을 했다.
「장막 속에 들어앉아 꾀로써 승리를 천리 밖에 얻게 하는 것은 내가 장양(張良)을 따르지 못한다. 후방에 있어 치안을 확보하고, 일선 장병들이 전투하는 데 필요한 보급을 원활히 하는 데는 내가 소하(蕭何)만 못하다. 그리고 싸우면 반드시 이기고, 공격하면 반드시 점령하고 마는 전술에 있어서는 내가 한신을 당하지 못한다. 나는 이들 세 인재들을 제대로 썼기 때문에 승리한 것이다.」

이것은 너무도 유명한 이야기다. 그러나 우리는 여기서 장양을 먼저 들고 한신을 맨 나중에 들고 있는 한고조의 높은 관점에 더욱 주의할 필요가 있을 것 같다. 천하를 놓고 다투는 데 첫째는 정책이요, 둘째는 경제의 뒷받침이요, 최후에 전술이란 것을 말하고 있기 때문이다.

6

> 故用兵之法, 十則圍之, 五則攻之, 倍則分之, 敵則能戰之, 少則能逃之, 不若則能避之. 故小敵之堅, 大敵之擒也.

【解義】 그러므로 군사를 쓰는 법은, 열이면 곧 포위하고, 다섯이면 곧 공격하고, 배가 되면 곧 나누고, 맞먹으면 곧 능히 싸우고, 적으

면 곧 능히 도망치고, 같지 못하면 곧 능히 피한다. 그러므로 작은 적의 굳은 것은 큰 적의 사로잡음이다.

【文義】 실전에 들어갔을 때의 군사를 쓰는 방법은, 우리 쪽 병력이 적의 열 배가 되면 적을 포위하는 작전으로 나가는 것이 좋고, 다섯 배 정도라면 정면 공격으로 나가도 된다.

다음에 배가 되면 나눈다고 한 것에는 두 가지 해석이 있다. 적과 맞먹는 병력을 적과 대치시켜 두고, 나머지 병력으로 우회 작전을 취하게 하여 양면 공격을 한다는 것과 뜻은 비슷하지만 적의 세력을 둘로 갈라 놓는 공격법을 취하도록 한다는 해석이다.

다음의 맞먹는다는 것은 피차의 병력이 대등하다는 것으로, 이럴 때에는 전력을 다해 적과 싸운다는 것이다. 그러나 만일 우리 쪽 병력이 적보다 적을 경우는 적의 공격에서 벗어나도록 하지 않으면 안 된다.

같지 못한다는 것은, 우리 쪽 힘이 적을 당해 내지 못한다는 것으로, 그럴 경우는 적과의 정면 충돌을 피해야만 한다는 것이다. 만일 작은 병력을 가진 쪽이 회피하는 전술을 쓰지 않고 강경한 자세를 취한다면, 그것은 큰 병력을 가진 쪽의 포로가 되기에 꼭 알맞은 것이다.

【解說】 상대방 병력과 우리 쪽 병력과의 차를 그때그때마다 정확히 파악하여, 세밀한 비교 검토 끝에 이에 임할 작전법을 쓰지 않으면 안된다는 것을 설명한 것이다. 그러나 이것은 어디까지나 그럴 수 있다는 보편성과 가능성을 말한 것으로 꼭 그래야만 된다는 철칙을 말한 것은 아니다. 왜냐하면 병력이란 것은 단순히 숫자에만 의해 결정되는 것이 아니고, 여러 가지 위치적 여건과 시기적 여건이 복합되어 있기 때문이다.

포위 섬멸전은 적어도 10배 이상의 병력이 있어야만 가능하다. 그리고 정면 공격으로 충분히 이길 수 있는 것은 5배의 병력이 있을 때 일이다. 서로가 비슷비슷한 힘이라면, 보통 공격 방법으로서는 확실한 승리는 기대할 수 없는 것이다. 조금만 적보다 우세하면 이긴다고 간단히 생각하는 것은 잘못된 생각이다. 5배라는 병력이 있은 다음에 적을 공격하라고 한 손자의 말에는 단순히 신중을 기하라는 뜻만 있는 것은 아닌 것 같다.

　적보다 두 배의 힘을 가졌다고 해서 반드시 그것이 1대 2의 비율이 되는 것은 아니다. 같은 1대 2라 하더라도 한 사람을 두 사람이 대하는 것과, 열 사람을 스무 사람이 대하는 것과 질적으로 많은 차이가 있는 것이다. 그러므로 적의 병력을 작은 단위로 나누어 이를 2대 1의 힘으로 공격하는 것이 더욱 상대하기가 수월하고 이길 확률이 높은 것이다.

　세력이 서로 맞먹을 때는 능히 싸운다고는 말했으나, 이것은 앞에서 말한 대로 가능성을 보편적으로 말한 것에 불과하다. 같은 힘이면 유능한 쪽이 이기는 것이 당연하다. 먼저 말한 5배가 되면 공격한다고 한 것이라든지 2배가 될 때는 적을 둘로 갈라 놓으라고 한 것만 보더라도, 세력이 맞먹는다고 해서 무조건 싸우라는 이야기는 아니다. 같은 힘의 경우 잘 싸우는 쪽이 이길 수 있다는 것을 말한 것뿐이다. 능히란 말은 가능하다, 할 수 있다는 뜻이다.

　이쪽 병력이 적을 때는 도망치는 것을 당연한 것으로 알고 도망칠 수 있는 것이 옳다는 것을 강조하는 뜻에서 능히란 말을 썼을 것으로 생각된다. 도망쳐야 할 마당에 우물쭈물하고 있어서는 안된다는 뜻이 들어 있는 것이다. 삼십육계(三十六計)에 주위상책(走爲上策)이란 말이 있듯이, 승부에는 약게 노는 것이 상책이다. 불리한 것을 뻔히 알면서 도망쳤다는 평을 듣기가 싫어서 망설이고 있다가 도망칠 기회마저 잃고 말면, 그것은 능히 도망가지 못한 것이 된다.

　아주 두드러지게 병력이 적만 못할 때는 물론 도망을 쳐야 하지만, 그렇게 두드러지지 않더라도 적만 못하거나 이길 승산이 확고하지 않다면, 승산이 있을 때까지 정면 충돌을 회피하는 것이 안전한 방법이다.

이러한 정세 판단에서 공연한 만용을 부려, 적은 병력을 가지고 굳은 방어 태세로 들어간다는 것은 강한 적의 포로가 되기에 꼭 알맞은 것이다.

「적을 알고 나를 알면 몇 번 싸워도 위태롭지 않다」는 것은, 능히 도망칠 수도 있고 피할 수도 있기 때문인 것이다.

이 10배니 5배니 2배니 하는 것을 오늘날 사업면에 그대로 적용시킬 수는 없을 것이다. 그러나 조금 상대방보다 유리한 조건에 있다고 해서 경쟁 회사를 송두리째 삼키거나 넘어뜨리려는 얕은 생각만은 하지 않는 것이 좋다는 교훈의 말로 받아들일 수 있을 것 같다.

7

夫將者, 國之輔也. 輔周則國必强, 輔隙則國必弱.

【解義】 대저 장수는 나라의 덧방[輔]이다. 덧방이 주밀하면 곧 나라는 반드시 강하고, 덧방이 틈이 있으면 곧 나라는 반드시 약하다.

【文義】 덧방[輔]이란 것은, 수레바퀴의 양쪽에서 차축을 벗어나지 않게 하는 장치의 나무를 말한다. 여기서는 나라를 수레로 보고, 임금을 차축으로, 장수를 덧방으로 보고 있는 것 같다.

장수란 것은 나라로 말하면 수레의 덧방과 같은 것이다. 덧방이 완전하여 수레바퀴를 차축에서 벗어나지 않도록 꽉 버티고 있으면 나라는 반드시 튼튼할 것이다. 왜냐하면 군 지휘관과 임금과의 사이가 손발이 착착 맞지 않으면, 나라 전체가 동요하는 일 없이 원활하게 돌아갈 수 없기 때문이다.

또 덧방과 차축과의 사이에 틈이 벌어져 수레바퀴가 삐걱거리거나 들어갔다 나왔다 하면, 차체가 마구 흔들리고 바퀴가 순하게 돌지 못해 수레가 제 구실을 충분히 할 수 없는 것처럼, 나라도 정상적인 운영과 발전을 하지 못해 약해질 수밖에 없다.

【解說】 국방과 치안을 담당하고 있는 군 지휘자와 정책을 결정하고 실시하는 주권자의 사이에 긴밀한 관계가 이루어지지 않으면 차축과 덧방이 서로 맞지 않아 바퀴가 덜커덕거리듯, 나라는 당연히 발휘할 수 있는 힘을 발휘하지 못하고 만다는 것을 경고한 것이다. 바꿔 말해서, 군부의 지지를 받지 못하는 정치인은 소신껏 일을 할 수가 없고, 정부의 신임이 두텁지 못한 군 지휘자는 책임 있는 과감한 작전을 펼 수 없어, 능력을 가지고 있으면서도 실력을 발휘할 수 없다. 악비(岳飛) 같은 충신과 명장이 금(金)나라를 쳐 승승장구해 들어가다가 진회(秦檜)의 시기로 결국 도중에 허사로 끝나고 만 것은 너무도 유명한 이야기다.

사업주와 경영 당사자의 관계에 있어서도 똑같은 논리가 적용될 것 같다. 간부들 사이, 특히 사업주와 총지휘자 사이에 호흡이 맞지 않으면, 톱니바퀴가 맞지 않는 것처럼 사업 전체가 원활하게 돌아갈 리가 없다.

8

故軍之所以患於君者三. 不知軍不可以進而謂之進, 不知軍之不可以退而謂之退, 是謂縻軍.

【解義】 그러므로 군이 임금에게 걱정하는 것이 셋이 있다. 군이 나아가서는 안되는 것을 알지 못하고 나아가라 명하고, 군이 물러가서는 안되는 것을 알지 못하고 물러가라고 말하는, 이것을 일러 군을 맨다고 한다.

【文義】 미(縻)는 소고삐로, 붙들어 매어 행동을 자유롭지 못하도록 한다는 뜻이다.

　임금과 군부와의 관계에 있어서, 임금으로 인해 군이 행동면에 방해를 받게 되는 것이 세 가지가 있을 수 있다.

　먼저 첫째로는 절대로 앞으로 나아가서는 안될 마당에 진격하라고 명령을 내리기도 하고, 반대로 후퇴해서는 안될 시기에 후퇴를 명령하는 등 잘 알지도 못하면서 간섭을 하려 드는 것이다. 그래서 이런 걸 가리켜 군을 고삐에게 두는 것이라고 한다.

【解說】 임진왜란 때, 간첩 요시라(要時羅)의 허위 정보만 믿고, 이순신 장군에게 우리 정부가 한산도(閑山島) 작전을 지시하는 따위는 가장 좋은 예가 될 것 같다. 더욱 통탄할 일은 이 터무니없는 지시에 따르지 않았다고 해서 멸망에서 나라를 구출해 낸 장군을 역적으로 몰아, 죽기 직전에까지 이르게 했으니 코웃음을 치기에는 너무도 가슴 아픈 일이 아닐 수 없다.

　사업면에서도 마찬가지다. 주인 똑똑한 것이 탈이란 말이 있다. 참으로 똑똑한 것이 아니라 똑똑한 척하며 실무자들의 하는 일에 공연한 간섭을 해서 다 된 일을 못 쓰게 만들어 놓고는 책임은 실무자에게 지우려는 그런 것을 말한 것이다.

　예를 들어 사장이라든가 중역실이, 총지배인이라든가 공장장이라든가 영업부장 같은 사람들과 뜻이 맞지 않으면 사업의 실운영면에 있어 방해가 되는 것이 세 가지가 있다는 것이 된다.

　현장 관계의 실정과 평소 그런 일에 접촉해 보지 못한 상층부와의 사이에 흔히 있는 일로, 객관 정세와 사내 사정으로 보아 지금 적극적으로 일을 할 시기가 아닌데도, 혹은 주주 총회에 제시할 자료 정비를 위해서라든가, 경제 정세의 요인이라든가, 그 밖의 인적 관계 등으로 인해 사업 확장과 숫자 팽창을 목표로 하는 요구 같은 것이 제시되는 경우가 있는 것이다.

　또 사업이 제 궤도에 올라 있어서, 지금으로는 적극적으로 기반을 굳히기 위해 증자와 시설 확장과 증산 같은 것이 꼭 필요한 시기에, 이유 없는 불안감이나 혹은 무정견한 제삼자의 견해 등으로 정반대의 지시를 내리는 일도 흔히 있는 일이다.

　빈약한 근거에서, 혹은 불순한 동기에서, 올바른 시책에 위반되는 방침이 세워지는 일은 업무면에 있어서 손발을 잡아묶는 거나 다를 것이 하나도 없는 것이다.

9

不知三軍之事, 而同三軍之政者, 則軍士惑矣. 不知三軍之權, 而同三軍之任, 則軍士疑矣.

【解義】 삼군의 일을 알지 못하며 삼군의 정사를 같이하면 곧 군사는 당황한다. 삼군의 권(權)을 알지 못하며 삼군의 일을 같이하면, 곧 군사는 의심한다.

【文義】 3군은 당시 중국의 군사 편제에 있어서 천자는 6군을 두고, 제후는 3군을 두게 되어 있었는데, 3군은 곧 군 전체를 말하는 것이 된다. 3군은 상·중·하 3군의 순서로 하는 경우도 있고, 실전에 있어서 중앙에 중군을 두고, 좌우에 각각 1군씩을 두기도 했다. 이 경우는 중군이 상군이 되고 좌우군이 각각 중군과 하군이 되는 셈이다. 1군의 군대 수가 1만 2천5백 명이란 것은 앞에서 말했다. 권은 앞에서도 말했듯이 임기 응변의 대책을 세우는 것이다.

　이 대목은 세 가지 걱정 중 둘째에 해당하는 것으로, 군정 기구와 명령 계통이란 것에 별로 관심도 갖고 있지 않는 주제에 멋대로 간섭을 하고 명령을 내리는 일이 있으면, 정령(政令)이 두 가지로 나오게 되어 큰 혼란을 빚는 원인이 된다.

또 전투라는 것은 때와 장소에 따라 임기 응변으로 시종 움직여야 하는 것인데, 그런 기미에 어두운 부서에서 실정에 맞지 않는 지시가 내리거나 방침이 전달되면, 현지에 있는 군으로서는 어떻게 해야 좋을지 몰라 어리둥절하게 된다.

이렇게 되면 적의 손발을 묶어 주어야 할 사람이 이쪽 손발을 묶는 결과가 되므로 이보다 더 무서운 일은 없는 것이다.

【解說】 여기에 말한 것을 사업면에 적용시킨다면, 사업 수행에 있어서 현장 기관과 최고 수뇌부와의 사이에 가끔 일어나는 일이다. 여기서 주의를 요하는 것은, 현장 사람들은 현장에만 젖어 있기 때문에, 자칫하면 고등 정책에 속하는 판단에서 나올 수 있는 혁신적인 개혁 같은 것에 좀처럼 동조하기 어렵다는 점이다.

어쩐지 못마땅한 생각으로 투덜투덜하게 된다. 대항할 수 없다는 것을 알고서의 불만과 일종의 자부심에서 오는 것이겠지만, 이것은 상층부에서 의사 전달을 철저히 하지 못한 데서 오는 것으로, 그것과 이것과는 전혀 다른 것이다. 이것을 간섭과 혼동해서는 안된다.

문제가 되는 것은, 명령 계통의 혼란과 정확하고 자세한 실정에 바탕을 둔 인식의 결핍이 될 것이다. 결국 기구의 문제이다. 일단 수립된 기구는 어디까지나 그것이 존중되지 않으면 중요한 지도 위치에 있는 사람이 허공에 떠버리고 만다. 지도자가 허공에 떠버리는 일이 있으면, 위령(威令)은 행해지지 않고, 조직의 요소 요소에 있는 나사못이 빠진 것처럼 되어 전체의 활동이 뒤틀려질 수밖에 없는 것이다.

10

三軍旣惑且疑, 則諸侯之難至矣, 是謂亂軍引勝.

【解義】 삼군이 이미 당황하고 또 의심하면 곧 제후의 난이 이른다. 이를 일러 군을 어지럽게 하고 이김을 끈다 한다.

【文義】 맨 끝의 「이김을 끈다」는 말에는 여러 가지 해석이 있을 수 있다. 적의 승리를 가져온다는 뜻과, 이쪽의 승리를 잡아당겨 오래 걸리게 만든다는 뜻이 될 수 있는 것인데, 어느 쪽으로 읽든 결과는 같은 이야기다. 그러나 위에 군을 어지럽게 한다는 말과 붙어 있으므로 승리를 빨리 가져오지 못하게 한다는 뜻으로 읽는 것이 옳을 것 같다.

군 내부에 일단 갈팡질팡하는 일이 생기고, 상부의 지시에 의혹을 품게 되면, 때는 지금이다 하고 제삼자인 앞뒤의 적들이 기습을 가해 오게 된다. 이것은 군을 혼란하게 만들고 힘을 약하게 만들어 승패에 중대한 영향을 미치게 하는 것이다.

【解說】 직접 일선을 지휘하고 있는 사람이 공중에 떠있게 되고, 다른 두 가지 방침과 명령이 서로 엇갈려 이르게 되면, 일 전체가 통일성을 잃고 만다. 이러한 모양이 나타나게 되면, 국가가 됐든 사업체가 됐든 갖가지의 위기를 만나게 된다.

통제가 잘 되지 않는 사업체를 보면, 대개의 경우 이러한 각 부서의 지도자들이 공중에 떠 있게끔 구조가 되어있거나 태세가 이뤄져 있는 경우가 많다. 이것은 가장 무서운 일이 아닐 수 없다.

사업면에 있어서의 제후들이란 것은 여러 가지 형태로 덮치고 들게 된다. 이렇게 제 손으로 적을 불러들이는 짓을 하고 있어서는 모처럼 애써 이뤄 놓은 모든 공이 한꺼번에 물거품이 되고 만다.

11

故知勝有五, 知可以與戰不可以與戰者勝, 識衆

> 寡之用者勝, 上下同欲者勝, 以虞待不虞者勝, 將能
> 而君不御者勝, 此五者知勝之道也.

【解義】 그러므로 이김을 아는 것에 다섯이 있다. 더불어 싸울 수 있는 것과 더불어 싸울 수 없는 것을 아는 사람은 이기고, 많은 사람과 적은 사람의 씀을 아는 사람은 이기고, 위와 아래가 욕망을 같이 하는 사람은 이기고, 걱정하는 것을 가지고 걱정하지 않는 것을 기다리는 사람은 이기고, 장수가 능하고 임금이 다스리지 않는 사람이 이긴다. 이 다섯은 이김을 아는 길이다.

【文義】 지금까지 말해 온 점에서 이를 요약하면, 승부를 미리 알 수 있는 것은 다음의 다섯 가지 조건이 된다.

첫째 싸움을 걸어서 좋은 상대인가, 아니면 싸움을 피해야 할 상대인가를 제대로 판단할 수 있는 쪽이 이긴다.

다음은 군사 수와 군장비의 크고 작음에 따라 그 군사 쓰는 법을 제대로 알고 있는 쪽이 이긴다.

다음은 위에서 아래에 이르기까지 어떤 목적, 어떤 목표, 어떤 행동에 있어 서로가 의견의 완전 일치를 갖는 쪽이 이긴다.

이쪽이 충분한 경계 태세를 취하고, 면밀한 계산을 한 위에, 상대방의 허술한 경비와 태세를 조용히 기다리는 쪽이 이긴다.

군 지휘자가 지휘자로서의 충분한 재능을 갖추고 있고, 임금이 그의 능력을 신임하여 공연한 간섭을 가하려 하지 않는 쪽이 이긴다.

이상 다섯 가지 조건을 어느 쪽이 얼마나 더 우세하게 가지고 있느냐를 알면 싸우기 전에 승부를 미리 알 수 있다.

【解說】 승패를 미리 판단할 수 있는 다섯 가지 조건을 한데 모은 것이다.

이 다섯 가지는 승리를 위해 꼭 필요한 요소가 되는 것이다.

이들 다섯 가지 조건은 위에서 이미 자세히 설명해 왔기 때문에 새삼 해설을 더할 필요는 없을 것이다.

12

> 故曰, 知彼知己, 百戰不殆, 不知彼而知己, 一勝一負, 不知彼不知己, 每戰必敗.

【解義】 그러므로 말한다. 저를 알고 나를 알면 백 번 싸워서 위태롭지 않고, 저를 알지 못하고 나만 알면 한 번 이기고 한 번 지고, 저를 알지 못하고 나도 알지 못하면 매양 싸워 반드시 패한다.

【文義】 그러므로 이런 말이 있다.

상대방이 갖추고 있는 조건과 그것이 강하고 약한 것을 잘 알고 있고, 이쪽의 실력을 충분히 알고 난 다음의 싸움이라면, 이른바 백전 백승으로 향하는 곳에 적이 없을 것이니 위태로운 일이 있을 리 없다.

그러나 이와는 달리, 자기 쪽 실력만을 알고 있을 뿐, 상대방에 대한 조사와 판단이 불충분한 경우의 싸움이라면, 경우에 따라 혹 이길 수도 있고 혹 질 수도 있는 일이다.

만일에 상대방에 대한 사전 지식과 조사 판단이 부정확할 뿐만 아니라, 자기 쪽 실력마저 제대로 잘 모르고 있다면 그런 상태에서는 매번 싸워 매번 지고 마는 것이 너무도 당연한 일이다.

【解說】 이것이 이 제3편의 끝매듭을 지은 구절로 되어 있다. 특히

이 중에서 〈지피 지기(知彼知己)면 백전 불태〉란 말은 너무도 유명한 말로, 전쟁뿐 아니라 모든 일에 널리 인용되고 있으며, 원문과는 달리 백전 불태란 말 대신 백전 백승이란 말로 널리 통용되고 있다.

결국 승부라는 것은 상대가 있는 것이므로 승산이 없는 전쟁은 하지 않는 것이 현명하다는 뜻도 된다. 저를 알고 나를 안다는 것에는 그 한계가 없는 것이다.

일본이 만주를 침략해 들어갔을 때는 그들 나름대로의 지피 지기는 되어 있었던 것이다. 그러나 그것이 끝내는 미일전쟁으로까지 확대되어 스스로의 멸망을 자초하게 될 줄은 위대한 정치인이 아닌 군부로서는 꿈에도 생각지 않은 일이었다.

옛날 전국 때 위나라 방연(龐涓)이 조나라를 치러 갔을 때 위나라 태자가 감군(監軍)으로 같이 가게 되었다. 이때 행군 도중 한 사람이 백전 백승의 비법을 가지고 있다고 자칭하면서 태자에게 면회를 청했다. 결국 이야기는 다음과 같은 것이었다.

태자의 귀한 몸으로 전투에 가담하는 것은, 비록 승리를 해 보았자 뒷날 임금이 되는 그 이상의 것은 바랄 수 없다. 그러나 만일에 패하게 될 때는 태자의 지위와 왕이 될 수 있는 바탕마저 잃게 된다. 그러므로 남의 나라를 멀리 치러 나가는 모험 따위는 하지 않는 것이 좋다. 이것이 백전 백승의 비법이라는 것이었다.

그 말에 태자는 두려운 생각이 들어 군사를 돌이키려 했다. 그러나 전쟁 미치광이처럼 된 방연이 이를 반대하므로 마음씨 착한 태자는 그대로 끌려가고 말았다. 그 결과 이 《손자》의 저자라는 설도 있는 손무의 손자 손빈(孫臏)이 이끄는 제나라 군사에 의해 태자와 방연은 함께 전사하고, 그 길로 위나라는 약세 일로를 걷게 되었던 것이다. 백전 백승이라 하지 않고 백전 불태라고 한 말에 깊은 뜻이 있다고 보아야 할 것이다.

모든 경쟁에 있어서 남을 이길 자신을 가지고 시작한 것이 실패로 돌아가는 것은, 자기 쪽만 알고 상대 편을 정확히 알지 못한 데서 오는 결과라고 볼 수 있다. 그야말로 운이 좋아 아무렇게나 한 판단이 우연히 맞았을 경우는 성공을 하고, 그렇지 못할 경우는 실패하고 마는 것이다. 일승 일부란 질 수도 있고 이길 수도 있다는 이야기다.

 더구나 제 힘도 모르고 아무에게나 덤벼드는 호전적인 태도로 임한다면 그거야말로 하룻강아지 범 무서운 줄 모르는 어리석은 일이 아닐 수 없다. 한낱 주먹 싸움에도 이 원리는 그대로 적용될 수 있는 것이다. 하물며 복잡하고 비밀에 싸인 모든 정보를 제대로 수집한 위에 세밀한 검토를 끝내지 않으면 안될 전쟁이나 사업 경쟁에 있어서는 더 말할 나위도 없지 않겠는가.

軍形 第四

1

> 孫子曰, 昔之善戰者, 先爲不可勝, 以待敵之可勝.

【解義】 손자가 말했다. 옛날 잘 싸우는 사람은, 먼저 이길 수 없는 것을 하여, 그로써 적의 이길 수 있는 것을 기다린다.

【文義】 이 편에서는 군의 태세에 대해 말하고 있다.
 옛날의 싸움 잘 하는 사람들의 전투 방법을 보면, 적이 이길 수 없을 만한 태세를 우리 쪽이 먼저 갖추고 난 다음, 서서히 상대방에게 이길 수 있는 기회와 상대방의 허점이 생기기를 기다리는 그런 방법을 채택하고 있었다.

【解說】 싸움이란 것은 칼이나 총을 마주 겨누고 서로를 치고, 쏘고 하는 것으로 생각하기 쉬운데, 그것은 끝에서도 맨 끝의 이야기로 가장 중요한 것은 태세라고 하는 것이다. 상대방에게 지지 않을 만한 태세를 이모저모로 검토하여, 적이 어느 모로 어떻게 쳐들어오더라도 한 푼의 빈틈도 없는 완전 무결한 태세가 갖추어진 다음에라야 비로소 싸울 수 있는 것이다. 그러한 준비가 없는 싸움이란 것은 생각조차 할 수 없는 일이다.
 물론 이러한 태세도 무기와 방비, 병원 배치 같은 것만이 아니고,

식량·군장비·탄약의 보급로·기구의 정비·목적의 철저와 일치·의지의 소통 등, 지금까지 이야기해 온 모든 조건을 포함한 태세가 아니어서는 안된다.

그러한 태세에 대해 먼저 첫째로 이쪽의 태세가 정비되어 있어야 할 것, 다음에 상대 편 태세를 충분히 조사하여 손에 잡고 있듯이 다 알고 있어야 할 것 등이 중요한 것이지만, 이 두 가지 일이 끝났다고 해서 곧 전투에 들어갈 수 있느냐 하면 결코 그런 것은 아니다. 그러한 양편의 태세에 불균형이 이루어질 때까지 조용히 기다려야 한다는 것이다. 적당한 시기를 기다리는 인내와 그 시기를 재빨리 포착하여 번개처럼 행동하는 기민성이 없어서는 안된다는 것이다.

이러한 점은 근대전에 있어서도 마찬가지다. 사업 경영에 있어서도 그대로 적용될 함축성 있는 내용이다. 싸움은 태세에서 시작되어, 거기에 어느 정도 승패의 열쇠가 숨어 있다는 것이 된다. 그리고 피아의 태세에 균형이 허물어져 이쪽에 유리하다고 판단되었을 때가 바로 불뚜껑을 여는 시기가 된다는 것이다.

이때에 중요한 것은 이른바 오판을 말아야 할 일이다. 냉정한 과학자의 눈으로 판단하지 않으면 안된다.

2

不可勝在己, 可勝在敵, 故善戰者, 能爲不加勝, 不能使敵必可勝.

【解義】 이길 수 없는 것은 내게 있고, 이길 수 있는 것은 적에게 있다. 그러므로 잘 싸우는 사람은 능히 이길 수 없게는 하여도, 능히 적으로 하여금 반드시 이길 수 있게 하지는 못한다.

【文義】 상대가 이쪽을 이길 수 없다는 것은 모든 점에서 이쪽 태세가 완전 무결하기 때문이며, 이쪽이 상대를 이길 수 있는 전망이 서는 것도 상대방의 태세에 틈이 생기고 결함이 생기기 때문이다.

그러므로 아무리 싸움에 능한 사람도 이쪽 태세를 적이 이길 수 없게 정비할 수는 있지만, 상대방을 이쪽에서 공격하기 좋은 태세로 만들 수는 없는 일이다.

【解說】 이 절에서는, 싸움은 이기는 것이나 지는 것이나 모두 상대방에 따라 결정되는 것으로, 그것을 맞는 태세가 좋으냐 나쁘냐 하는 것이 가장 중요하다는 것이다.

그러나 이쪽은 세심한 주의로써 모든 만전의 태세를 갖출 수 있다 하더라도, 상대방이 갖는 태세를 이쪽이 바라고 있는 대로 불완전하게 만들 수는 없는 것이다.

상대방을 맞는 태세라든가 지키고 있는 태세와 같은 것은 이쪽 힘으로 최선을 다해 보강할 수도 있는 일이지만, 상대방의 태세는 그 있는 그대로의 모습, 그때 그때의 형태를 대상으로 삼아 냉정 침착하게 예리한 관상을 하고 그 강도를 측정해야 한다는 것이 손자의 생각이다.

3

故曰, 勝可知而不可爲. 不可勝者, 守也, 可勝者, 攻也. 守則不足, 攻則有餘.

【解義】 그러므로 말한다. 이기는 것은 알 수는 있어도 할 수는 없다. 이길 수 없는 것은 지키는 것이고, 이길 수 있는 것은 치는 것이다. 지키는 것은 곧 부족해서이고, 치는 것은 곧 남음이 있어

서다.

【文義】 관찰과 측정이 근본 요소가 된다면, 이길지 이기지 못할지는 알 수 있다. 그러나 이길 수 있게끔 상대를 이끌어갈 수는 없는 것이다. 판단의 목표는 어디까지나 있는 그대로의 현실을 직시하고 그것을 바탕으로 하지 않으면 안 되는 것이다.

만일 상대의 태세가 충분해서 공격하는 힘과 지키는 힘의 균형이 이쪽에 불리하다고 보이면, 공격하는 것은 일단 보류하고 먼저 지키는 데에 전념하지 않으면 안 된다. 잘 관찰하여 이쪽이 절대로 우세하다고 판단되면, 그때 비로소 공세를 취하는 것이다.

수세로 나간다는 것은 힘의 균형이 이쪽에 달리기 때문이요, 공세(攻勢)로 나가는 것은 이쪽이 유리하기 때문인 것이다.

【解說】 수세를 취하느냐 공세를 취하느냐 하는 것은 이쪽과 저쪽의 힘의 균형에 의하는 것으로, 열세라고 생각되었을 때는 서투른 방법으로 공세를 취할 생각은 아예 말고 당연한 심정으로 수세를 취하라는 것이다. 수비력이 없이 어떻게 공격을 할 수 있느냐 하는 것이다. 물론 약한 세로써 강한 적을 쳐서 이기는 예가 없는 것은 아니지만 그것 역시 상대방에게 그만한 허점이 있었을 때의 이야기다. 막연한 요행을 바라고, 상대방이 그런 허점을 가지고 있을 것을 기대하는 마음만으로 공격해 나간다는 것은 백전 불태의 전법이 아닌 매전 필패의 전법인 것이다.

새로운 발전력은 과거의 업적과, 충분히 완비된 굳게 다져진 기초 위에 쌓여지는 것이라고 생각하면 된다. 먼저 발 밑을 다져라 하는 것이다. 새로운 발전에 필요한 역량을 세심하게 계산하고 되풀이 검토한 끝에, 목적을 수행하고도 충분한 남은 힘이 있다는 답이 나오지 않는 한, 무리한 짓을 해서는 안된다는 뜻으로 받아들일 수도 있는 것이다.

4

> 善守者, 藏於九地之下, 善攻者, 動於九天之上.
> 故能自保而全勝也.

【解義】 잘 지키는 사람은 구지(九地) 밑에 감추고, 잘 치는 사람은 구천(九天) 위에 움직인다. 그러므로 능히 스스로 보전하고 온전히 이긴다.

【文義】 구(九)라는 것은 수에 있어서 맨 위 맨 끝을 뜻한다. 구지(九地)니 구천(九天)이니 하는 것은 땅 속 가장 깊은 곳, 하늘 위 가장 높은 곳이란 뜻이다.
 땅 속으로 숨는다는 말은 지금도 잘 쓰이는 말이다. 이상적인 수비 태세라는 것은, 마치 땅 속에 숨은 것처럼 일체를 완전히 가려 버리고 무엇 하나 형적을 남기지 않는 것이며, 이상적인 공격 태세란 것은 마치 높은 하늘 위에서 행동하는 것처럼, 상대가 피할 수도 숨길 수도 대항할 수도 없게 만드는 것이다.
 상대방이 어떻게 막아야 좋을지 당황하게 만드는 공격이라면 승리는 확실한 것이다. 공격과 수비에 최선을 다할 일이다.

【解說】 이 대목은 야구시합의 전술을 듣고 있는 것 같은 느낌이 드는데, 확실히 일맥 상통하는 점이 있을 것 같다. 다만 손자가 말하는 수비는 분명한 수비 태세가 아니고 수세라고 하는 것이다. 공세와 수세를 공격하는 힘과 이것을 막고 서는 힘이라는 뜻으로 받아들이지 말고, 수세는 반적극적인 소극 전술로 풀이하는 것이 좋을 것이다.
 태세의 균형이란 것을 저울로 하고 그것이 어느 쪽으로 기우느냐 하는 것으로, 분명히 적극적인 전법과 소극적인 전법으로 나누고 있다. 기본적인 태세와 적에 대비하는 태세는 공격에도 꼭 필요한 것이지만, 그 밖에 공격 태세와 수비 태세라는 것이 있다고 주장하고 있는 것으로 생각된다. 약간 아리송한 것 같지만 그런 면을 충분히 식별해서 읽어야 될 것이다.

이것은 사업면에도 마찬가지다. 사업 내용의 충실이 무엇보다 중요한 것으로 그 충실도를 기준으로 해서, 상대 쪽 부분의 확장도 좋고, 시장의 쟁탈전도 좋고, 싸워야 할 대상을 측정하는 것으로 풀이해도 좋을 것이다.

여러 모로 헤아려 본 결과 수세로 나가야 된다고 판단이 서면, 그 수비 태세에 물샐 틈 없는 완전을 기하지 않으면 안된다.

그리고 일단 공격해도 좋겠다는 상대 쪽의 태세를 알아차렸을 때는, 그야말로 구천 꼭대기에서 떨어지는 것 같은 세력으로 단숨에 상대방을 쳐서 넘어뜨려야 한다는 것이다. 실력이 비등비등한 상태에서 이길지 질지 모르는 싸움을 하고 있는 것은 참다운 싸움이 될 수 없다.

5

見勝不過衆人之所知, 非善之善者也. 戰勝而天下曰善, 非善之善者也. 故擧秋毫不爲多力, 見日月不爲明目, 聞雷霆不爲聰耳, 古之所謂善戰者, 勝於易勝者也.

【解義】 이김을 보는 것이 뭇사람의 아는 바에 지나지 않는 것은 잘한 것의 잘한 것이 아니다. 싸워 이겨 천하가 잘했다고 말하는 것은 잘한 것의 잘한 것이 아니다. 그러므로 가을 털을 드는 것은 많은

힘이 되지 못하고, 해와 달을 보는 것은 밝은 눈이 되지 못하고, 우레를 듣는 것은 밝은 귀가 되지 못한다. 옛날의 이른바 잘 싸우는 사람은 이기기 쉬운 것에 이기는 자이다.

【文義】 가을 털〔秋豪〕이란 것은, 겨울을 나기 위해 털을 갈 때 다시 나는 새와 짐승들의 고운 털이 특히 가늘고 가볍기 때문에 가장 가벼운 것의 대명사로 쓰이고, 가장 가늘고 작은 것을 말할 때는 가을 털끝〔秋毫之末〕이란 문자를 쓴다.

위에 말한 이대로, 서로가 땅 속에 감추고 있는 수비 태세를 살펴 알고, 쌍방의 실력을 비교 검토한 끝에 싸움에 들어가는, 사전의 복잡한 작전이 있은 다음에 비로소 얻어지는 승리이기 때문에, 승리를 미리 내다보는 것이 누구나 다 볼 수 있는 표면적인 것이라면, 그것은 결코 크게 칭찬할 만한 것이 되지 못한다.

또 악전 고투 끝에 겨우 겨우 이기게 된 싸움을 세상 사람들은 장하다고 칭찬들을 하지만, 그것은 결코 썩 잘한 싸움은 될 수 없는 것이다.

이것은 가벼운 털을 들었다고 해서 힘이 세다고 말할 수는 없는 일이며, 해와 달을 보았다고 해서 그 사람의 시력이 좋다고는 할 수 없는 것이며, 우레소리를 들었다고 해서 그 사람을 귀가 밝다고 말할 수는 없는 것과 마찬가지다.

옛날부터 전해 오는 정말 잘 싸운 싸움은 당연히 이길 수 있는 싸움을 이기는 것이지 결코 무리한 짓을 해서 요행히 이긴 그런 것은 아니었다.

이기는 데는 이길 수 있는 준비와 이유가 있어서 쉽게 이길 수 있는 것이라야 참다운 승리라고 말할 수 있는 것이다.

【解說】 참다운 진리는 평범한 데 있다고 하는 것과 공통된 생각이다. 참다운 병법의 진리란 것도 극히 평범한 사실에 바탕을 두고 있는 것이다.

세상의 평판처럼 기준을 삼을 수 없는 것은 없다고도 말하고 있는 것 같다. 흔히 말하는 것처럼, 「개가 사람을 물었다면 이야깃거리가 되지 않지만 사람이 개를 물면 이야깃거리가 된다」는 것이다. 비정상적인 부자연스런 것이 있어야만 그것이 화제가 되는 것이므로, 영웅이니 명장이니 하는 사람들의 사적이나 업적 같은 것이 어느 의미에서는 최선일 수는 없는 것이다.

임진왜란 때 만일 이순신 장군 같은 분이 몇 해 전에만 국방에 관한 책임을 지고 그의 뜻대로 수비 태세를 갖출 수 있었다면 오늘날과 같은 위대한 장군 소리는 듣지 못했을 것이다. 참으로 잘 싸우는 싸움은 어렵지 않게 싸워 이기는 소문 없는 싸움인 것이다.

참으로 지혜로운 사람은 그 지혜를 남이 알아줄 수 없게 모든 일을 사전에 깨끗이 처리해 버리고 마는 것이다.

멸망 직전의 위기에 놓인 송(宋)나라의 상대국인 초(楚)나라를 달래 전쟁을 중단시키고 돌아오던 묵자(墨子)가 송나라를 지나던 도중 비를 피해 성문 밑에서 하룻밤을 지내려다가 쫓겨나고 만 이야기는 너무도 유명한 역설적인 진리를 말해 주고 있는 것이다. 묵자야말로 가장 잘 싸운 가장 공이 큰 사람이었지만, 은혜를 입은 송나라는 그가 지나가는 것도 모르고 있었던 것이다.

6

> 故善戰者之勝也, 無智名無勇攻.

【解義】 그러므로 잘 싸우는 사람의 이김은 지혜로운 이름도 없고 용맹스런 공도 없다.

【文義】 그러므로 참다운 의미에서의 최선의 싸움을 해서 승리를 거

둔 경우는, 지혜로운 장수라는 것을 세상 사람은 알지 못하게 되고, 악전 고투로 패망을 승리로 돌리는 용맹을 떨치는 일도 없다.

【解說】 앞에 것을 되풀이해 결론을 내린 것이다. 앞에 말한 이순신 장군에 대한 가정과, 묵자에 대한 이야기가 바로 이것을 뜻하는 것이 된다.

우리가 여기서 깊이 주의해야 할 일은 사업장 같은 데서 묵묵히 남의 밑에서 일하는 사람 가운데 이런 참다운 인재가 숨어 있다는 점이다. 대개 무슨 일을 저질렀을 때, 사후 대책을 잘하는 사람은 상사의 눈에 금방 띄게 되지만, 물샐 틈 없이 일을 하고 있는 참일꾼은 몰라보고 있는 것이다.

초두 난액(焦頭爛額)이 위상객(爲上客)이란 고사가 있다. 머리를 태우고 이마를 덴 사람이 손님으로 윗자리에 앉게 된다는 이야기로, 곡돌 사신(曲突徙薪)이란 문자와 안팎을 이루고 있는 중국 역사에 나오는 이야기다.

웬 사람이 새로 집을 지었다. 그때 이웃 사람이 찾아와서 주인에게 말했다.

「굴뚝을 구부러지게 내고, 굴뚝 옆에 있는 땔감을 먼 곳으로 옮겨 놓으시오. 바람이 불고 불이 잘 드는 날 굴뚝으로 불이 나와 땔감에 옮겨 붙으면 화재를 만날 위험이 크오.」

그러나 주인은 대수롭지 않게 흘려듣고 말았다.

그 뒤 과연 그가 말한 대로 불이 붙고 말았다. 마을 사람들이 달려와 한창 법석을 떤 뒤에 불은 큰 피해 없이 꺼지게 되었다.

주인은 마을 사람들을 마당에 앉히고 술상을 벌였는데, 이때 머리를 불로 태우고 이마를 불에 덴 사람이, 용감하고 고마운 사람으로 윗자리로 안내되어 특별한 대우를 받았다. 그러나 주인은 굴뚝을 구부러지게 내고 땔감을 옮기라고 충고한 사람은 까맣게 잊고 있었다는 것이다.

나라나 사업장이나 흔히 있는 일이다. 참모의 사전 경고에는 귀를 기울이지 않고, 일이 생겼을 때 수습하노라 쫓아다닌 사람만을 고마운 일꾼인 것처럼 생각하는 것이 보통이다. 진작 그 참모의 말을 들었으면 그런 일이 벌어지지 않았을 텐데, 그 참모의 선견지명을 높이 평가하려 드는 상사는 별로 없다. 그것은 때로 상사의 자기 실책을 감추려는 의도와, 혹은 머리 좋은 부하를 시기하는 무의식적인 의식에서 오는 경우도 있다. 경영자나 통솔자는 이 점을 항상 유의하고 반성하지 않으면 안된다.

7

> 故其戰勝不忒, 不忒者, 其所措必勝, 勝已敗者也.

【解義】 그러므로 그 싸움은 이기는 것이 틀리지 않는다. 틀리지 않다는 것은 그 두는 바가 반드시 이기고 이미 패한 것에 이기는 것이다.

【文義】 위에 말한 이유로서 이러한 싸움의 방법이라면 이기는 것은 당연하다. 그 조치가 잘못되거나 계산이 틀리거나 하는 일이 없으므로 반드시 이기고 마는 것이다. 왜냐하면 사실상 이미 지고 있는 상대에게 이기는 것이기 때문이다.

【解說】 구경하는 사람이 손에 땀을 쥐는 그런 승부라는 것은 결국 구경거리에 지나지 않는 것으로, 진정한 의미의 싸움은 절대로 그런 것이어서는 안된다.
 첫째 계산 착오와 같은 뜻밖의 사태가 일어날 수 없는, 어느 모로 보나 꼭 지게 되어 있는 상대가 아니면 싸우지 않는 전쟁이기 때문에, 일단 싸웠다고 하면 꼭 이기고 말 것은 너무도 뻔한 사실이다.

　어느 의미에서는 이것을 약자를 괴롭히는 전쟁이라고 말할 수도 있겠지만, 괴롭힐 필요가 없는 상대를 괴롭히는 것도 필요 없는 전쟁이므로, 이러한 싸움이야말로 헛이름을 얻기 위한 전쟁으로 참다운 지혜와 용기를 요하는 전쟁이라 말할 수는 없다.

8

> 故善戰者, 立於不敗之地而不失敵之敗也. 是故勝兵, 先勝而後求戰, 敗兵, 先戰而後求勝.

【解義】　그러므로 잘 싸우는 사람은, 패하지 않는 땅에 서서 적의 패하는 것을 잃지 않는 자이다. 이런 까닭에 이기는 군사는 먼저 이긴 뒤에 싸움을 찾고, 패하는 군사는 먼저 싸운 뒤에 이김을 찾는다.

【文義】　그러므로 이상적인 싸움을 하는 사람은, 자기 쪽은 완전 무결한 태세로 조금도 걱정이 없기 때문에, 오로지 상대만을 엿보고 있다. 따라서 적의 약점이 생겨, 쳐서 이길 기회를 놓치는 일은 절대로 없는 것이다.

　결국 이기게 되는 싸움은, 충분히 이길 만한 태세와 필요한 조건을 갖춘 뒤에 싸움을 시작하는 것이고, 패하는 싸움이란 덮어놓고 싸움을 건 다음, 싸우는 동안에 이길 기회를 찾는 무계획적이고 무정견한 마구잡이 싸움인 것이다.

【解說】　여기서 말하는 패하지 않는 땅이란, 반드시 지형이라는 한정된 의미가 아니고 전체적 입장과 형세를 두고 말하는 것이다.

　흔히 예상을 뒤엎은 승리를 거두었다고 크게 이야깃거리가 되는 일이 있지만, 그것은 대부분이 우연한 요행에 힘입은 경우라든가, 혹은 어쩔 수 없이 시작한 싸움이 궁지에 몰린 쥐가 고양이를 무는 격의 결사적인 분투로 인해, 생각지 않은 적의 약점을 찌르게 되었을 경우이다. 그것도 아니라면 손자가 말한 것과 같은 당연히 이길 수 있는 싸움이었지만, 그것이 표면적인 것이 아니고 전혀 눈에 띄지 않는 숨은 원인의 필연적인 결과였을 것이다.

이것은 사람이 다급해져서 개를 물어뜯은 것 같은 이야깃거리는 될 수 있어도, 결코 정도는 될 수 없는 것이다. 사람이 개를 물어뜯는 것 같은 형태의 성공을 기대해서는 안된다.

9

善用兵者, 修道而保法. 故能爲勝敗之政.

【解義】 군사를 잘 쓰는 사람은 도를 닦아 법을 지킨다. 그러므로 능히 승패의 다스림〔政〕을 한다.

【文義】 이 조항의 도니 법이니 하는 것은, 첫편에 나오는 도·하늘·땅·장수·법이라고 하는 다섯 가지 일 중의 그 도와 법을 말한다. 다스린다는 정(政)은 바로잡는다는 뜻으로 정치라는 말의 내용이 되는 것이다.

여기서 설명이 다시 한 번 다섯 가지 일과 일곱 가지 계산의 근본 이념에로 되돌아간 셈이다. 이상적인 싸움을 하는 사람은, 도의적인 점에 있어서 결함이 있나 없나를 반성하고, 편제와 명령 계통과 군장비와 보급과 같은 것에 미비됨은 없는지 다시 한 번 검토를 한다. 그러므로 승패라는 것에 대한 계산과 측정이 틀리는 일은 없는 것이다.

【解説】 형태의 좋고 나쁜 것은 결국 전쟁의 근본 이념과도 상통된다. 그것을 다시 한 번 검토해 보아서 아무 결함이 없고 모든 것이 잘 되어 있으면 좋은 것이고, 그렇지 못하면 나쁜 것이다. 싸우지 않고도 승패는 이미 내 손에 쥐어져 있는 것으로, 군 형태의 문제는 결국 근본 이념이 충분히 그 바탕이 되어 있는 뒤의 이야기이다. 근본 이념에 이미 결함이 있으면 군 형태는 제대로의 기능을 발휘할 수 없게 되는 것이다.

10

> 兵法, 一曰度, 二曰量, 三曰數, 四曰稱, 五曰勝. 地生度, 度生量, 量生數, 數生稱, 稱生勝.

【解義】 병법에, 첫째는 도(度)를 말하고, 둘째는 양을 말하고, 셋째는 수를 말하고, 넷째는 칭(稱)을 말하고, 다섯째는 이김을 말했다. 땅은 도를 낳고, 도는 양을 낳고, 양은 수를 낳고, 수는 칭을 낳고, 칭은 이김을 낳는다.

【文義】 칭(稱)은 저울이란 명사도 되고, 저울질한다는 동사도 된다. 여기서는 무게를 단다는 뜻으로 비교 검토를 가리키는 말이다.
 병법에 이렇게 말하고 있다. 첫째는 멀고 가까운 것을 재는 척도(尺度), 둘째는 물량(物量)을 헤아리는 계량(計量), 셋째는 많고 적은 것을 세는 계수(計數), 넷째는 비교 검토, 다섯째는 승패에 대한 판단이라고 했다.
 땅이라는 것은 전쟁하는 싸움터를 말한다. 싸움터란 것에는 원근과 광협을 재는 것이 필요하게 되고 원근을 재게 되면 그 높고 낮은 지형을 자연히 측량하게 된다. 그것을 안 뒤에는 그 지형에 따른 병원과 무기, 식량의 필요한 숫자 등을 산출하지 않으면 안되고, 그 숫자를 자세히 파악하고 나면 이번에는 저쪽과 이쪽의 비교 검토가 가능하게 된다. 이것이 가능하면 승패를 측정할 수가 있게 되는 것이다.

【解說】 근본 이념을 바로잡은 뒤에는 숫자다. 가능한 한의 명확한 숫자가 모든 것의 기초가 되고, 거기에서 승패의 귀결도 산출되게 되는 것이다. 손자의 생각은 아주 과학적인 것이다.
　이에 대해 우상적 영웅이었던 나폴레옹은 그의 수기에서「군의 병력은 기계학에 있어서의 운동량과 마찬가지로, 질량(質量)과 속도의 상승(相乘)이다」라고 말하고 있다. 이것을 요약해서 말하면「병(兵)은 계수(計數)다」라는 것이 될 것이다.
　사업이 계수라는 것은 말할 것도 없다. 다만 그 계수는 벌이가 되는 계수, 얼마가 들고 그러면 얼마가 벌릴 것이라는 결과적인 계수가 아니라 기초 계수가 쌓이고 쌓인 것으로부터 결과적으로 나오는 것임을 잊어서는 안된다. 그리고 그 밑바닥에는 위에 다섯 가지 근본 원리가 분명히 파악되어 있어야 하는 것이 중요하다.

11

故勝兵, 若以鎰稱銖, 敗兵, 若以銖稱鎰. 勝者之戰, 若決積水於千仞之谿者, 形也.

【解義】 그러므로 이기는 군사는 일(鎰)을 가지고 주(銖)를 다는 것과 같고, 패하는 군사는 주를 가지고 일을 다는 것과 같다.
　이기는 사람의 싸움은 쌓은 물을 천 길 골짜기에 터놓은 것과 같은 모양이다.

【文義】 일(鎰)과 주(銖)란 것은 당시의 중량 단위로, 스물 네 주를 한 냥이라고 하고, 스무 냥을 한 일이라고 한다. 한 주와 한 일은 480대 1이란 무게의 격차를 가지고 있는 셈이 된다. 그러나 이 무게의 비율은 시대에 따라 약간 달라졌던 것 같다.

천인(千仞)이란 것은, 높고 깊은 것을 말하는 대명사처럼 쓰이고 있는 말로, 한 인은 여덟 자에 해당하는 길이로 결국 한 길을 말하는 것이다. 천 인은 2천 미터의 높이와 깊이가 되는 셈인데 결국 대단히 높고 깊다는 뜻이다.

이 글의 뜻은, 승리를 약속할 수 있는 군 조직과 패전을 약속할 수 있는 군 조직과의 사이에는 1그램과 5백 그램 정도의 큰 차가 있는 만큼, 일단 싸움의 불뚜껑이 열리게 되면 댐에 가득 괸 물을 깊은 골짜기로 떨어지게 하는 것과 같은 무서운 기세로 상대를 누를 수 있게 된다. 이것이 참다운 의미에서의 군의 형태요 기세인 것이다.

【解說】 별로 해설의 필요가 없는 결론이다. 어른이 아이를 상대하는 것 같은 실력의 차가 바람직하다는 이야기다. 중국식으로 표현이 좀 과장되어 있는 것뿐이다.

兵勢 第五

1

> 孫子曰, 凡治衆如治寡, 分數是也. 鬪衆如鬪寡, 形名是也.

【解義】 손자가 말했다. 무릇 많은 사람을 다스리는 것이 적은 사람을 다스리는 것과 같은 것은 수를 나누는 것을 이렇게 하고, 많은 사람을 다투게 하는 것이 적은 사람을 다투게 하는 것과 같은 것은 모양과 이름을 이렇게 한다.

【文義】 분수(分數)라는 것은 수를 나눈다는 뜻으로 이 경우는 편대의 방법, 그 부대의 분할과 편성의 인원수 등에 해당한다. 또 형명(形名)의 형은 모양을 가진 것이라는 뜻으로 부대 표지, 연대기, 부대기 따위에 해당하는 것이며, 명은 이름을 부르는 즉 명령 전달의 수단이 되는 것으로, 봉화불을 올린다거나, 북을 친다거나, 징을 울린다거나 하는, 행동 지시의 모든 방법이 여기에 해당하는 것이다.
 아무리 많은 수의 큰 병단이라도, 마치 얼마 안되는 작은 부대를 지휘하는 것처럼 행동하게 할 수 있는 것은, 모든 부대의 편성이 제대로 법에 맞게 되어 있기 때문이다. 또 큰 부대를 작은 부대나 다름없이 일사 불란하게 전투 행위를 할 수 있게끔 하는 것은, 전투 표지와 명령 전달의 조직이 완전하기 때문이다.

【解說】 여기서는 조직과 통제의 중요성이 설명되고 있다. 조직이 너무 크기 때문에 모든 일이 철저하게 되지 않는다고 하는 것은, 그 편성 방법에 결함이 있다는 것을 뜻한다.

 흔히들 말하기를 많은 사람을 내 손발 놀리듯 한다고 하는데, 자기 손발 역시 그것을 생각대로 움직이려면, 복잡하고도 질서 정연한 신경 계통과 대뇌 조직 등이 제대로 그 기능을 발휘할 수 있어야 된다는 것을 알지 않으면 안된다.

 사업체의 조직을 살피고자 하는데 뇌의 생리학을 공부하라고 하면 엉뚱한 소리를 한다고 생각될지 모르지만, 반드시 얻는 바가 있을 거라고 단언할 수 있다.

 한고조(漢高祖)가 한신(韓信)에게 물은 일이 있다.

 「나는 몇 명의 군사를 마음대로 거느릴 수 있겠는가?」

 「폐하께선 10만 명의 군대를 거느리실 수 있습니다.」

 「그럼 경은 얼마나 거느릴 수 있는가?」

 「신은 많을수록 좋습니다.」

 이 대답 때문에 한신이 죽게 되었다는 말도 있지만, 한신은 여기에 말한 분수와 형명의 진리를 터득하고 있었음을 자부한 것이라고 말할 수 있을 것이다.

2

> 三軍之衆, 可使必受敵而無敗者, 奇正是也.

【解義】 삼군의 무리로, 반드시 적을 맞아 패하는 일이 없게 할 수 있는 것은 기(奇)와 정(正)이 이렇게 하는 것이다.

【文義】 3군은 이미 앞에서 설명한 대로, 제후들이 가질 수 있었던

최대한의 군사수를 말하는 것으로 전체의 많은 군사라는 뜻으로 풀이하는 것이 옳을 것이다. 글자대로 따지면 3만 7천5백명의 군사가 된다. 기(奇)는 기도(奇道) 즉 임기 응변의 방법을 말하고, 정(正)은 정도(正道) 즉 원리 원칙에 따른 정당한 법을 말한다.

　3군이라는 큰 군사를 거느리고 이것이 적과 만났을 경우 절대로 패하지 않는 전법이란 것은, 기도와 정도로 적시 적소에 올바로 쓰는 길밖에 없다는 것이다.

【解說】 싸움이란 것은 정면에서 맞붙어 싸우는 전법이 기본이 되는 것이지만, 단지 그 하나만 알고 임기응변하는 기도의 전법을 알지 못하면 절대로 이긴다는 것은 기대할 수 없다. 원칙은 변칙이 있음으로 해서 그 진가를 발휘하게 되는 것이다.

　기도 작전이라는 것은, 상대방의 의표를 찌른다거나 상대방의 뒷덜미를 잡는 그런 것만을 뜻하는 것은 아니다. 미묘한 기미를 재빨리 알아차리고 거기에 알맞는 작전을 수시 수처(隨時隨處)에 펼 수 있는 그런 것을 뜻한다.

　정도(正道)가 이론이라면 기도(奇道)는 기능 기술과 같은 것이라고 볼 수 있다.

　사업면에서도 이론에만 밝고 원칙만 주장해서는 큰일이다. 경험을 통한 운영의 묘를 터득하지 못하면 아무 소용이 없는 것이다.

3

兵之所加, 如以碬投卵者, 虛實是也.

【解義】 군사가 더하는 것이, 숫돌로써 알을 치는 것과 같은 것은 허와 실이 이렇게 하는 것이다.

【文義】 가(碬)는 숫돌[砥]의 옛 글자다. 실(實)은 충실, 속이 꽉 차 있는 것, 허는 속이 텅 비어 있는 충실의 반대 현상을 말한다.

병력이 상대에게 가해졌을 때, 숫돌로 알을 치는 것 같다면 그 결과는 뻔한 일이다. 군사의 세란 것도 이런 것이다. 모든 면에서 전혀 결함이 없는 충실한 군대가 헛점 투성이인 군대와 마주치게 되면 그 결과는 보나마나다. 이것이 바로 실로써 허를 찌르는 것이다.

【解說】 허와 실에는 여러 가지가 있다. 두껍게 밀집되어 있는 것과 드문드문 군사 수가 많지 않은 경우도 있을 것이고, 장비가 완전한 강력한 군사로 조직되어 있는 것과 그 반대의 허술한 장비로 된 것과의 경우도 있을 것이며, 또 충분히 훈련을 거치고 실전 경험이 풍부한 강력 부대와 그 반대의 임시로 징집해 온 훈련도 경험도 없는 부대의 경우도 있을 것이다.

결국 그런 실력의 판단이 문제가 된다. 적의 약점을 재빨리 알아차리는 것이 중요하다. 이쪽의 장점을 살려 적의 약점을 치면, 그것은 돌로 알을 치는 결과가 되고 마는 것이다.

4

> 凡戰者, 以正合, 以奇勝, 故善出奇者, 無窮如天地, 不竭如江河.

【解義】 무릇 싸움이란 것은, 정(正)으로써 합하고 기(奇)로써 이긴다. 그러므로 기를 잘 내는 사람은, 다함이 없는 것이 천지와 같고 마르지 않음이 강하(江河)와 같다.

【文義】 강하(江河)라는 것은 양자강(楊子江)과 황하(黃河)를 말하

는 것으로 중국에서 가장 큰 강이다.
　모든 전쟁이란 것은 먼저 정도의 군사를 보내 정면으로 적과 맞부딪치고, 그리고 그 응전과 교전 상태에서 요소를 찾아내어 기도로써 상대방의 약점을 찔러, 그 혼란을 틈타 대국적인 승리를 거두는 것이 상식이다.
　그러므로 이러한 경우의 기책(奇策)이니 기병(奇兵)이니 하는 것은 끝도 없는 하늘과 땅처럼, 마르는 일이 없는 강물처럼, 무진장으로 그때 그때의 정세 여하에 따라 거기에 맞는 적절한 방법이 안출되지 않으면 안된다는 것이다.

【解說】 뭐니뭐니해도 싸움의 기본이 되는 것은 정도(正道)다. 정도가 있은 다음에 기도다. 기도란 정도의 군사를 가지고 부딪치고 난 다음, 그 과정에서 필요에 응해 쓰는 것이 아니어서는 안된다. 흔히 뒷덜미를 친다는 말을 하는데. 처음부터 몰래 뒷덜미를 치는 것을 목적으로 해서는 안되는 것이다.
　그리고 기책이라는 것은 임기 응변의 것인 만큼 그것에 어떤 원칙이 있는 것이 아니다. 한패공을 도와 통일 천하를 이룩한 공신 중에 지혜로써 장양 다음간 사람이 진평(陳平)이었다. 꼭 그런 것은 아니지만 장양을 정도의 지혜를 가진 사람이라고 한다면, 진평은 기도의 지혜에 뛰어난 사람이라고 말할 수 있다. 한패공을 위기에서 구출하고, 항우와 범증(范增)의 사이를 이간시키는 등 여섯 번의 기계(奇計)를 낸 사람이 진평이었다. 그러나 진평의 그 기계는 언제나 장양의 기본 방침이 선 위에서의 기책이었다.

5

　終而復始, 日月是也. 死而復生, 四時是也. 聲不過五, 五聲之變, 不可勝聽也. 色不過五, 五色之

> 變, 不可勝觀也. 味不過五, 五味之變, 不可勝嘗也. 戰勢不過奇正, 奇正之變, 不可勝窮也.

【解義】 마쳤다가 다시 시작되는 것은 해와 달이 이러하다. 죽었다가 다시 사는 것은 사시가 이러하다. 소리는 다섯에 지나지 않지만, 다섯 소리의 변함은 다 들을 수가 없다. 빛은 다섯에 지나지 않지만, 다섯 빛의 변함은 다 볼 수가 없다. 맛은 다섯에 지나지 않지만, 다섯 맛의 변함은 다 맛볼 수가 없다. 전세는 기와 정에 지나지 않지만, 기와 정의 변함은 모두 다할 수가 없다.

【文義】 나무·불·흙·쇠·물을 천지만상의 소인(素因)으로 한다는 오행설(五行說)의 철학사상에 바탕을 둔 것은 아니겠지만, 중국에서는 어떤 체계를 정하는 데 다섯이란 숫자가 잘 쓰이고 있다. 오륜(五倫) 오상(五常) 오행(五行)을 비롯해서 여기 말한 오성 오색 오미 등이 다 그렇다.

오성이란 궁(宮)·상(商)·각(角)·치(徵)·우(羽) 다섯 종류의 음계(音階)로, 궁(宮)이 기본음으로 여기서부터 순차로 3분씩 더하고 덜하는 방법으로 음계를 정하는 것이다. 우리 나라의 아악도 이 오성을 바탕으로 하고 있다. 서양 음계 이름이 일곱이 있으나, 이 오성에도 반상(半商) 반치(半徵)라는 것이 있으므로 역시 일곱이 된다. 서양의 일곱 음계에 반음계가 둘이 있는 것과 같다고 볼 수 있다.

오색은 빨강[赤]·파랑[靑]·노랑[黃]·하양[白]·까망[黑]의 다섯 원색을 말하는데 하양 까망을 빼면 즉 3원색이 되는 셈이다.

오미는 시고[酸]·쓰고[苦]·달고[甘]·맵고[辛]·짠[鹹] 다섯 가지 맛을 말한다. 변은 다른 것과의 결압으로 인한 변화를 뜻한다.

끝 뜻은 이렇다. 싸움은 기와 정이라고 간단히 둘로 나눴지만, 실은 그 기와 정이란 것이 한두 가지가 아니다. 해가 졌는가 하면 이

튿날 다시 떠오르고 달이 없어졌는가 하면 다시 생겨나기 시작한다. 이같은 되풀이는 끝이 없다. 봄이 가면 여름이 오고, 여름이 가면 가을이 온다. 이렇게 사시는 가면 영영 안 돌아올 것 같지만 이듬해 다시 찾아온다. 이같은 되풀이는 한없이 계속된다.

 음계도 다섯으로 분류되어 있지만, 자연이 지니고 있는 소리의 세계란 것은 그 변화가 끝이 없어, 우리가 다 들을 수 없을 정도로 많다. 색채도 그렇다. 원색은 다섯이지만, 자연계의 색채는 천차 만별로 눈으로 보아 식별할 수 있는 성질의 것이 아니다. 맛이라는 것도 마찬가지다. 보통 다섯 가지로 구별을 하지만, 그것이 복합된 변화로 인해 생기는 맛의 종류는 도저히 헤아릴 수 없는 것이다.

 이것과 마찬가지로 싸우는 태세라는 것은 기와 정 둘로 분류는 하고 있지만 그 기와 정이 복합되어 현실로 나타나는 형태는 도저히 말로써 다할 수는 없는 것이다.

【解説】 개념적인 분류와 현실로서의 참모습과의 차이를 말한 것이다. 실전의 경우는, 정병인가 하고 생각하면 그것이 기병이고, 기병인가 하고 생각하면 그것이 정병인 수도 있다. 혹은 징병에 기병이 가미되고 기병 속에 정병이 가미되어 이러한 복합적인 변화는 일일이 그 예를 들 수가 없다. 그리고 원래 기병이니 궤도니 하는 것은 말로 전할 수 없는 것이므로, 어떤 형태로 될지 그것을 미리 알 수는 없는 것이다.

6

奇正相生, 如循環之無端, 孰能窮之哉.

【解義】 기와 정이 서로 낳는 것이, 둥근 고리가 끝이 없는 것과 같

으니 누가 능히 다하겠는가.

【文義】 순환(循環)은 돌고 돈다는 뜻으로 보통 쓰이고 있는데, 여기서는 따라 도는 고리, 즉 둥근 고리 혹은 끝이 맞붙은 둥근 것이란 뜻으로 풀이하는 것이 옳다.
    즉 기와 정은 끝도 머리도 없는 둥근 고리와 같이 맞붙어 있는 것이므로 아무도 그 끝을 찾아낼 수는 없다는 것이다.

【解說】 지금까지의 끝맺음에 해당되는 말이다. 가능한 한의 예측은 할 수 있겠지만, 예측도 못한 뜻밖의 형태로 상대방이 나오는 수도 있는 것이다. 그리고 그 나오는 형태가 어떤 것일지는 아무도 모르는 것으로 보지 않으면 안된다.
    이미 부딪치고 나서 허둥거리는 그런 상태로서는 도저히 전쟁이나 전투는 수행될 수 없다. 한 시각의 망설임도 없이, 척척 급소를 찌를 수 있는 응급 대책이 마련될 수 있는 준비가 되어 있지 않으면 안된다. 모든 사업면에서도 마찬가지다. 현재까지의 경제 상태에로 미루어 보아 아마 열에 여덟 아홉은 이럴 것이다, 하고 추측하고 있던 것이 뜻하지 않은 돌발적인 사태로 180도의 역현상이 나타나는 경우도 없지 않은 것이다. 언제 어디서 무슨 재난이 일어날지, 언제 어디서 무슨 사태가 벌어질지는 아무도 모르는 것이다.
    그러나 어떤 사태에나 해당하는 것이 원칙이란 것이다. 바로 그대로 적용은 되지 않더라도, 그것이 자유 자재로 응용될 수 있는 것이 아니면 원칙이라고는 말할 수 없다.

7

激水之疾, 至於漂石者, 勢也. 鷙鳥之疾, 至於毀折者, 節也. 是故, 善戰者, 其勢險, 其節短.

【解義】 격한 물의 빠름이 돌을 뜨게 하는 데 이르는 것은 세다. 사나운 새의 빠름이 부수고 꺾는 데 이르는 것은 시기다. 이런 까닭에 잘 싸우는 사람은 그 세가 허하고 그 시기가 짧다.

【文義】 지조(鷙鳥)라는 것은 독수리나 매와 같은 사나운 새를 말한다. 훼절(毁折)은 부수고 꺾는다는 뜻으로, 사나운 새가 다른 새나 짐승을 차서 뼈를 부수고 날개를 꺾는 것을 말한다. 매나 독수리는 가지 위나 땅 위에 가만히 있는 것을 습격하지 않고, 대상물이 날아오르려 하거나 전력을 다해 달아나려 하는 시기를 포착해서 내리덮친다고 한다. 절(節)은 마디, 고비란 뜻으로 그 짧은 순간의 시기를 말하는 것이다.

 글 뜻은 이렇다. 무서운 기세로 흐르는 물은 큰 돌마저 물 위로 떠오르게 하고, 그것을 밀어내는 힘을 가지고 있다. 이것은 물 자체의 힘이라기보다 그 흐르는 속도로 인한 기세 때문인 것이다. 쉴새 없이 내리쏟는 계속되는 힘의 집중에서 오는 현상인 것이다.

 또 사나운 새가 먹이를 내리덮쳐 날개를 꺾고 목뼈를 부러뜨리고 하는 것은, 상대의 움직임과 이쪽의 공격이 시기에 맞게 이루어지기 때문이다.

 이와 같은 이상적인 공격 방법은, 일단 공세로 나가면 격류가 쉴새없이 내리쏟듯 무서운 기세로 매가 먹이를 차듯 적당한 시기를 보아 단숨에 꺾어 버리는 것이다.

【解說】 전제가 되는 모든 준비와 고찰이 충분히 더해진 결과 마침내 싸움의 불뚜껑을 열게 되면, 한순간도 망설일 필요가 없이 총력을 기울이고 최선을 다해 상대를 단숨에 쳐서 깨뜨리지 않으면 안 된다는 것이다.

 전쟁 용어에, 빠른 우레소리는 미처 귀를 가리지 못한다〔迅雷不及掩耳〕는 말이 있다. 상대방이 미처 귀를 가릴 사이도 없이 떨어지는 날벼락과도 같은 공세를 말하는 것이다.

세는 험하고 시기는 짧다는 것은 바로 이런 것을 말한다.

8

勢如彍弩, 節可發機. 紛紛紜紜鬪亂而不可亂也, 渾渾沌沌形圓而不可敗也.

【解義】 세는 큰 활을 당기는 것 같고, 절은 기(機)를 발하는 것 같다. 분분운운하여 싸움이 어지러워도 어지럽게 할 수 없고, 혼혼돈돈하여 모양이 둥글어도 패하게 할 수가 없다.

【文義】 노(弩)는 큰 활이다. 돌을 쏘아 보낸다고 해서 돌활이라고도 하는데 꼭 돌만 쏘아 보내는 것은 아니다. 옛날의 박격포와 같은 것으로, 대포가 발명되기 이전의 유일한 원거리 공격용 무기였다. 용수철 같은 장치를 해 두고, 큰 쇠화살이나 나무와 대화살, 혹은 돌을 쏘아 보냈다고 한다.

확(彍)은 확(彉)으로도 쓰며, 활을 잡아당겨 화살을 쏘아 보낼 형태로 만드는 것이다. 큰 활을 당길 수 있는 한도에까지 당겨 걸어 놓고 쏘기만을 기다리는 힘이 꽉 차 있는 그런 것이 곧 기세(氣勢)라는 것이다.

기(機)는 방아쇠 역할을 하는 장치로 그것만 움직이면 화살은 나가게 된다. 방아쇠를 당기는 시간과 적의 움직이는 거리가 일치하지 않으면 아무리 무서운 기세로 나가는 화살도 소용이 없는 것이다.

분분운운이란 것은 눈이나 꽃잎이 어지럽게 떨어지는 모습이고, 혼혼돈돈은 혼돈이란 말을 강조한 것으로, 액체나 기체가 한데 뒤범벅이 되어 뭐가 뭔지 분간할 수 없는 상태를 말한다.

앞의 조항에 연속되는 말로, 세찬 흐름과 사나운 새의 비유와 같은 내용의 것이다. 즉 공격의 기세는, 큰 활을 힘껏 당겼을 때와 같은 최고도의 일촉 즉발(一觸卽發)할 힘을 지닌 형태를 말하고, 시기란 것은 방아쇠 장치를 풀 때처럼 목표물의 움직임에 맞추어 한 푼의 틀림도 없는 적절한 순간을 말하는 것이다.

눈보라 치듯 마구 뒤얽힌 전투 가운데서는 통제가 잘 서지 않을 염려가 많지만, 바로 그런 곳 그런 시기가 중요한 것으로, 여기서 군사들을 일사 불란하게 움직일 수 있지 않으면 안된다.

평소의 행군에서는 각이 맞는 대형으로 줄 하나 틀리지 않는 질서 정연한 모습이 유지되지만, 그것이 일단 전투로 들어가면 적과 아군이 마구 한데 섞여 마치 둥글둥글하게 한덩어리가 된 것같이 되고 만다. 그러나 그 혼돈 속에서도 계통이 선 상호 연락이 엄밀히 지켜지지 않고서는 전쟁을 할 수 없는 것이다.

【解說】 있는 힘을 다해 바로 이때다 하고 상대방의 급소를 향해 총공격을 가하게 되는 것인데, 이때의 결투라는 것은 정신을 거의 잃게 되는 것이 보통이다. 기록을 보면 방향을 잘못 잡아 적진을 친다는 것이 아군을 치는 경우도 있고, 적을 피한다는 것이 적을 찾아가는 경우도 있다.

사슴을 쫓는 사냥꾼은 산을 미처 못 본다고 한다. 그러나 집단 행동은 그래서는 안되는 것이다. 사슴을 쫓으면서도 산을 보는 흔들리지 않는 체계와 조직이 저절로 유지되어야만 한다.

사업면에서도 흔히 절정기에 냉정을 잃음으로 해서 큰 실수를 범하는 경우가 많다. 각 부서의 책임 있는 지휘자가 일선 종업원과 함께 흥분해 버려서는 안되는 것이다. 전력을 기울인 총공격과 냉정한 판단력과는 양립하기 어려운 것이지만, 그것이 가능하지 않으면 백전불태의 기본 자세를 갖추었다고는 말할 수 없는 것이다.

9

> 亂生於治, 怯生於勇, 弱生於强. 治亂數也, 勇怯勢也, 强弱形也.

【解義】 난은 치에서 생기고, 겁은 용에서 생기고, 약은 강에서 생긴다. 치와 난은 수(數)요, 용과 겁은 세(勢)요, 강과 약은 모양이다.

【文義】 평온한, 통제 있는 상태에서도 하찮은 계기로 인해 혼란 상태에 빠지는 수가 있고, 언제나 적에 대해 용감하던 병사가, 별것도 아닌 동기에서 갑자기 겁을 집어먹는 일도 있으며, 이렇게 해서 평소에 강력하던 부대가 돌연 약세로 몰리는 경우도 있는 것이다.

통제가 허물어지는 사태는 주로 조직력과 병수(兵數), 병수의 적당 여부, 그리고 상대와 비교해서 필요한 것이 갖춰져 있고 없는 것에 좌우되게 되며, 군사가 겁을 먹게 되는 것은 군사의 사기가 왕성하냐 못하냐, 시기를 잘 타서 민활하게 움직일 수 있느냐 없느냐에 달려 있는 것이다. 군 전체가 강하냐 약하냐 하는 것은 이 두 가지 점을 총합한 군 태세에 달려 있는 것이다.

【解說】 태세의 좋고 나쁜 것이 얼마나 중요하냐 하는 점과, 그것이 실전에 있어서 나타나는 결과 등을 설명하고 있는 것이다.

실지로 활동할 수 있는 힘의 크기와 일을 당했을 때 통제가 허물어지지 않는 결속, 그러한 것은 모두 태세와 조직 여하에 달려 있는 것으로 조직력이 곧 능력이 되는 것이다.

태세의 정비가 불완전하면 언제 어디서 파탄이 생길지 알 수 없으며, 갑자기 능률이 올라가기도 하고 내려오기도 한다. 동력이 실질적으로 좋고 나쁘고 한 것은, 대국적으로는 크게 영향을 미치는 일이 적이므로 근본은 조직 태세의 좋고 나쁜 것이 전부를 결정한다는 것이다.

사업체가 전력을 다해 움직이고 있을 때는, 아주 하찮은 것이 원인이 되어 뜻하지 않은 혼란이 생길 수 있다. 한 작은 부분의 파탄이 예상 밖에 큰 파급력을 갖고 있는 것으로, 최악의 경우는 사업 전체가 흔들리게 되거나 차츰 능력을 잃어가게 되므로 무서운 것이다.

이것을 방지할 수 있는 것은 완전한 태세, 정돈된 단체 행동력뿐이다. 모든 적극적인 것은, 소극적인 것으로 보이는 기초적인 다짐에서부터 생겨나는 것이다.

10

> 故善動敵者, 形之敵必從之, 予之敵必取之. 以利動之, 以卒待之. 故善戰者, 求之於勢, 不責之於人.

【解義】 그러므로 적을 잘 움직이는 사람은, 모양하면 적이 반드시 따르고, 주면 적이 반드시 취한다. 이로써 움직이고 졸(卒－猝)로써 기다린다. 그러므로 잘 싸우는 사람은 세에서 찾고, 사람에게 책하지 않는다.

【文義】 모양[形]한다는 것은 적에게 이쪽 모양을 나타내는 것, 여(予)는 여(與)와 같이 쓰는 것으로 주는 것, 졸(卒)은 졸(猝)과 같은 글자로 갑자기란 뜻이다. 이 졸(卒)을 군사의 뜻으로 풀이하는

사람도 있다.

　그러므로 교묘하게 적을 유도하는 사람은 틈이 있는 모양을 적에게 드러낸다. 그러면 적은 반드시 이쪽이 유도하는 대로 행동한다. 또 적이 찾고 있는 것을 일부러 던져 준다. 그러면 적은 반드시 그것을 갖게 된다.

　이렇게 적에게 유리한 것을 보여 적을 유도하고, 한편으로 적을 번개치듯 공격할 수 있는 태세를 갖추고 대기하고 있다.

　그러므로 잘 싸우는 사람은, 승부를 싸울 수 있는 형세에서 찾고, 싸우는 사람의 능력에 책임을 지우는 일은 없는 것이다.

【解說】 이렇게 적을 유인하는 빈틈을 적에게 보여 주고 적으로 하여금 이쪽 계획대로 끌려나오게 하는 것은, 이쪽의 통제와 연락이 물샐 틈 없이 되어 있지 않고는 될 수 없다.

　댐의 물이 수문으로 쏟아져 내리는 무서운 힘은, 그것이 한꺼번에 같은 방향으로 힘의 가속화가 이루어지기 때문이다.

　전 조직원을 한 목표로 향해 제 기능을 발휘하게 할 수 있는 것은, 이 댐의 물처럼 단순한 자연 현상이나 물리적 현상만이 아니고 어디까지나 인위적이요 인공적인 것이다. 큰 물결을 구성하고 있는 하나하나의 물방울은 결국 물방울에 불과한 것이다. 그것이 하나의 큰 힘으로 움직이게 되는 것은 그것을 집단으로 움직이게 하는 조건 때문이다. 그것이 바로 세란 것이다.

　그렇게 되어 있는 모양에 따라 그렇게 움직임으로써 얻어지는 힘, 그것이 곧 형세(形勢)라는 가속화된 힘인 것이다.

　승부를 세에서 찾고 사람의 능력을 탓하지 않는 것은, 똑같은 한 사람 한 사람의 힘을 한데 뭉치는 조건을 만들어 주는 것이 선결 문제로, 개인의 독립된 능력은 이차적인 문제란 뜻이다. 여기에 따른 이야기는 다음에 계속되고 있다.

11

> 故能擇人而任勢. 任勢者, 其戰人也, 如轉木石. 木石之性, 安則靜, 危則動, 方則止, 圓則行. 故善戰人之勢, 如轉圓石於千仞之山者, 勢也.

【解義】 그러므로 능히 사람을 버리고 세에 맡긴다. 세에 맡기는 사람은, 그 사람을 싸우게 하는 것이 나무와 돌을 굴리는 것 같다. 나무와 돌의 성질은 편안하면 곧 고요하고, 위태로우면 곧 움직이며, 모나면 곧 그치고, 둥글면 곧 간다. 그러므로 사람을 잘 싸우게 하는 세는, 둥근 돌을 천 길 산에 굴리는 것과도 같은 그러한 세다.

【文義】 택(擇)은 석(釋)이 잘못 쓰여진 것이다. 위에 사람을 책하지 않는다고 한 말을 받아, 사람은 놓아 두고 세에만 의존한다고 한 말이다. 편안하다〔安〕는 것은 평평하다, 반듯하다는 뜻이고 위태롭다〔危〕는 것은 가파르다는 뜻이다.

잘 싸우는 사람은 승부를 세에서 찾고 사람을 탓하지 않기 때문에, 사람은 버려 두고 모든 것을 세에 맡기게 된다. 싸움을 세에 맡기는 사람은, 세에 의해 사람을 싸우게 하는 모양이 흡사 나무와 돌을 굴리는 것과 같다.

나무와 돌의 성질이란 것은 평지에 놓아 두면 가만히 있고, 가파른 곳에 두면 절로 굴러가기 마련이다. 또 네모난 것은 서게 되고 둥근 것은 굴러가기 마련이다. 그렇기 때문에 사람을 교묘하게 싸우도록 만드는 사람은, 싸우게 할 때의 기세가 마치 둥근 돌을 높고 가파른 산꼭대기에서 굴려 내리는 것과도 같은 그런 걷잡을 수 없는 기세이다.

【解説】 이 대목은 산 인간의 집단과 집단이 맞부딪쳤을 경우에 대해 역학적인 관찰을 더한 것으로 볼 수 있다. 모든 방면을 여러 모로 해석할 수 있어 재미있는 곳이다.

집단과 그 집단을 구성하고 있는 개개인의 관계, 거기에 작용하게 될 군중 심리와, 상대와의 접촉에 의해 불러일으켜지게 될 여러 가지 집단 안의 마찰 같은 것을 들 수 있을 것이다.

집단의 힘을 그 구성분자인 하나하나로 갈라 놓으면, 마치 나무나 돌처럼, 자기 의사를 갖지 못한 물질로써 밖에 움직일 수 없는 것으로 관찰한 점 등은 흥미있는 관찰 방법일 수 있다.

개인이란 것은 혼자 놓아 두면 결코 움직이려 하지 않는 것, 될 수 있으면 조용히 있는 그대로 있고 싶어하는 것으로, 이것이 움직이기 시작하는 것은 같이 있는 모든 사람과의 사이에 어떤 균형이 허물어짐으로 해서 거기에 움직임이라는 하나의 역학적인 것이 발생한다는 것이다.

사람이란 것은 혼자 있으면 조용히 움직이지 않는데, 그것이 둘이 되고 다섯이 되고 열이 되면 거기에 어떤 움직임이란 것이 발생한다. 그 수가 보다 많아지면 거기에 하나의 전체의 힘이라고 하는 일정한 방향을 가진 움직임의 흐름이 생기는 것이다.

그리고 개인이 만일 저마다 움직이기로 말하면 거기에는 개인적인 차라고 할까, 성벽이라고 할까, 그런 것에 의한 움직임의 차이가 생기고, 또 움직이게 되는 동기를 분석해 보면, 좀처럼 움직이려 하지 않는 사람이 있는가 하면 하찮은 일로 금방 움직이게 되는 성질을 가진 사람도 있게 된다. 또 평소에는 좀처럼 움직이지 않는 침착한 사람이, 일단 집단 속에 끼어들게 되면 갑자기 격발하게 되는 형도 있는 것이다.

이것을 집단으로 움직이게 한다는 관점에서 보았을 경우, 안정성이 적고 뇌동성(雷同性)이 강한 면이 통일된 집단 행동에 따르기 마련이다. 이러한 군중 심리 혹은 집단 심리의 기미를 잘 파악하고 있지 않으면 많은 사람을 함께 부리기는 어려운 것이다.

이 불안정한 요소야말로 하나의 힘이 될 수 있는 기본적인 것이라는 생각은 앞으로도 도처에서 나오게 된다.

虛實 第六

1

孫子曰, 凡先處戰地而待敵者佚, 後處戰地而趨戰者勞. 故善戰者, 致人而不致於人.

【解義】 손자가 말했다. 무릇 먼저 싸우는 곳에 있어 적을 기다리는 사람은 편하고, 뒤에 싸우는 곳에 있어 싸움에 달려가는 사람은 수고롭다. 그러므로 잘 싸우는 사람은, 사람을 이르게 하고 사람에게 끌려가지 않는다.

【文義】 치(致)는 어떤 대상을 자기 뜻대로 한다는 뜻으로, 여기서는 사람을 자기 있는 곳으로 오게 한다는 뜻이다. 그래서 불치(不致)를 끌려 가지 않는다고 새겼다.

대체로 한 발 먼저 싸울 장소로 가서, 상대가 나타나기를 기다리는 사람은 몸에 무리가 없게 된다. 반대로 뒤에 싸우는 곳에 나타나오기가 바쁘게 되면, 공격을 시작하게 될 때 자연히 몸에 무리가 생기게 된다.

그러므로 잘 싸우는 사람은, 내가 먼저 유리한 지점을 차지하고 있으면서 적이 싸우러 달려오는 것을 맞아 공격하는 전법을 쓴다. 말하자면 공격하는 전법보다는 맞아 싸우는 전법 쪽이 훨씬 유리하다는 것이다.

【解說】 움직인다는 것은, 그것에 따르는 힘의 소모라는 것을 생각지 않으면 안된다. 크게 움직이면 크게 소모가 있게 되고, 적게 움직이면 적은 소모로 끝나는 것이다. 이것은 설비와 능률이란 것에도 통용된다고 볼 수 있다.

적당한 설비만 갖춰져 있으면, 100을 움직여 100의 효과를 얻을 수 있지만, 이것이 불완전하면 120을 움직여 80의 효과밖에 내지 못하게 된다. 이것도 사람을 이르게 하고, 사람에게 끌려가지 않는 전법과 같은 종류의 것이리라.

또 이렇게 생각할 수도 있다. 같은 물건을 팔려고 할 경우, 이쪽에서 적극적으로 팔려고 하는 것과 상대가 물건을 사려고 찾아오는 것과는 커다란 차이가 있다. 새삼 설명이 필요치 않은 것이지만 이것 역시 사람을 이르게 하고 내가 사람에게 끌려가지 않는 것의 차이인 것이다.

그런데 막상 실지로 일에 부딪쳤을 경우, 어쩐지 남에게 끌려가는 것이 수월한 것 같은 착각에 사로잡히기 쉬운 것 같다. 그것은 사람을 오게 하는 데는 오도록 할 수 있을 만한 무엇이 먼저 있어야만 되겠지 하는 안이한 생각 때문이다.

그러나 현실 사회에서는 좀처럼 사람을 오게 하는 즉 상대방에서 이쪽으로 움직여 오는 그런 경우가 적기 때문에 결국 이쪽에서 움직이게 된다. 거기에 무리가 생기게 되는 것이다.

2

能使敵人自至者, 利之也, 能使敵人不得至者, 害之也.

【解義】 능히 적의 사람으로 하여금 스스로 이르게 하는 것은 이롭게 하기 때문이며, 능히 적의 사람으로 하여금 이를 수 없게 하는

것은 해하기 때문이다.

【文義】 상대를 자발적으로 이쪽으로 가까이 오게 하는 데는, 그렇게 하는 것이 상대의 이익이 된다고 생각되는 무엇이 없어서는 안된다. 그 반대로 상대가 이쪽으로 오지 않게 되는 것은, 상대에게 이쪽으로 오는 것이 해가 된다는 생각을 갖게 하는 무엇이 있기 때문이다.

【解説】 팔짱을 끼고 저쪽에서 움직여 오기를 기다리고 있는 것이므로, 상대가 움직여 올 만한 것이 거기에 없어서는 안된다. 그렇게 하는 것이 이익이 된다는 것을 상대에게 느껴지지 않으면 상대는 움직이지 않는 것이다. 손해가 될지도 모른다는 생각을 하면서 무턱대고 달려올 사람은 없다.

 오늘날 과대 광고니 허위 광고니 하는 것도 다 사람의 그런 심리를 이용하는 것에 지나지 않는다. 속고 또 속으면서도 여전히 마음이 끌리기 때문에 과대 광고와 허위 광고가 생명을 유지하게 되고, 법적으로 제재를 가해도 여전히 기승을 부리고 있는 것이다.
 그러나 그런 허위 선전 속에는 여전히 뭔가 구체적인 지금까지의 것과는 조금 다른 것이 있기 때문에 새로운 소비성을 자극하게 되는 것이다. 그것이 그거더라 하고 소비자들이 반성을 하게 될 때는 이미 다른 것이 등장하기 시작하고 있는 것이다.
 사마의가 제갈양에게 밤낮 속으면서도 설마 이번에야 하고 또 속고 또 속고 한 것도, 제갈양이 이익이 꼭 될 것 같은 무엇을 던져 주었기 때문이다.
 그 사마의가 마침내는 속지 않게 되자 제갈양도 하는 수 없이 그에게 끌려가고 말았던 것이다.

3

> 故敵佚能勞之, 飽能飢之, 安能動之.

【解義】 그러므로 적이 편한 것을 능히 수고롭게 하고, 배부른 것을 능히 주리게 하고, 편안한 것을 능히 움직이게 한다.

【文義】 가만히 지키고 있는 것과 이쪽에서 싸움을 거는 것과는 그만큼 차이가 있는 것이므로, 상대는 될 수 있는 한 움직이지 않고 가만히 있으려고 하는 것이 본연의 상태이다. 그러나 그렇다고 해서 단념하고 이쪽에서 찾아가 싸워서는 안된다.

그래서 만일 편안한 상태로 있을 것 같으면, 어떻게든지 해서 이를 힘이 드는 상태로 끌어넣을 일이다. 식량이 풍부하게 있는 것 같으면 방법을 써서 모자라도록 만드는 것이다. 결국 안정해 있는 상대로 하여금 안정을 잃게 만드는 것이다. 이것은 불가능한 일은 아니다. 그것을 능히 할 수 없으면 잘하는 싸움은 될 수 없다.

【解說】 가만히 도사리고 앉아 꼼짝달싹 않고 있는 상대처럼 상대하기 힘든 것은 없다. 그러한 대상을 상대로 하게 되면 아무래도 이쪽에서 끌려가게 마련이다.

대체로 안정되어 있는 적은 빈틈이나 결함 같은 것이 없다. 상대방이 움직이게 되었을 때, 그것이 어떤 형태의 것이 되었든, 거기에는 파고들 수 있는 틈과 기회가 생기기 마련이다.

사업면의 경우, 상대방의 판로나 구입로를 뒤흔들어 놓는 방법도 있을 것이며 자금망을 혼란에 빠뜨리는 방법도 있을 것이다. 그 자체에 목적이 있는 것이 아니고 상대방의 동요와 그 동요로 인한 치고 들어갈 틈을 만들기 위해서이다. 상대방이 자발적으로 움직이려 하지 않을 때는 움직이지 않고는 배기지 못하게 만드는 방법밖에 없는 것이다.

4

> 出其所必趨, 趨其所不意. 行千里而不勞者, 行於無人之地也. 攻而必取者, 攻其所不守也. 守而必固者, 守其所不攻也.

【解義】 그 반드시 향하는 바로 나가고, 그 뜻하지 않은 바로 향한다. 천 리를 가도 수고롭지 않은 것은 사람이 없는 땅을 가기 때문이요, 해서 반드시 취하는 것은 그 지키지 않는 바를 치기 때문이며, 지켜서 반드시 굳은 것은 그 치지 않을 바를 지키기 때문이다.

【文義】 그 반드시 향하는 바라는 것은 적이 항상 관심을 갖고 있는 급소, 가장 반응이 빠른 곳, 공격하면 절대로 가만 있지 못하는 곳이란 뜻이다.

상대방이 질서 정연하게 안정된 태세로 있을 때에 이것을 공격하려 할 경우는, 이쪽에서 손을 내밀면 싫든 좋든 반드시 상대해 올 수 있는 그런 곳을 공격하거나 혹은 어떤 태도를 취하면, 적은 반드시 반응을 보이게 된다.

상대가 움직여 주기만 하면, 그 움직임에 따라 관심이 그곳으로 쏠리게 되어 아무래도 주의가 소홀해지는 곳이 생기게 되므로 그곳을 놓치지 않고 치는 것이다.

주의가 다른 곳으로 앗기게 되면 아무래도 방비는 약해지므로, 비록 먼 거리의 강행군이라 하더라도 저항이 없는 곳이면 수월하게 나아갈 수 있게 된다. 상대방의 수비만 허술하면 공격해서 탈취하지 못할 리가 없는 것이다.

이것을 거꾸로 방비하는 쪽에서 말하면 절대로 패하지 않는 방비란 것은, 상대방이 공격하지 않을 곳을 굳게 지키고 있는 경우다. 상대가 속임수를 쓸 작정으로, 겉으로 보아 공격을 가하지 않을 것 같은 곳인데 도리어 허점을 노리고 쳐올지도 모르는 그런 곳을 굳게 다져 두는, 그런 수비가 더욱 중요하다는 것이다.

【解說】 이른바 기습 전법이다. 물론 정공의 힘이 있고 기습이 가능한 것으로 『시계편』서 『병세편』에 이르기까지의 태세에 대한 기초가 서 있어야만 기습 전법이 그 효과를 제대로 발휘할 수 있다. 그것을 알아두지 않으면, 마치 서투른 소매치기가 서투른 바람잡이로 상대에게 눈치부터 채게 하는 결과를 가져오게 된다.

상대의 A를 목표로 공격하고 싶으면 먼저 상대가 응전해 오지 않을 수 없는 B로 손을 내민다. A에 대한 관심을 B로 쏠리게 하려는 것이므로, B에 대한 공격은 그만한 효과가 없어서는 안된다. 그러나 어디까지나 목적은 A이기 때문에 B에 대한 공격은 절대로 깊이 들어가서는 안된다.

그러나 군대란 산 사람이 움직이는 것이어서 자칫하면 내친 김에 너무 깊이 들어가는 경향이 있으므로, 여간 능숙하지 않아서는 좀처럼 호흡을 잘 맞추기가 어려운 것이다.

상대방은 그 정도의 수법은 알고 있을 것이므로, 그렇게 간단히 이쪽 수에 끌려든다고는 생각할 수 없다. 최악의 경우는 이쪽이 그 쪽 수에 되말리는 경우도 있다.

이것을 사업면에 적용시켜 구체적인 예를 들어, 다소 물건이 딸리는 형편에 놓여 있는 주원료를 다른 사람과 경쟁적으로 사들인다고 하자, 물론 그런 물건에는 누구나가 눈독을 들이는 주산지가 있는 것이다. 그런데 그 밖에도 이쪽 요구를 충족시켜 줄 만한 생산지가 있다고 하자.

이런 경우 다른 사의 활약을 봉쇄하려 한다면, 먼저 주산지에 활발한 탐문전을 벌인다. 그러나 정말로 이쪽이 노리고 있는 구입처에는 될 수 있는 한 은밀히 준비를 갖추어, 주산지에 대한 경쟁책에 상대방의 주의를 집중시켜 놓고, 구입 실무단은 제이의 목표지를 단숨에 공략하는 그런 전법인 것이다.

〈그 뜻하지 않은 바로 향하기〉 위해서는 먼저 누구나가 생각할 수 있는 그런 곳으로 향하지 않으면 안되는 것이다.

공격을 가하는 쪽만이 아니고 지키는 쪽, 즉 공격을 받는 쪽에도 이런 마음가짐이 필요하다.

5

> 故線攻者, 敵不知其所守, 善守者, 敵不知其所攻. 微乎微乎, 至於無形, 神乎神乎, 至於無聲. 故能爲敵之司命. 進而不可禦者, 衝其虛也, 退而不可追者, 速而不可及也.

【解義】 그러므로 잘 치는 사람은 적이 그 지킬 바를 알지 못하고, 잘 지키는 사람은 적이 그 칠 바를 알지 못한다. 미하고 미함이 모양이 없는 데 이르고, 신(神)하고 신함이 소리가 없는데 이른다. 그러므로 능히 적의 사명(司命)이 된다. 나아가 막을 수 없는 것은 그 허를 찌르기 때문이며, 물러나 쫓을 수 없게 되는 것은 빨라서 미칠 수 없기 때문이다.

【文義】 미(微)는 너무 미묘해서 전혀 파악할 수 없는 것을 말하고, 신(神)은 사람의 감각으로는 예측할 수 없는 기능을 말한다. 사명(司命)은 죽고 사는 것을 맡고 있다는 별 혹은 신의 이름으로, 여기

서는 그런 기능을 갖게 된다는 것이다.
　그러므로, 참으로 이상적인 공격 방법에 대해서는 상대가 어디를 어떻게 지켜야 좋을지를 알지 못하게 되고, 또 이상적인 수비를 하고 있으면 상대는 어디를 어떻게 쳐야 좋을지를 알지 못하게 된다.
　너무 미묘해서 그 정체를 파악할 수가 없고, 너무 신비해서 전혀 생각마저 미칠 수가 없다. 그러므로 상대방을 이쪽 생각대로 움직이게 할 수 있는 것이다.
　이쪽이 진격해 갔을 때 상대가 막을 수 없는 것은 그들의 허점을 찔렀기 때문이며, 이쪽이 퇴각했을 때 상대가 뒤쫓아오지 못하는 것은 이쪽의 행동이 너무도 기민한 때문이다.

【解說】 신책 귀모(神策鬼謀)니 신출 귀몰이니 하는 말이 옛부터 흔히 쓰여지고 있는 말이지만, 그것은 이같은 용병술(用兵術)을 가리켜서 하는 말이었다. 그러나 그것은 결코 요술이나 마술 같은 초자연적인 것은 아니다. 결국 허실의 기미를 알아 정도를 바탕으로 기도를 유감없이 발휘하고 있는 것에 불과한 것이다.
　상대방의 허를 찌르는 공격에 있어서나 물러가야 할 경우의 퇴각에 있어서나, 상대방의 생각 밖으로 나오는 행동은 모두 빠르고 기민하지 않으면 안된다. 상대에게 대응할 시간을 주게 되면 상대의 허가 허로 될 수 없게 된다. 태세를 바로잡을 여유가 생기기 때문이다. 그러므로 군사를 움직이는 속도도 적의 생각을 뛰어넘는 빠른 것이 아니면 안된다.

6

故我欲戰, 敵雖高疊深溝, 不得不與我戰者, 攻其所必救也. 我不欲戰, 雖畫地而守之, 敵不得與我戰者, 乖其所之也.

【解義】 그러므로 내가 싸우고자 하면, 적이 비록 흙을 높이 쌓고 도랑을 깊이 파고 있어도 나와 더불어 싸우지 않을 수 없는 것은, 그 반드시 구원할 바를 치기 때문이다. 내가 싸우고자 아니하면, 비록 땅을 그어놓고 지켜도 적이 나와 더불어 싸우지 못하는 것은, 그 가는 바에 어긋나기 때문이다.

【文義】 구원한다〔救〕는 것은 적에게 빼앗기지 않도록 지키는 것을 말하고 괴(乖)는 생각과 서로 어긋나는 것을 말한다.
 적이 아무리 진지의 벽을 높이 쌓고 밖의 도랑을 깊이 파 수비를 엄중히 굳히고 있다 하더라도, 이쪽에 기어코 싸움을 걸 생각이 있으면, 적으로 하여금 싫든 좋든 끌려들지 않을 수 없게 만드는 방법이 있다. 그것은 상대에게 있어서 가장 중요한 곳, 예를들면 물자를 보급해 주는 길목이라든가 적의 본거지라든가 무기고나 식량 창고 따위를 기습 공격하는 것이다.
 또 반대로 이쪽이 싸움을 시작해서는 불리하다고 생각되면, 비록 군은 진지를 구축하지 않고 단순히 땅바닥에 줄을 그어 표시만 해두고 있는 것 같은 간단한 방비로도, 충분히 상대가 공격으로 나오지 못하게 할 수 있는 것이다. 그것은 상대방의 목적과 크게 어긋나도록 하게 만들기 때문이다.
 목적과 어긋나는 것은, 진을 치고 있는 곳이 생각 밖의 곳이라든가 그 방비하는 방법이 섣불리 손을 내밀었다가는 큰 코를 다칠 것 같은 그런 태세로 되어 있다든가 하는 여러 가지 방법이 있겠으나, 아무튼 적이 상상할 수 없는, 적의 예상을 뒤엎은 방비를 취하는 것이다.

【解說】 앞에서 언급한 바도 있었지만, 제나라 손빈(孫臏)이 조나라를 구원할 때, 위나라 방연(龐涓)의 포위를 당하고 있는 조나라 수도로 향하지 않고, 엉뚱하게 위나라 수도를 공격해 들어갔던 것이다. 손빈은 방연을 끌어내어 그에 대한 원한을 갚는 것이 목적이

었다. 그러나 손빈은 멀리 조나라로 달려가 적과 싸우지 않고 적으로 하여금 멀리 쫓아와 싸우게 만들 생각이었다. 위나라는 총병력을 기울여 조나라 수도를 포위중에 있었던 만큼, 위나라 본국은 거의 비다시피 되어 있었다. 그 허점을 타서 적의 근거지를 기습해 온 만큼 밤낮을 가리지 못하고 허둥지둥 조나라에서 본국으로 달려와야만 했던 것이다.

이것이 바로 여기 말한「그 반드시 구원할 바를 쳐서」적이 나와 싸우지 않을 수 없게 만드는 것이다. 그 결과 방연은 손빈의 뒤를 쫓다가 손빈이 던진 낚싯밥에 끌려 참패를 당하고 말았던 것이다.

또 춘추 때 제환공(齊桓公)이 관중(管仲)의 권고를 뿌리치고 노나라를 쳤을 때 일이다.

노나라는 약한 나라였다. 제나라와 맞붙어 싸우면 지는 것은 뻔한 일이었다. 그러나 이때 숨은 선비였던 조궤를 등용함으로써 제나라 침략군이 일거에 참패를 당하고 돌아가게 했던 것이다.

국경에서 마주 대진하고 있을 때 제나라 군사가 먼저 공격을 해 왔다. 조궤는 군대에게 꼼짝 말고 제자리에 지키고 있도록 명령했다. 제나라 군사는 세 번이나 공격을 해 왔으나 노나라 군대가 꼼짝하지 않고 서 있는지라 접전을 못하고 물러갔다. 이것이 바로「적이 나와 더불어 싸울 수 없는 것은, 그 가는 바가 어긋나기 때문이다」라는 것이다.

으레 응전해 올 줄 알았는데, 진 앞 가까이까지 가도 전혀 움직이지를 않으니까 물러가고 말았던 것이다.

그러나 조궤는 세 번째 헛걸음을 하고 물러가는 적의 등을 보는 순간 진문을 활짝 열고 북을 크게 울려, 분을 못 참아하는 노나라 군사를 바람처럼 휘몰아, 마음 탁 놓고 싱겁게 질서없이 되돌아가는 적을 일제히 습격했던 것이다.

세 번이나 도전을 받아 모욕감에 불타고 있던 노나라 군사는, 이쪽을 겁쟁이로만 알고 무방비 상태의 태세로 되돌아가는 적의 뒷덜미를 내리칠 수 있었다.

군사는 수가 문제가 아니고 사기와 정신 상태가 중요한 것이며, 사기와 정신 상태는 허실과 깊은 관계를 갖고 있는 것이다.

7

> 故形人而我無形, 則我專而敵分. 我專爲一, 敵分爲十, 是以十攻其一也. 則我衆而敵寡, 能以衆擊寡者, 則吾之所與戰者約矣.

【解義】 그러므로 상대는 형상짓게 하고 나는 형태가 없으면, 곧 나는 오로지하고 적은 나뉘진다. 나는 오로지하여 하나가 되고 적은 나뉘어 열이 되면, 이것은 열로써 하나를 치는 것이다. 곧 나는 많고 적은 적은 것이니, 능히 많은 것을 가지고 적은 것을 치면 곧 내가 더불어 싸우는 것은 약(約-弱)하다.

【文義】 상대에게는 될 수 있는 한 뚜렷한 진행을 취하도록 만들고, 이쪽은 될 수 있는 대로 실태를 파악할 수 없는 대형으로 포진을 한다. 그러면 이쪽은 내가 계획하고 있는 대로 모든 작전 능력을 한 가지 목표를 향해 집중시킬 수가 있고, 상대방은 아무래도 힘이 나뉘게 된다.

이것은 말을 바꾸어 말하면, 이쪽 힘은 있는 대로 뭉쳐져 하나가 되고 상대방 힘은 흩어져 열로 나뉘져 있게 되므로 한 덩어리의 힘이 10분의 1로 줄어들게 되는 것이다. 결국 10이라는 힘과 그것의 10분의 1인 힘과의 대결이 되고 마는 것이다.

이렇게 열이란 많은 힘으로 하나라는 적은 힘을 치게 되므로, 비록 같은 수의 군대라 하더라도 모양이 드러나 있는 상대방은 약해지기 마련이다.

【解說】 양쪽이 대립해 있을 때, 그 실태가 노출되어 있는 쪽과 그 실태를 외부에서 전혀 파악할 수 없게 되어 있는 쪽을 비교하면, 노출되어 있는 쪽이 불리하리라는 것은 상식적인 이야기다. 그런만큼 서로 자신을 감추고 상대방을 노출시키려고 할 것은 뻔한 일이다. 문제는 어떻게 상대방으로 하여금 노출시키지 않을 수 없게 만들고, 이쪽은 상대에게 노출되지 않도록 하느냐 하는 데 있는 것이다. 어느 정도 노출시키고 어느 정도 은폐하느냐에 따라 그 힘의 차는 여러 가지로 달라지겠지만, 가령 완전히 노출된 쪽과 완전히 은폐된 쪽을 비교해 말하면 노출된 쪽은 열이란 수가 각각 분산되어 하나로 된 거나 다름이 없고, 완전히 은폐된 쪽은 열이란 수가 하나로 뭉쳐 열이란 힘을 완전히 발휘하게 되므로 결국 똑같은 힘이 10대 1이란 힘으로 변하게 되는 것이다.

　이것을 근대 기업에 비추어 말하면, 그 생산고와 판매고 같은 것을 완전히 숨기기는 어려운 일이지만, 활동하고 있는 부분의 당연한 숫자만은 정확한 추정을 하지 못하도록 하는 것이 중요한 일일 것이다. 적어도 그 핵심부의 동향 정도는 외부에서 파악할 수 없는 상태로 해 두지 않으면 안된다.

　이쪽의 기밀 유지와 함께 상대 쪽의 기밀을 탐지하는 것이 동시에 중요한 것으로, 피아의 균형이란 것은 실지 숫자면만으로는 불충분하다. 이러한 방법에 의한 실질적인 능력의 격차가 없이는 경쟁에서 이길 수 없다는 것이다.

　대외적으로는 어디까지나 허실을 반반으로 한 전법을 쓰지 않으면 안되는 것이다. 그 구체적인 방법과 그 효과에 대해서 손자는 다시 강론한다.

8

吾所與戰之地不可知. 不可知, 則敵所備者多. 敵

> 所備者多, 則吾所與戰者寡矣.

【解義】 내가 더불어 싸우려는 바의 땅을 알 수 없게 한다. 알 수 없으면 적이 방비하는 바는 많아진다. 적이 방비하는 바가 많으면 내가 더불어 싸우는 바는 적다.

【文義】 내가 적과 만나 싸우게 될 결전지를 섣불리 상대방이 알게 해서는 안된다. 이것만 상대에게 알리지 않으면, 적은 아무래도 필요하지 않은 병력을 여기저기 배치시켜 만일에 대비하지 않으면 안된다. 그렇게 되면 이쪽의 주력이 부딪치게 될 상대방의 병력이 대부분 다른 곳에 나뉘어져 있게 되므로, 적은 수의 적과 싸우게 되고 적은 희생으로 끝나게 되어 승리가 보다 확실하게 되는 것이다.

【解說】 전황의 추이, 적의 공격을 위한 군대 배치와 그 행진 방향 같은 것을 엄밀히 관찰하면, 대강 이 근처가 결전장이 되리라는 지리적인 예측이 서게 된다.

그러나 이 점이 바로 중요한 점이다. 이것만은 될 수 있는 한 예상이 가지 않는, 상대를 판단에 망설이게 만드는 전혀 정체를 파악할 수 없는 전황으로 만들지 않으면 안되는 것이다. 상대방의 힘을 분산시키는 것이 그대로 힘을 작게 만드는 것이 된다는 추리는 극히 초등 수학적인 것이지만, 사업 경영 같은 데에도 여러 모로 응용되고 있는 전술이다.

특히 세력이 비등한 상대와 맞서게 되었을 때는 상당히 효과적인 전법이 될 것으로 생각된다. 막상 결전이 임박했을 때 허둥지둥 속임수를 쓰려 해도, 그런 얄팍한 꾀는 금방 눈치를 채게 되므로 별 소용이 없다. 사전에 그만한 준비가 되어 있지 않으면 안된다.

9

故備前則後寡, 備後則前寡, 備左則右寡. 備右則左寡, 無所不備則無所不寡. 寡者備人者也, 衆者使人備己者也.

【解義】 그러므로 앞을 갖추면 뒤가 적고, 뒤를 갖추면 앞이 적고, 왼쪽을 갖추면 오른쪽이 적고, 오른쪽을 갖추면 왼쪽이 적고, 갖추지 않는 곳이 없으면 적지 않은 곳이 없다. 적은 곳은 남을 대비하는 쪽이요, 많은 것은 남으로 하여금 나를 대비하게 하는 쪽이다.

【文義】 분산될수록 지키는 군사는 수가 적어지므로, 그것을 피하기 위해 중점적으로 앞을 수비하면 뒤쪽이 허술해지고, 뒤쪽을 중점적으로 수비하면 앞쪽이 허술하게 된다. 마찬가지로 왼쪽을 중점적으로 수비하면 오른쪽이, 오른쪽을 중점적으로 수비하면 왼쪽이 허술하게 된다. 그렇다고 해서 사방을 두루 다 같이 방비하게 되면 사방이 다 같이 허술해지고 만다.

 군사 수가 적은 것은, 이쪽에서 상대방을 수비하기 위해 병력을 분산시킨 쪽이 되고, 군사 수가 많은 것은 적으로 하여금 이쪽을 방비하기 위해 힘을 분산시키도록 하는 편이다.

【解說】「준비가 있으면 걱정은 없다〔有備無患〕」(《書經》『說命篇』에 있는 말)고 하지만, 이 경우는 어느 의미에선 준비가 걱정이 되는 셈이다. 꼭 필요한 준비를 하는 것이 아니고, 무턱대고 생각나는 대로 이것저것을 다 준비한다는 것은, 극단으로 말해서 아무 준비도 없는 거나 마찬가지인 것이다. 상대로 인해 대비를 하지 않으면

안되는 쪽과 상대를 대비하도록 만드는 쪽과의 힘의 우열이 비교가 될 정도로 격차가 생기게 되고, 그것이 그대로 전력의 크고 작은 것으로 연결이 된다면 그것은 여간 큰 일이 아닌 것이다.

앞에 『모공 제삼(謀攻第三)』에서 인용한 「열이면 곧 에워싸고, 다섯이면 곧 치고, 배가 되면 곧 나눈다」고 한, 싸움은 곧 물량 작전에 지나지 않는다는 것과 같은 인상이 사실은 그렇지 않다는 것을 해명하고 있는 셈이다. 작전 여하에 따라서 병력은 다섯 배로도 열 배로도 쓸 수 있다. 그렇게 되면 열이면 포위한다는 것이 반드시 전체 병력의 차를 말하는 것이 아니고, 다섯으로도 포위를 할 수 있고, 서로 맞먹어도 포위할 수 있다는 것이 된다.

10

故知戰之地, 知戰之日, 則可千里而會戰. 不知戰地, 不知戰日, 則左不能救石, 石不能救左, 前不能救後, 後不能救前, 而況遠者數十里, 近者數里乎. 以吾度之, 越人之兵雖多, 亦奚益於勝敗哉.

【解義】 그러므로 싸우는 곳을 알고 싸우는 날을 알면, 곧 천 리라도 만나 싸울 수 있다. 싸우는 곳을 알지 못하고 싸우는 날을 알지 못하면, 곧 왼쪽이 능히 오른쪽을 구하지 못하고 앞이 능히 뒤를 구하지 못하고 뒤가 능히 앞을 구하지 못한다. 그런데 하물며 먼 것은 수십 리, 가까운 것도 몇 리이겠는가? 나로서 헤아릴 때, 월나라 사람의 군사가 비록 많지만 또한 어떻게 승패에 도움이 되겠는가.

【文義】 그러므로 만일 적과 싸우게 될 장소와 서로 부딪치게 될 날을 미리 알고 있으면, 싸울 장소가 천 리나 먼 곳에 있다 하더라도

충분히 이쪽 생각대로 적과 만나 싸울 수가 있는 것이다.

　이와는 반대로, 어디서 싸우게 될지 그 장소를 알지 못하고 언제 싸우게 될지 그 날짜도 알 수가 없다면, 왼쪽에 있는 부대가 오른쪽에 있는 부대를 구원할 수가 없고, 오른쪽에 있는 부대가 왼쪽에 있는 부대를 구원할 수가 없으며, 앞에 있는 부대가 뒤에 있는 부대를 구원할 수가 없고, 뒤에 있는 부대가 앞쪽에 있는 부대를 구원할 수가 없게 된다. 그런데 더구나 수십 리 멀리 떨어진 부대나 가까워도 몇 리씩 떨어져 있는 부대를 어떻게 구원하러 달려갈 수가 있겠는가.

　내〔孫子〕생각 같아서는, 적인 월(越)나라 군사가 아무리 많다 해도, 그 수효 많은 것이 싸움의 승패에는 아무 도움도 주지 못하는 헛숫자로 밖에 보이지 않는다.

【解說】 앞에 말한 전황 판단에 의해 결전장을 미리 알 수 있느냐 없느냐, 또 그것이 어느 시기쯤 될 것인지 알 수 있느냐 없느냐 하는 능력에 따라, 전력에 형용할 수 없는 아주 큰 격차가 생긴다는 것을 설명한 것이다.

　마지막으로 손자가 숙적인 월나라에 대해 큰소리를 치고 있는 것은, 월나라를 그만큼 얕잡아보고 하는 이야기겠지만 역시 정치적인 의도에서 나온 말일 것이다.

11

故曰, 勝可爲也, 敵雖衆, 可使無鬪. 故策之而知得失之計, 作之而知動靜之理, 形之而知死生之地, 角之而知有餘不足之處.

【解義】 그러므로 말한다. 이김은 만들 수 있으니, 적이 비록 많다 해도 싸울 수 없게 할 수 있다. 그러므로 헤아려 득실의 계산을 알고, 일으켜 동정의 무늬를 알고, 모양하여 죽고 사는 땅을 알고, 부딪쳐 남고 부족한 곳을 안다.

【文義】 작(作)은 이쪽에서 자극을 주어 일으키는 것을 말하고, 이(理)는 나뭇결〔木理〕이라고 할 때의 이(理)와 같은 뜻으로 물결 무늬와 같이 변화 있는 모양을 말한다. 형(形)은 적으로 그 형태를 나타내게 하는 것을 말하고 각(角)은 부딪치는 것을 말한다.

그러므로 승리라는 것은 이쪽에서 하기에 달려 있는 것으로, 적의 군사 수가 많다는 것만으로는 문제가 되지 않는다. 아무리 상대가 많더라도 그 대부분을 실제 전투에 참가하지 못하도록 만들 수 있는 것이다.

그것은 상대 쪽을 충분히 관찰해서, 이런 상태에 있으면 이렇게 하고 저런 상태에 있으면 저렇게 한다는 것을 충분히 계산에 넣고 약간 건드려 봄으로써 어떻게 움직이게 되어 있는지 그 방향과 경향을 더듬어 알 수가 있기 때문이다.

다음으로 적을 움직이게 하여 그 윤곽을 파악함으로써 어느 곳이 유리한 곳이고 불리한 곳인지를 알 수 있고, 작은 병력으로 적에게 부딪쳐 봄으로써 적의 병력이 어느 쪽에 여유가 있고 어느 쪽이 부족하다는 것을 알 수 있기 때문이다.

【解說】 예민한 관찰력과 그것의 활용 여하에 따라서, 작은 병력도 크게 쓸 수 있다는 것을 네 가지 예를 들어 설명하고 있는 것이다. 관찰을 위해서는 양쪽 군대를 접촉시켜 보는 것도 필요하다는 것을 말하고 있다.

조용히 멀리서 바라보고 있는 것만으로는 알 수 없으므로, 그러한 때에는 상대를 조금만 자극시켜 그 반응을 보아서 실태를 파악하면 되는 것이다. 물론 이것을 실행하는 데 있어서는 만전의 주의가 필요한 것으로, 저쪽을 탐지하려다가 거꾸로 저쪽에서 이쪽의 실태를 파악하게 만드는 결과를 가져오게 해서는, 그야말로 혹을 떼려다가 붙이는 격이 되고 만다.

실마리를 얻게 되면 다음은 계산이다. 모든 면으로 검토를 해 보고, 소용없는 곳에는 군사를 쓰지 말고 여기다 하고 생각되는 급소, 그것도 가장 허술한 위치를 노려 맹공격을 가하는 것이다.

12

> 形兵之極, 至於無形, 無形則深間不能窺, 智者不能謀. 因形而錯勝於衆. 衆不能知. 人皆知我所以勝之形, 而莫知吾所以制勝之形. 故其戰勝不復, 而應形於無窮.

【解義】 군사를 모양짓는 것의 극치는 모양 없는 데에 이르는 것이다. 모양이 없으면 심간(深間)도 능히 엿보지 못하고 지자도 능히 꾀하지 못한다. 모양으로 인해 이김을 무리에 두면 무리가 능히 알지 못한다. 사람이 다 내가 가지고 이긴 바 모양은 알지만 내가 가지고 이김을 만든 모양은 알 사람이 없다. 그러므로 그 전승은 거듭하지 않고, 그러고도 모양은 그 무궁함에 응한다.

【文義】 형병(形兵)은 군대가 싸움터에서 여러 가지 모양을 취하는 것. 심간(深間)은 깊숙이 들어와 있는 간첩. 인형(因形)의 형(形)은 적의 모양을 말한다. 조(錯)는 조(措)와 같은 글자로 둔다는 뜻. 중(衆)은 우리 편의 많은 장병을 뜻한다. 제승지형(制勝之形)은 싸우기 전에 이미 이기게 되어 있는 우리 편의 모양, 즉 무형(無形)을 말한다. 불부(不復)는 여기서는 똑같은 모양을 두 번 다시 거듭하지 않는다는 뜻이다.

전투를 할 경우 군대가 그 모양을 그대로 나타나게 되므로, 완전히 그 모양을 없애 버리기까지의 사이에 여러 가지 모양을 취하게 되는데, 군이 취할 최고의 모양은 그 모양을 없애는 것이다.
　군이 그 모양을 없애 버리면 내부 깊숙이 들어와 있는 간첩도, 군의 작전계획 같은 것을 탐지할 수 없고, 아무리 적에게 지혜로운 사람이 있어도 어떻게 무슨 대책을 세울 수가 없게 된다.
　적이 나타내고 있는 모양에 의해, 우리 쪽의 많은 군사들이 보고 있는 대로의 승리를 하게 된다. 그러나 많은 군사들은 어떻게 해서 그렇게 이기는지 그것만은 알지 못한다. 즉 사람들은 우리 군사가 이기게 되었을 때의 적의 모양은 알고 있지만, 우리 군사가 싸우기 전에 이미 이기게 되어 있는 모양 즉 모양이 없는 것을 알지 못한다.
　그렇기 때문에 적과 싸워 이기는 데에 두 번 다시 똑같은 모양을 취하는 일은 없다. 그러나 적의 정세와 상황에 따라 이길 수 있는 모양이 한없이 생겨나는 것이다.

【解說】　모양이 없는 모양이라는 것은 일정한 법칙이 없는 모양, 때에 따라 수시로 절로 변하는 모양을 뜻한다. 마치 구름이나 물처럼 바람이 부는 대로, 생긴 그대로 아무 거리낌없이 날아가고 흘러가는 것을 말한다.
　바둑을 가르치는 정석(定石)이니 묘수(妙手)니 하는 것이 있지만, 오늘날까지 수없이 많은 명국(名局)의 승리도 정석의 원리를 바탕으로 하고 있지만, 한 번도 똑같은 모양의 바둑은 없었던 것이다. 결국 승리는 정석에 있는 것이 아니고 상대방의 모양에 따라 수시로 응할 수 있는 정석 없는 정석에 의한 것이다.
　감고 질서(甘苦疾徐)란 말이 있다. 감고(甘苦)란 달고 쓴 것, 질서란 빠르고 더딘 것인데, 이 말을 합했을 때는, 간대중 손대중과 같이 말로도 표현할 수 없고 손으로도 가르쳐 줄 수 없는 진리와 같은 것을 말한다.

제환공(齊桓公)이 대청에서 글을 읽고 있는데, 뜰 아래서 수레바퀴를 만들고 있던 노인이 와서 말을 걸었다.
「임금께서 읽으시는 글은 무슨 글입니까?」
「성인의 글이다.」
「그 성인이 살아 계십니까?」
「이미 죽고 없느니라.」
「그럼 임금께서 읽으시는 것은 한낱 옛 사람이 먹고 난 지게미에 지나지 않는군요.」
환공은 정색을 하고 꾸짖었다.
「과인이 글을 읽는데 네가 무엇을 안다고 여러 소리냐? 그만한 까닭이 있으면 죄를 용서하려니와 그렇지 못하면 용서받지 못하리라.」
그러자 노인은 이렇게 대답했다.
「소인은 수레바퀴 만드는 것으로 지금까지 먹고 살아오고 있습니다. 수레바퀴는 바퀴통과 바퀴테와 바퀴살과 구멍이 잘 맞아야만 튼튼하고 원활하게 수레를 굴릴 수 있습니다. 이것을 깎고 구멍을 뚫고 하는 것은 누구나 할 수 있습니다. 그러나 그것을 맞추었을 때 너무 크지도 않고 작지도 않게 하는 것은 아무나 하지 못합니다. 즉 감고 질서란 이를 말로나 손으로 가르칠 수 없는 것입니다. 그것은 어떤 원칙이 있는 것이 아니고 스스로 익혀 얻어지는 것입니다. 조금만 차면 잘 들어가지 않아 한쪽이 터지거나 벌어지거나 하고, 그것이 너무 수월하게 들어가면 헐거워 흔들리거나 벗어지거나 하고 맙니다. 크지도 작지도 않고 꼭 맞게라는 감고 질서는 이를 누구에게도 가르쳐 줄 수가 없습니다. 그래서 소인은 자식에게 이것을 아무리 가르치려 해도 자식이 능히 배워 하지를 못합니다. 그래서 자식이 있는데도 늙도록 이 일을 하며 살아가고 있습니다. 임금께서 읽으시는 글을 쓴 성인이 살아 계서도 그 진리를 전할 수 없거늘 하물며 죽고 없다니 그 글은 참맛을 잃은 한낱 지게미나 깻묵에 지나지 않는 것이 아니겠습니까?」

환공은 이 말에 옳다고 칭찬을 하고 죄를 묻지 않았다는 것인데, 모양 없는 모양이란 바로 이런 것을 말하는 것이리라.

13

> 夫兵形象水. 水之形, 避高而趨下, 兵之形, 避實而擊虛. 水因地而制流, 兵因敵而利勝, 故兵無常勢, 水無常形. 能因敵變化而取勝者, 謂之神. 故五行無常勝, 四時無常位, 日有短長, 月有死生.

【解義】 대저 군사의 모양은 물을 닮는다. 물의 모양은 높은 것을 피해 아래로 향하고, 군사의 모양은 실을 피해 허를 친다. 물은 땅으로 인해 흐름을 만들고, 군사는 적으로 인해 이김을 만든다. 그러므로 군사는 떳떳한 세가 없고, 물은 떳떳한 모양이 없다. 능히 적으로 인해 변화하여 이김을 얻는 것을 신이라 말한다. 그러므로 오행은 항상 이기는 것이 없고, 사시는 떳떳한 자리가 없으며, 해는 짧고 긴 것이 있고, 달은 죽고 사는 것이 있다.

【文義】 상(象)은 같다. 닮아 있다는 뜻. 추(趨)는 그리로 향해 가는 것. 오행(五行)은 앞에 나온 나무·불·흙·쇠·물의 다섯 가지 요소를 말한다. 최초에 일상 생활에 필요한 요소로 생각되어 온 것이, 뒤에는 그것을 신비화시켜 그 기능을 가지고 자연 현상과 사회 현상을 설명하기에 이르렀다. 오행은 서로 낳고 서로 이긴다는 상생 상극설(相生相克說)은 전국 시대 추연(趨衍)이 주장한 것이라 한다. 사시(四時)는 네 철을 말하고, 해가 짧고 긴 것이 있다는 것은 하루의 낮 길이가 길고 짧은 것이 있는 것, 달이 죽고 사는 것이 있다는 것은 둥글었다 이지러졌다 하는 것을 말한다.

군대가 갖는 모양이란 것은, 물에 일정한 모양이 없는 것과 닮아 있다. 물은 온갖 모양을 취하며, 높은 곳을 피해 낮은 곳으로 향해 간다. 그것과 마찬가지로 군대도 온갖 모양을 취하며 적의 병력이 충실한 곳을 피해 적의 병력이 충실해 있지 않은 곳, 즉 적의 빈틈을 공격한다. 물은 지형이 높고 낮은 것을 따라 그 흐름을 결정한다. 군대는 적의 허하고 실한 것을 따라 이기는 방법을 결정한다.

따라서 군대는 일정한 태세를 갖는 일이 없이 그 태세를 갖가지로 변화시킨다. 물은 일정한 모양을 취하는 일이 없이, 지형에 따라 그 모양을 갖가지로 변화시킨다. 적의 현실에 따라 갖가지로 변화하여 적을 이기게 되는 것을 가리켜 신(神―神妙한 機能)이라고 말한다.

그렇기 때문에 우주간의 오행, 즉 물과 불과 쇠와 나무와 흙에 있어서도 물은 불을 이기고, 불은 쇠를 이기고, 쇠는 나무를 이기고, 나무는 흙을 이기고, 흙은 물을 이기고, 물은 또 불을 이겨, 항상 변화해 가고, 또 봄·여름·가을·겨울 네 철에 있어서도 봄에서 여름으로, 여름에서 가을로, 가을에서 겨울로, 겨울에서 다시 봄으로 이렇게 항상 변화해 가며, 철에 따라 해도 길어졌다 짧아졌다 하고 달도 둥글어지면 차츰 이지러져 없어지며 다시 생겨나 보름이 되어 그 모양이 늘 변화하고 있다.

【解說】 전투에 있어서의 군대의 배치를 물에 비유하고, 가위 바위 보와 같은 예를 들어 네 철과 낮의 길이와 달의 둥근 것을 비유하고 있다. 어느것이나 앞에 말한 것을 되풀이하여 예를 다른 현상에 빌어 다시 다짐하듯 설명하고 있는데, 여기서 유의해 둘 점은, 자연 현상과 마찬가지로 당연히 가야 할 곳으로 가고, 향해야 할 곳으로 향해야 한다는 것을 강조하고 있는 점이다.

이것을 무시하고 무리로 밀고 나가서는 안 된다. 아무리 명령에 움직이는 군대라 하더라도 역시 살아 있는 생명과 감정을 가진 인간으로서 자연의 법칙, 사회의 법칙, 생활의 욕구 등을 충분히 존중하지 않으면 안되며, 각 개인의 판단과 행동을 자연스럽게 목적한 방향으로 움직여 가는 것이 중요하다는 것을 말하고 있다고 보아야 할 것이다.

軍爭 第七

1

> 孫子曰, 凡用兵之法, 將受命於君, 合軍聚衆, 交和而舍, 莫難於軍爭.

【解義】 손자는 말한다. 무릇 군사를 쓰는 것은, 장수가 임금에게서 명을 받아 군대를 합치고 무리를 모아 화(和)를 마주하여 머무는 것인데 군쟁보다 어려운 것은 없다.

【文義】 합군(合軍)은 나라의 상비군을 집합시키는 것, 취중(聚衆)은 일반 국민을 집합하는 것을 말한다. 교화(交和)의 화(和)는 군영(軍營)의 문(門)을 말하는 것으로 화를 마주한다는 것은 서로 대진하고 있는 것을 말한다. 사(舍)는 막사를 치고 머무르는 것. 군쟁(軍爭)은 이 편이 다루는 내용으로 미루어 어떤 의미로 쓰고 있는지 무엇을 논하려 하고 있는지 분명치 않다. 그러나 일단 군대와 군대끼리의 싸움이라고 풀이해 둔다.

손자는 다음과 같이 말한다.

무릇 전쟁을 할 때의 법으로서, 장군은 임금의 명령을 받아 상비군을 집합시키고 군민을 동원하여, 적군과 대진하여 막사를 치고 머무르게 되는데 이 적군과의 싸움처럼 어려운 것은 없다.

【解說】 군쟁이란 말 뜻의 해석에는 여러 가지 설이 행해지고 있는

데, 같은 진영 안에서 말하자면 서로 공명을 다투는 거라든가, 선봉다툼을 한다든가, 전리품의 쟁탈전 같은 모든 경쟁에 해당할 것이며, 적에 대해서는 장수와 장수끼리의 작전 경쟁, 탐색 경쟁 등 승리를 위한 모든 경쟁과 그 밖의 모든 경쟁이 여기에 해당할 것이다.

『시계편』에서 시작해서 작전·모공·군형·병세·허실 등 기본적인 것에서 차츰 각론하고 들어오게 되었는데, 마침내 백병전(白兵戰)의 전투 단계에 들어온 것이다. 그런만큼 지금까지 말해 온 병법 속에서, 다시 등장해 오는 말이 많이 나타나게 된다.

이 조항은 『군쟁편』의 첫머리 말인 만큼 특히 해설을 더할 필요는 없다고 생각되나, 손자 자신이 말했듯이 이 군쟁처럼 어려운 것은 없으므로 손자의 방법 중 정말 전투에 참획(參劃)하는 병술가에 있어서는 가장 중요한 부분으로 취급되는 모양이지만 이것이 전쟁 이외의 부분에 얼마나 활용될 수 있는지는 읽는 사람의 마음에 달려 있다고 보아야 할 것이다.

2

軍爭之難者, 以迂爲直, 以患爲利. 故迂其塗而誘之以利, 後人發, 先人至, 此知迂直之計者也.

【解義】 국쟁의 어려움은 우(迂)로써 직(直)을 삼고, 환(患)으로써 이를 삼는 것이다. 그러므로 그 길을 돌아 꾀기를 이로써 하고, 남보다 뒤에 떠나 남보다 먼저 이르는 것을 두고 우직의 계를 아는 것이라 말한다.

【文義】 우(迂)는 멀리 돌아가는 것, 직(直)은 똑바로 질러가는 것. 환(患)은 재난, 도(塗)는 도(途)와 같은 글자로 길을 말하고, 남

〔人〕은 적을 말한다. 우직지계(迂直之計)란 먼 길을 결국은 가까운 길로 만드는 계략을 뜻한다.

군과 군과의 싸움이 어려운 것은, 돌아가는 먼 길을 택하여 결국은 그것을 가까운 길로 만들고, 내게 밀어닥친 재난을 결과적으로 내게 유리한 것으로 만들기 때문이다.

그렇기 때문에 둘러가는 먼 길을 택하면서 이익으로 적을 유인하여 적을 더디게 만들고, 적보다 뒤늦게 출발하여 적보다 먼저 도착하는 것이다. 이것이 도는 길을 가까운 길로 만드는 계략을 알고 있는 사람이 하는 방법이다.

그런데 일부러 먼 길을 도는 데는 거기에 그만한 목적이 있기 때문이다. 상대방에게 이쪽의 출발과 행진을 알리지 않는 것, 그 진행 속도도 알리지 않고, 그 가는 방향도 알리지 않는 것 같은 목적이 있기 때문이다.

상대방의 눈을 가려 버리면, 상대의 계획은 반드시 뒤틀어지고 만다. 상대방에게 이쪽을 노출시킨 빠른 행동보다는, 이쪽을 은익시킨 더딘 행동이 결과적으로 빠른 효과를 가져오는 것이다. 적을 이로써 유인한다는 것은, 적으로 하여금 이쪽의 우회 전술을 자기 쪽에 유리한 것으로 판단하게끔 만드는 것을 말한다.

【解說】 세상에는 역리(逆理)라는 것이 있다. 남에게 주는 것이 주는 이상의 이익을 내게 가져다 주기도 하고, 가만히 있는 사람이 부지런히 움직이는 사람보다 보다 많은 일을 하는 경우도 있다. 「이익을 적게 남기는 장사는 열 배를 얻고, 이익을 많이 남기는 장사는 배밖에 못 남긴다」는 말도 있다. 이것은 박리 다매의 원칙을 말한 것도 되고, 장사는 신용이 첫째라는 말도 될 것이다. 당장 벼락 부자가 될 생각으로 손님에게 바가지를 씌우는 장사꾼은 10년을 가도 밤낮 그 짓밖에는 못한다. 언제나 일정한 이윤으로 손님을 대하는 장사꾼은 오래지 않아 점원을 늘이고 가게를 확장하게 되는 것이다. 이것도 돌아가는 길이 빠른 길이란 진리와 통하는 것이다.

이익으로 사람을 꾄다는 것도 결국은 장사꾼의 원칙과 통하는 것이다. 속담에 「아주머니 떡도 싸야 사 먹는다」는 말은, 사람은 정분이나 의리보다는 이해 타산에서 움직이게 된다는 말이다. 좋은 물건을 값싸게 판다는 것은 결국 이익으로 사람을 유인해서 내 이익을 얻자는 것이다. 그것이 효력을 발생시키기까지는 시일이 걸린다. 그러나 그 길은 돌아가는 먼 길이지만 목적을 달성하는 먼 눈으로 볼 때는 그것이 바른 길이 되는 것이다. 이렇게 도는 길이 질러가는 길이 된다는 것을 아는 사람은, 남보다 이익을 얻는 면에서는 뒤쳐지지만, 돈을 많이 벌게 되는 결과에 이르는 시간은 빠른 것이다.

한신(韓信)이 한중(韓中)에서 삼진(三秦)으로 진격해 나올 때 쓴 법이 전형적인 우회 작전이었다. 가까운 잔도(棧道)를 만드는 공사를 크게 벌여 질러가는 길로 적을 칠 기세를 보이자, 적은 그 잔도가 완성되기를 기다려 작전을 세울 계획으로 매일같이 그 진척 상황만을 보고받으며 태평으로 나날을 보냈다. 그러나 한신의 우회군은 그 잔도가 10분의 1도 되기 전에 벌써 목적지로 밀어닥쳤던 것이다. 유지이리 (誘之以利)란, 잔도를 만들어 보임으로써 적을 우선은 안심하게 만든 것이 될 것이다.

3

故軍爭爲利, 軍爭爲危. 故擧軍而爭利則不及, 委軍而爭利則輜重損.

【解義】 그러므로 군쟁의 이가 되는 것은 군쟁의 위태로운 것이 된다. 그러므로 군을 들어 이를 다투면 곧 미치지 못하고, 군을 버려 두고 이를 다투면 곧 치중을 버리게 된다.

【文義】 미치지 못한다는 것은 목적한 이익을 얻기에 이르지 못하는 것을 말한다. 군을 버려 둔다는 것은 뒤쳐진 군사를 버리는 것을 말한다. 치중(輜重)은 식량·기구·의복 등을 실은 짐차를 말한다.

그렇기 때문에 모든 경우에 군쟁이란 것은 이를 놓고 다투는 것인 만큼, 그만큼 위험이 따르기 마련이다. 목전의 이익에 덮어놓고 끌리게 되면, 그것은 자칫 위험과 직결되는 결과를 가져오게 되는 것이다.

싸움이란 결국 이해를 놓고 다투는 것이다. 그러나 그 이해는 대국적이고 전체적인 것이 아니면 안된다. 소국적인 이익, 눈앞의 이익만을 알고 그것이 대국적인 승리나 이익에 어떤 영향이 미치게 되는지를 알지 못하면 이익은 이익이 되지 못한다.

전체 군대와의 연락과 병참 기지와의 관계 등을 무시하고 적을 추격하게 되면 목적을 달성하기에앞서 공공연한 탄약과 장비와 식량만을 소모시키는 결과를 가져오게 되는 것이다.

【解說】 속담에 「이 남는 곳이 죽는 곳이다」라는 말이 있다. 개인과 사회의 모든 불행과 비명에 죽는 일들이, 거의 이익을 얻기 위한 지나친 욕심이나 동기로 인하지 않은 것이 별로 없다.

더구나 승부와 흥망을 놓고 겨루는 전쟁이란, 목적하는 이해 관계가 큰 만큼 위험도 큰 것이다. 싸움에 말려들고 이익에 끌려드는 것은 인간의 공통된 감정이요 약점이다. 자칫 잘못하면 작은 싸움에 이기려다가 큰 싸움에 지게 되고, 작은 이익을 얻으려 하다가 큰 이득을 놓치는 경우가 많다.

누군가가 높은 곳에 서서 전국면에 걸친 이해와 대세를 살피지 않으면, 생각지 않은 파탄을 낳게 된다. 한 작은 승리, 작은 이익이 원인이 되어 싸움에는 이기고 전쟁에는 지는 결과를 낳게도 된다.

깊이 들어가면 병참 보급선이 길어진다. 이것만도 불리한 것이다. 만일에 적이 이 약점을 노린다면 보급에 위협을 받게 된다. 보급을 잃은 군대는 감옥에 갇힌 거나 별로 다를 것이 없다.

4

是故, 卷甲而趨, 日夜不處, 倍道兼行, 百里而爭利, 則擒三將軍, 勁者先, 罷者後, 其法十一而至. 五十里而爭利, 則蹶上將軍, 其法半至. 三十里而爭利, 則三分之二至. 是故, 軍無輜重則亡, 無糧食則亡, 無委積則亡.

【解義】 이런 까닭에 갑옷을 말아 달려, 낮밤을 쉬지 않고, 길을 곱하고 가는 것을 겸하여 백 리로써 이를 다투면, 곧 세 장군은 사로잡히고 강한 자는 먼저하고, 지친 자는 뒤하여, 그 법이 열에 하나로써 이른다. 오십리로 이를 다투면, 곧 상장군을 넘어뜨리고, 그 법이 반에 이른다. 삼십리로 이를 다투면 곧 3분의 2가 이른다. 이런 까닭에 군에 치중이 없으면 곧 망하고, 양식이 없으면 곧 망하고, 위적(委積)이 없으면 곧 망한다.

【文義】 갑옷을 만다 [卷甲]는 것은, 빨리 달려가기 위해 갑옷을 벗어 수레에 실은 것을 말한다. 처(處)는 여기서는 쉰다는 뜻이다. 길을 곱하고 가는 것을 겸한다 [倍道兼行]는 것은 하루 삼십리씩 가는 것이 원칙인 길을 육십리씩으로 배로 늘이고, 하루 삼십리씩 가던 것을 두 몫으로 하여 육십리씩 간다는 뜻이다. 결국 배도나 겸행이나 똑같은 말이다. 세 장군은 상·중·하 3군의 대장을 말하고, 상장군은 상군의 대장을 말한다.

법(法)은 강행군을 행진시키는 데 있어서의 법칙을 말한다. 궐(蹶)은 넘어지게 한다는 뜻이니, 싸움에 패해 죽거나 도망치거나 사로잡히게 된다는 것을 말한다. 위적(委積)은 식량 같은 것을 축적해 둔 것을 말한다. 위(委)도 적(積)과 같은 뜻이다. 《주례(周禮)》에 작은 것을 〈위〉라 하고 많은 것을 〈적〉이라 한다고 했다.

 이렇기 때문에 무거운 갑옷과 투구를 벗어 버리고 가벼운 차림으로 밤낮을 계속 행군하여 잠시도 쉬지 못하고, 하루에 이틀 길을 가는 강행군으로 백 리나 떨어진 곳으로 달려가 승부를 결정지으려 하면, 거기에 무리가 겹쳐 전군의 대장이 모조리 적의 포로가 되는 참패를 당하게 된다.

 이러한 무리한 강행군을 하게 되면, 아주 튼튼한 군대만이 앞을 달리게 되고, 약해 지쳐 버린 군대는 자꾸 뒤로 처져 버리기 때문에, 목적지에 도착하게 되는 것은 고작 열 명에 한 명 정도밖에 되지 않는다.

 만일 오십리 정도의 강행군을 하게 되면, 맨 앞에 있는 선봉 부대의 대장이 죽게 되거나, 제대로 도착할 수 있는 군대는 반밖에 되지 못한다.

 하루 거리인 삼십리를 달린다 해도, 목적지에 제대로 도착할 수 있는 병력은 3분의 2밖에 되지 못하므로, 3분의 1이란 전력이 줄어들게 된다고 생각하지 않으면 안된다.

 첫째 이런 강행군에 있어서는 가장 소중한, 전투에 필요한 보급이 달리게 된다. 화살이나 총알이 모자라는 군대로 적과 맞서 싸우게 되면 패할 것은 뻔하다. 식량도 마찬가지다. 배고픈 군사로 배부른 적과 싸운다는 것은 질 것이 뻔하다. 전쟁이 장기전이 될 경우, 후방의 축적이 먼저 떨어지는 쪽이 패하는 것은 이 같은 이치에서다.

【解說】 싸움이란 것은 상대적인 것이므로 시대가 변해 모든 것이 기계화된 지금에 있어서는, 여기에 설명된 숫자적인 비율 같은 것은 들을 필요가 없겠지만 그러나 이치만은 역시 마찬가지다. 병참선이 길어지는 것은 금물이다. 그 병참선이 길어진 것도 상관 않고 강행군으로 원정을 시도한다는 것은, 모든 것을 파괴시킬 뿐, 결국

은 본전마저 못 찾게 되는 것이다.
 사업의 경우는 지리적인 거리란 것이 어떤 경우는 수송 시간과 경비의 손실을 가져오게 되지만, 이것은 오히려 채산의 회전에 필요한 시간이 문제가 된다. 투자가 생산과 판매 과정을 거쳐 이윤이 다시 투자로 환원하게 되는 시간에 무리가 생기면, 결국 축적 없는 장기전을 감행하여 실패를 스스로 가져오게 되는 것이다.
 모든 기구가 발을 맞추어 함께 나아가지 않으면, 사업이란 것은 제대로 추진되지 않는다. 무리한 강행군, 그것도 한도를 지난 오랜 시일을 견딘다는 것은 반드시 파탄을 가져오게 되는 것이다. 최저한의 강행군을 할 경우에도 고작 3분의 2라는 실효를 예상하지 않으면 안된다고 한 손자의 말을 깊이 새겨들을 필요가 있을 것이다.

5

> 故不知諸侯之謀者, 不能豫交. 不知山林險阻沮澤之形者, 不能行軍. 不用鄕導者, 不能得地利.

【解義】 그러므로 제후의 꾀를 알지 못하는 사람은 능히 미리 사귀지 못한다. 산림과 험저와 저택(沮澤)을 알지 못하는 사람은 능히 행군을 못한다. 향도를 쓰지 않는 사람은 능히 지리를 얻지 못한다.

【文義】 험저(險阻)는 두 글자가 다 험한 곳을 말한다. 저(沮)는 습기가 많은 곳, 택(澤)은 풀과 나무들이 나 있는 습지를 말한다. 향도는 그 지방 사람으로 그 지방을 안내하는 사람. 〈향(鄕)〉은 지방이란 뜻, 〈도(導)〉는 안내라는 뜻이다. 지리(地利)는 전투에 미치는 지형상의 이익을 말한다.
 이러한 미묘한 관계에 있기 때문에, 이웃나라 제후들의 속셈을 똑똑히 알지 못하는 한, 미리 구원을 청하거나 구원을 받거나 할 수는 없는 것이다.

사소한 차질에도 막대한 지장을 가져오게 되는 것이므로, 산림 지대와 험한 곳과 습지대 등, 자세한 지형과 지세를 알지 못하면 섣불리 행군을 할 수 없다. 그러므로 그러한 지방을 지나갈 때는 그 지방 사람을 길 안내자로 앞세우지 않으면 도저히 유리한 행군을 할 수 없다.

【解說】　이웃나라의 속셈을 알지 못하면 쉽게 그들과 손을 잡고 군사 행동을 같이해서는 안된다. 우리를 돕는다는 것이 도리어 적을 돕는 결과가 되는 수도 있기 때문이다.
　싸움을 붙여 놓고는 응원한다고 들어와 뒷덜미를 치는 경우도 있고, 또 적과 내통하여 이쪽의 기밀을 빼내는 경우도 있다. 또 호의를 가졌다 하더라도 남의 일인만큼 전세가 조금만 불리하면 맡은 부서를 이탈하여 달아나 버리는 일이 많기 때문에, 이쪽에 허점을 만들어 주는 결과가 되기도 하고 사기에 영향을 끼치게도 된다.
　진왕(秦王) 부견(符堅)이 80만 대군으로 동진(東晋)을 쳐내려왔을 때 사현(謝玄) 사석(謝石)이 겨우 7만의 군대로 이를 궤멸시킬 수 있었던 것은, 그 원인 가운데 가장 큰 것이, 일찍이 동진 장수였던 부견의 부하가 자기 휘하 장병을 선동하여 진나라 군사가 패했다고 외치며, 돌아서서 후방 부대를 마구 짓밟게 한 데 있었던 것이다. 항복한 적장을 믿고 있었던 것이 발등을 찍히는 결과가 되었던 것이다.
　신라가 삼국 통일을 위해 나당 연합 전선을 폈을 때도, 당나라는 백제와 고구려를 신라의 힘을 빌어 멸망시킨 다음 신라마저 손아귀에 넣을 속셈이었던 것이다. 그러나 감히 그렇게 할 수 없었던 것은, 신라가 단순히 당나라 힘만을 의지한 것이 아니고 만일의 경우에는 당나라 군사와 싸울 각오와 준비가 서 있었기 때문이었다.

6

> 故兵以詐立, 以利動, 以分合爲變者也. 故其疾如風, 其徐如林, 侵掠如火, 不動如山, 難知如陰, 動如雷震.

【解義】 그러므로 싸움은 거짓으로써 서고, 이로써 움직이고, 나누어 합하는 것으로써 변화를 하는 것이다. 그러므로 그 빠름이 바람과 같고, 그 더딤이 숲과 같고, 침략하는 것이 불과 같고, 움직이지 않는 것이 산과 같고, 알기 어려운 것이 그늘과 같고, 움직이는 것이 뇌진과 같다.

【文義】 병(兵)은 여기서도 전투를 말한다. 사(詐)는 속임수, 즉 정체를 파악할 수 없게 하는 것. 그늘은 어둠컴컴해서 뭐가 뭔지 분간할 수 없는 것을 말한다.
 이 대목은 손자의 병법 중에서도 유명한 곳으로 되어 있다. 〈풍림화산(風林火山)〉이라면 병법의 대명사처럼 알려져 있다고 한다.
 그러므로 전투란 것은, 먼저 상대방 눈을 속여 이쪽 정체를 파악하지 못하게 행동을 일으킨다. 입(立)은 전투 태세가 갖춰진다는 뜻이다. 이렇게 전투 태세를 갖추고 다음에는 가장 유리한 조건을 향해 움직이며 그 조건 여하와 상대방의 움직임 여하에 따라, 분산 집합 등 자유자재한 변화를 하지 않으면 안된다.
 이 움직이는 모습을 구체적으로 표현하면, 움직일 기회를 포착하면 그 빠르기가 벌판을 휘몰아치는 폭풍과도 같고, 조용히 있는 것이 필요한 때는 그 조용함이 잠잠한 숲속처럼 되지 않으면 안된다. 또 일단 적지를 침입해 들어가면 마치 마른 풀에 불이 붙은 것처럼 무서운 기세로 몰고 나가는 것이 바람직한 일이며, 일단 정지하여

관망할 필요가 있을 때는 마치 산과도 같이 태연 자약하지 않으면 안된다.

  그리고 이쪽의 일거 일동이 그늘 속에 가려져 있는 것처럼 조금도 상대방에게 눈치를 채지 않도록 하고, 일단 상대방을 치게 되었을 때는 마치 천둥이 울리며 벼락이 떨어지듯 무섭고 힘차게 움직이지 않으면 안된다. 이것이 전투에 임하는 장수가 알아두어야 할 일이다.

【解說】 비유로 등장시킨 예가 극단적인 것이 특색이어서 군사 행동의 무궁한 변화를 눈으로 보는 것만 같다. 바람 같고, 숲 같고, 불 같고, 산 같은 형태를 자유 자재로 할 수 있다면, 그보다 더 훌륭한 군대는 없을 것이다. 수많은 군사, 수많은 부대를 마치 한 사람의 손발을 움직이듯 하는 것이 이상적인 전투 태세인 것이다.

7

> 掠鄕分衆, 廓地分利, 懸權而動, 先知迂直之計, 此軍爭之法也.

【解義】 고을을 털면 무리에게 나눠 주고, 땅을 넓히면 이익을 나누고 저울을 걸어 움직인다. 먼저 우직의 계를 아는 사람이 이긴다. 이것이 군쟁의 법이다.

【文義】 곽(廓)은 확(擴)과 같은 글자로 넓힌다는 뜻이다. 권(權)은 저울로, 저울을 건다는 것은 가볍고 무거운 것을 즉 경중을 신중히 헤아려 본다는 뜻이다.

  고을을 털면 하는 것을 온 고을을 약탈하는 것으로 풀이하고, 무리에게 나눈다는 것은 군대들에게 약탈한 물건을 고루 나눠 준다고 풀이하는 사람이 많다. 그러나 다음에 땅을 넓히면 이익을 나눈다는 말과 아울러 생각해 볼 때, 또 앞에 말한 오사 칠계(五事七計) 등의 교훈을 바탕으로 생각해 볼 때, 여기 말한 약탈은, 백성들의 재물을 약탈해 사복을 채운 지배층의 금은 보화들을 그 고을 가난한 백성들에게 나눠 주어 민심을 무마시킴으로써, 적지의 사람들을 이 쪽에 협력하도록 만드는 일일 것이다.

 땅을 넓혀 이익을 나눈다는 것은, 이쪽에 협력할 수 있는 그곳 사람과 이익을 함께 나눠 갖는다는 뜻이다. 그 실례로서 손무가 오자서와 함께 초나라를 완전 점령했을 때, 손무는 재상인 오자서에게,
「초나라 왕손인 공자 승(勝)이 오나라에 망명해 있으니, 그를 초나라 왕으로 삼으면 대대로 오나라를 고맙게 생각하여 충성을 다할 것입니다. 만일 초나라를 오나라가 차지하게 되면 초나라 사람은 반드시 반란을 일으키고 말 것입니다.」
 하고, 빼앗은 초나라 땅을 초나라 사람들이 동정하고 있는 평왕(平王)의 손자 공자 승에게 물려줄 것을 제안했다. 그러나 오자서는 초나라를 완전히 멸망시킬 작정으로 손자의 제안을 듣지 않았다. 그 결과 오나라는 초나라를 후원하는 진나라 군사에 의해 패해 돌아오고 말았던 것이다.

 적의 물건으로 적의 마음을 사서, 우리 편으로 만드는 것은 완전 승리를 위해 절대 필요한 것이다.

 이렇게 풀이하면 다음 글귀는 이렇게 해석된다. 즉 이런 지역을 점점 확대시켜 가서, 이쪽에 협력할 수 있는 곳을 여기저기 설치한다. 이렇게 하면 알지 못하는 지역에 있어서도 모든 정보가 모여들게 된다. 그런 정보들을 저울로 달 듯 그 경중을 신중히 검토하여 다음 행동으로 옮긴다. 이렇게 남에게 이익을 주고, 장기적인 포섭 정책을 써가며 전투를 진행시키는 것은 퍽 더딘 전략같이 보이지만 실은 완전한 승리를 거두는 바른 길인 것이다. 이 둘러가는 것이 바른 길이 된다는 〈우직지계〉를 아는 사람만이 참다운 승리를 얻게 되

는 것이다. 군쟁의 원리 원칙이란 바로 이것이다.

【解說】 비록 적지라 하더라도, 그곳 주민들은 제삼자로 형편 좋은 데로 붙기 마련이다. 더구나 민족이 같은 나라끼리의 싸움에서는 그러하다. 그들이 원하는 것을 주면 얼마든지 이쪽 편이 되게 할 수 있다. 그 점을 잘 알아 이용하는 것이, 사정이 어두운 적지에 들어갔을 때 가장 먼저 필요한 방법이라고 한 이 손자의 생각은, 실전 경험을 쌓은 사람이면 누구나가 시인하게 될 것이다.

중요한 점을 보아 결정하는 것이 가장 중요한 일이다. 필요한 경우는 먼저 주는 것이다. 이 준다는 그 자체가 벌써 우직지계가 되는 것이다.

이 점은 손자의 전쟁에 대한 기본 이념이, 맹자의 왕도(王道)와도 그 형식면에서는 서로 통한다고 볼 수 있다. 제나라가 연나라를 쳐서 이겼을 때, 제나라 임금이 맹자에게 그 선후책을 물었다. 그때 맹자는,

「연나라 사람이 제나라에 처음 복종한 것은 제나라가 연나라 백성을 물불에서 건져 줄 줄로 믿었기 때문입니다. 지금 연나라 백성이 제나라를 배반하는 것은 제나라가 과거의 연나라보다 더한 포악을 하기 때문입니다. 연나라의 종묘를 헐고, 금은보화를 제나라로 다 실어 왔으니 이것이 바로 그 한 예입니다. 지금도 늦지 않았으니, 연나라의 파괴된 건물들을 복구시키고, 가져온 보물들을 돌려보내며, 연나라 사람들과 상의하여 그들이 원하는 사람을 임금으로 앉히고 돌아오십시오. 그러면 승리는 승리대로 남고 뒷 걱정은 없을 것입니다.」

그러나 임금은 맹자의 말을 듣지 않았다. 결국 연나라 반란군에 밀려나게 된 뒤에야 「나는 심히 맹자에게 부끄러워하노라」하고, 후회를 했다는 것이 《맹자》에 나와 있다. 결국 맹자는 손자의 〈우직지계〉와 같은 것을 권했고, 왕은 그것을 모르고 있었기 때문에 모처럼 얻은 승리가 결국은 약탈로 인해 패배로 끝나고 만 것이다.

8

> 軍政曰, 言不相聞, 故爲金鼓. 視不相見, 故爲旌旗. 夫金鼓旌旗者, 所以一人之耳目也. 人旣專一則勇者不得獨進, 怯者不得獨退. 此用衆之法也. 故夜戰多火鼓, 晝戰多旌旗, 所以變人之耳目也. 故三軍可奪氣, 將軍可奪心.

【解義】 군정에 말하기를, 말하는 것이 서로 들리지 않는지라, 까닭에 쇠와 북을 만들었다. 보는 것이 서로 보이지 않는지라, 까닭에 정(旌)과 기를 만들었다고 했다. 대저 쇠와 북과 정과 기는 가지고 사람의 귀와 눈을 하나로 하는 것이다. 사람이 이미 전일하면 곧 용맹한 사람도 홀로 나아갈 수 없고, 겁 있는 사람도 홀로 물러날 수 없다. 이것이 무리를 쓰는 법이다. 그러므로 밤 싸움에 불과 북을 많이 하고 낮 싸움에 정과 기를 많이 하는 것은, 그로써 사람의 귀와 눈을 변하게 하는 것이다. 그러므로 삼군은 기운을 앗을 수 있고, 장군은 마음을 앗을 수 있다.

【文義】 군정(軍政)은 군의 제도란 뜻인데, 군제도를 말한 책 이름인 것 같다. 쇠(金)는 징이나 종 같은 것으로 군대를 정지시키거나 후퇴시킬 때 치고, 북은 행진할 때의 신호로 친다. 정(旌)은 새깃으로 장목을 꾸며 깃대 끝에 늘어뜨린 기를 말하고, 기는 그 밖의 모든 표시로 사용되는 기를 합쳐서 부르는 말인데, 결국 정은 특수한 기를 대표한 말이고, 기는 일반적인 여러 기를 말한 것으로 〈정기〉하고 합해서 말하면 전체를 다 가리키는 것이 된다. 불(火)은 횃불을 말하고 화고(火鼓)의 고(鼓)는 쇠와 북을 합친 말로 볼 수 있다.

사람의 귀와 눈을 변하게 한다는 것은, 적의 보고 듣는 것을 종잡을 수 없게 만든다는 뜻이다.

군정을 말한 책에도, 큰 군대를 움직이는 데는 소리에 의한 호령으로는 완전히 다 들리게 할 수 없기 때문에 징과 북을 쓰고, 손짓 같은 것으로는 도저히 모든 사람에게 보이게 할 수가 없기 때문에, 기의 빛깔과 모양을 달리하여 이것으로 신호를 한다고 씌어 있다. 이것들은 그 목적이 모든 사람들의 보고 듣는 것과, 관심과 주의를 하나로 통일 집중시키기 위한 것이다.

이렇게 모든 사람의 보고 듣는 것과 마음이 하나로 되어 있는 한, 무용에 뛰어난 사람이라고 해서 제멋대로 앞장서서 나갈 수도 없고, 또 겁이 많은 사람들이라고 해서 혼자 뒤쳐지거나 도망하거나 하는 일은 있을 수 없다. 모두가 한 덩어리로서 움직이는 것이다. 이렇게 하는 것이 대중을 부리는 원칙이다.

군중은 개체의 집단이라고 하는 것만이 아니고, 군중 특유의 강력한 힘을 갖게 되는 것이다. 개체의 힘을 그 숫자만큼의 배율(倍率)로 크게 한 것이 아니고 훨씬 다른 큰 힘으로 되는 것인데, 이것은 강한 사람이 단독으로 돌진해 나가지 않는 대신에 약한 사람도 함께 이끌려 전체가 똑같이 활동하기 때문으로, 이것이 집계되면 커다란 다른 힘이 되는 것이다.

집단에 있어서 뭉쳐진 힘은 크다. 그래서 밤에 싸울 경우 필요 이상의 화톳불과 횃불을 밝히고 요란스럽게 북을 울리며, 낮에 싸울 경우 가능한 한 필요 이상의 깃발을 내꽂는 것은, 이 집단의 힘을 상대에게 과시하는 일종의 시위인 것이다.

이것에 의해 압도적인 기세로 상대방 군대와 사기를 꺾고, 상대방 장수의 마음을 동요시킬 수 있는 일종의 심리 작전인 것이다.

【解說】 이야기는 집단의 통솔을 위한 명령 수단으로 쇠와 북과 깃발을 사용하고 있는 것에 언급되고 있는데, 손자의 의도는 첫머리에 일부러 내세우고 있는 것으로, 그러한 신호 그것보다는 오히려

군중이라고 하는 것, 그 집단의 무서운 힘, 그것에 따르는 군중심리와 상대방에게 주는 대집단이 갖는 위압하는 힘이라고 하는 이것도 역시 심리적인 면에 대해 말하고 있다고 보아야 할 것이다.
　통제된 집단의 힘, 그것은 개인의 힘이 누적된 것이 아니고 전혀 별개의 것이다. 그 통제에는 시각을 통한 표시, 청각을 통한 약속과 같은, 집단에 대한 지령 방법이 취해지고 있는 것에도 뭔가 암시하는 것이 있는 것 같다.
　진격이나 행진에 북을 울리는 것은 북이 단순히 약속된 신호로서 사용되는 것이 아니다. 북소리에는 사람의 마음을 흥겹게 하고 들뜨게 하는 요소가 들어 있다. 정지나 퇴각에 쇠를 울리는 것은, 그 소리가 경각심을 일깨우는 요소를 지니고 있기 때문이다. 지시 신호로 깃발이 사용되는 것은, 그것이 색채적으로 선명할 뿐만 아니라 그 움직이는 자체가 민활하기 때문에 보는 사람의 마음을 진작시키는 역할도 겸하기 때문이다. 그러므로 북을 울리고 쇠를 두들기고 깃발을 휘두르는 것은 이러한 요소를 살릴 수 있도록 유의하는 것이 효과적인 것이다.
　이것을 다른 사업면에 적용시킨다면, 예를 들어 공장 안의 기계 소리를 들 수 있다. 그것은 한낱 시끄러운 소리로서 신경을 자극하는 것이 아니고, 그것의 되풀이되는 성질을 이용하여 사람의 마음을 율동적으로 통제하고 조정하여, 공장 안에서 일하는 사람들을 통일된 기분으로 이끌어 갈 수 있도록 하는 것이 좀더 연구되어야 할 것 같다. 작업 내용이 복잡하면 할수록 울려 나오는 소리도 잡다할 것이므로 이것을 음악적으로 조정한다는 것은 간단히 될 일은 아니다. 그러나 해서 안될 일은 아닌 것 같다.
　동물, 예를 들어 젖소의 경우, 유쾌한 음악을 들려 주면 우유 생산량이 월등하게 좋아진다고 한다. 공장 안에서 일하는 사람들의 기계소리에 이끌려 손발이 절로 따라 움직이게 되고 마음도 따라 일하는 기분에 휩쓸려 시간 가는 줄을 모른다면, 종업원의 건강과 작업 능률에 얼마만한 보탬이 되겠는가.

이렇게 되면 교향악의 편곡자처럼 공장 안의 소리들을 음악적으로 조정하는 새로운 직업인이 생겨날지도 모른다. 사업장에 음악을 이용하는 일은 근래 차츰 보급되어 가는 실정에 있다고 하나, 한걸음 더 나아가 공장 자체의 소리를 음악화하는 것도 생각해 볼 필요가 있을 것 같다.

이야기가 약간 옆길로 든 것 같으나, 이 군중을 집단화한다는 것은, 상품을 사러 오는 고객층에 대해서도 여러 가지로 활용될 수 있을 것 같다. 맨 끝의 「삼군은 기운을 앗을 수 있고, 장군은 마음을 앗을 수 있다」고 한 글귀 같은 것은, 깊이 음미할 필요가 있을 것 같다.

9

> 是故, 朝氣銳, 晝氣惰, 暮氣歸. 故善用兵者, 避其銳氣, 擊其惰氣. 此治氣者也.

【解義】 이런 까닭에, 아침 기운은 날카롭고 낮 기운은 게으르고 저문 기운은 돌아간다. 그러므로 군사를 잘 쓰는 사람은, 그 날카로운 기운을 피하고 그 게으른 기운을 친다. 이것은 기운을 다스리는 것이다.

【文義】 날카롭다는 것은 원기가 왕성한 것, 게으르다는 것은 기운이 나빠서 모든 것이 귀찮은 생각이 드는 것, 돌아간다는 것은 해가 저물었기 때문에 어서 집에 돌아가 쉬고 싶어하는 마음을 말한다.

이와 같이 심리적인 움직임이란 것은 무시할 수 없는 것이다. 아침에는 편히 쉬고 난 뒤이기 때문에 아무래도 병사들은 생기가 있고 마음이 적극성을 띠게 된다. 그러나 시간이 흘러 한낮이 되면 차츰 기운이 느슨해지며, 하는 일에 별로 흥미를 갖지 않게 된다. 그것이 해가 기울기 시작하면, 어서 일을 끝내고 돌아가 쉬었으면 하는 생각으로 꽉 차 있게 된다.

따라서 군사를 잘 쓰는 방법은, 이러한 병사들의 기분이란 것을 잘 알고 있어, 될 수 있으면 아침의 날카로운 기운은 이를 피하도록 하고, 한낮이나 저녁녘의, 모든 것이 귀찮게 여겨지고 어서 돌아가 쉬고 싶은 때를 보아 습격하도록 하는 것이다. 이렇게 하는 것이 적의 사기를 잘 이용하는 것이 된다.

【解說】 아침, 낮, 저녁, 이렇게 하루를 셋으로 나눠 몸과 마음이 생기면서 각각 달라진다는 것은 누구나 다 경험하고 있는 일이다.

그러나 이것은 상식적인 예로써, 병사들의 사기를 상징적으로 말한 것뿐 반드시 시간에 따라 사기가 이렇게 변하는 것은 아니다. 만일 이 원칙이 원칙대로라면 실상 이 이론은 쓸모없는 것이 되고 만다.

왜냐하면 적이 해가 기울어 돌아가고 싶은 기분에 차 있다면, 이쪽도 역시 마찬가지 기분이 되어 있을 것이기 때문이다.

그보다는 적의 현재의 사기가 아침 기분이냐 저녁 기분이냐 하는 것에 문제가 있는 것이다. 새로 전선에 나타난 부대는 저녁에도 아침 기운으로 있고, 오래 일선에서 시달리고 있는 부대는 아침에도 돌아가 쉬고 싶은 생각으로 가득 차 있을 것이다. 그러므로 신예 부대를 피하고 피로해 있는 부대를 골라 습격하라는 뜻으로 풀이되어야 할 것이다.

반면, 사람은 쉬지 못하면 아침에도 저녁 기분에 놓여 있게 되고, 충분한 휴식을 취하면 저녁에도 아침 기분을 갖게 되는 것이다. 적당한 휴식을 주어 아침 기분에 있는 군대로, 그렇지 못한 적을 칠 수 있도록 하는 것이 기운을 다스리는 요령인 것이다.

이 이론을 사업장에 적용시킨다면, 종업원을 매일 장시간 혹사함에 따라 그만큼 생산 실적이나 작업량이 많아지는 것으로 알고 있는 것처럼 어리석은 일은 없을 것이다. 아침에는 항상 낮 기분에 놓여 있고 오후만 되면 드러눕고 싶은 그런 상태하에서 무슨 작업 능률을 논할 수 있겠는가. 제품이 조잡해지고 사무가 불철저해질 것은 뻔한 일이다. 사람의 기분이나 심리를 모르고 종업원을 그날 하루만 보고 말 날품팔이 다루듯 하는 것은, 실상 사람 잡고 일 망치는 바보 같은 짓이 아닐 수 없다. 8시간 노동제와 토요일 일요일 제도가 생긴 것은 실상 아침 기운을 지속시키기 위한 기업 작전에서 나온 것이라고도 볼 수 있다.

　모든 작업의 시간 조정과 배치 같은 것에도, 이러한 점을 잘 생각하여 거기에 합치되도록 연구하는 것이 중요하다. 최근에는 능률과 피로에 관한 연구가 하나의 독립된 학문으로까지 되어 있는 형편인데 2천 몇백 년 전의 손자가 이런 점을 지적하고 있다는 것은 놀라운 일이 아닐 수 없다.

10

> 以治待亂, 以靜待譁, 此治心者也.

【解義】 다스린 것을 가지고 어지러운 것을 기다리고, 고요한 것을 가지고 시끄러운 것을 기다린다. 이것은 마음을 다스리는 것이다.

【文義】 이쪽이 빈틈없이 통제되어 있고 순조로운 상태를 유지하고 있으면서 상대에게 뭔가가 잘못되기를 기다리고 있거나, 이쪽이 질서 정연하고 안정된 상태에서 상대방이 정신없이 소란을 피울 때를 기다리고 있는 것도, 역시 인간 심리를 잘 파악하고 있는 방법이다.

【解說】 싸움에는 힘과 기술도 중요하지만, 먼저 마음의 안정과 냉

정한 태도를 견지하지 않으면 안된다.

　상하가 일치 단결해 있고 위정자와 군지휘관이 손발이 맞으면, 이것은 잘 다스려진 것인 동시에 안전과 정숙이 유지되고 있는 것이다.

　군 내부와 혹은 군과 행정부간에 어떤 알력이 있거나 어떤 숙청이나 반란 같은 것이 있으면, 이것은 어지러운 것이요 시끄러운 것이다. 그 자체가 정신을 못 차리고 있는데, 외부에서 다른 힘이 압력을 가해 오면 심리적으로 벌써 지고 들어가게 된다.

　이것은 기업과 기업끼리의 경쟁에도 그대로 적용될 수 있는 일이다. 상대방의 혼란과 분요(紛擾)를 기다리는 것도 좋지만 때로는 공작원을 보내 혼란을 조장시키는 수법도 있을 수 있다.

11

> 以近待遠, 以佚待勞, 以飽待饑. 此治力者也.

【解義】 가까운 것으로써 먼 것을 기다리고, 편한 것으로써 수고로운 것을 기다리고, 배부른 것으로써 주린 것을 기다린다. 이것은 힘을 다스리는 것이다.

【文義】 앞에 말한 마음을 다스리는 것과 비교하면, 이미 말한 바 있듯이, 이쪽은 가까운 거리의 이동만으로 끝내고 상대가 멀리서 힘든 행군으로 달려오기를 기다리거나, 이쪽은 편안한 상태로 있으면서 상대방이 지쳐 허덕이는 상태에 이르기를 대기하고 있거나, 이쪽은 충분한 식량 보급을 받고 있으면서 상대방이 식량 부족으로 굶주리게 되기를 기다린다거나 하는 것은 힘으로 하는 싸움에 쓰이는 방법이다.

【解說】 가까운 것으로 먼 것을 기다리는 것과, 편한 것으로 지친 것을 기다리는 것은 결국 같은 이야기다. 군사 상식처럼 전해 오는 말은 역시「편안한 것으로 수고로운 것을 기다린다」로 〈이일 대로(以逸待勞)〉다. 멀리서 달려오면 자연 지치기 마련인 것이다.

앞에서 언급한 바 있는 손빈과 방연과의 싸움에 있어서도, 제나라 대장이 조나라를 구원하러 군사를 이끌고 조나라로 달려가려 했을 때 군사(軍師)였던 손빈은,

「병법에, 편한 것으로 수고로운 것을 기다리라 했습니다. 우리가 적에게로 달려가게 되면, 적은 편안히 있으면서 지친 우리 군사를 맞는 것이 됩니다. 그러지 말고 위나라 국경을 우리가 치면, 적은 본국을 지키기 위해 우리 조나라 포위를 풀고 급히 먼 길을 달려오게 될 것입니다. 이것은 편안히 있으면서 지친 적을 기다리는 편이 됩니다.」

이리하여 결국 방연은 손빈의 꾀에 말려들어 몸은 죽고 군사는 패하게 되었던 것이다.

배부르고 굶주리고 하는 것은 전쟁에 늘 등장하게 되는 근본적이고도 심각한 문제다. 일종의 경제전인 것이다. 큰 나라가 작은 나라를 포위했을 때 흔히 쓰는 방법이 식량전이다. 아무리 금성 탕지(金城湯池)라 하더라도 먹지 않고 지키는 도리는 없는 것이다. 춘추 때 초공왕(楚共王)이 송나라 성을 포위했을 때는, 송나라 성 안에 식량이 떨어져 서로 자식을 바꾸어 잡아먹고, 사람의 뼈를 부숴 땔감으로 밥을 지어 먹기까지 했다고 한다.

전국 때 조양자(趙襄子)가 진양(晋襄)에서 지백요(智伯瑤)의 포위를 3년이나 버틸 수 있었던 것은 식량 저축이 넉넉했기 때문이다.

12

無邀正正之旗, 勿擊堂堂之陣, 此治變者也.

【解義】 정정(正正)한 기를 맞이하는 일이 없고, 당당한 진을 치지 않는다. 이것은 변을 다스리는 것이다.

【文義】 질서정연하게 위치와 간격을 맞추어 깃발을 내걸고 있는 적을 정면으로 맞아 싸우는 것은 불리하다. 또 빈틈없이 진을 치고 당당한 기세로 있는 적을 습격한다는 것도 이쪽으로서는 불리한 공격이다.
 그렇기 때문에 이런 적을 치려면 먼저 적을 움직이게 만들고, 허점이 생기기를 기다려 공격하는 것이 좋다. 그러므로 이것은 변화의 묘리를 알고 하는 말인 것이다.

【解說】 전쟁 이야기 같은 것을 보면, 싸우기 전에 먼저 높은 곳에 올라가 적의 실태를 파악하는 것이 보통이다. 이때 종종 볼 수 있는 이야기에 여기 말한 깃발과 진이 예로 등장하게 된다. 즉 깃발이 질서 정연한가 행진하는 모습이 정정 당당한가를 보아, 작전 방법을 새로 검토하게 되는 것이다.
 춘추 때, 송양공(宋襄公)이 초나라와 싸울 때, 공자 목이(目夷)와 공손고(公孫固)는 초나라 군사가 강을 반쯤 건너왔을 때 급히 이를 치자고 했으나 양공은 듣지 않았다. 또 강을 건너온 초나라 군사가 미처 진을 다 치기 전에 이를 공격하자고 했으나 양공은 역시 듣지 않았다. 이유인즉 인의(仁義)의 도리가 아니라는 것이다. 이리하여 결국은 크게 패하고 말았다. 그래서 허울 좋고 실속 없이 말만 앞세우는 것을 가리켜 송양지인(宋襄之仁)이라고 하는 말까지 전해지게 되었다.
 반쯤 강을 건너온 것을 치고, 진지를 한창 꾸밀 때 치는 것은, 여기 말한 정정지기와 당당지진이 아닌 때를 노리는 전법인 것이다. 승부를 겨루고 적과 생사를 놓고 다투는 마당에 씨 안 먹는 인의를 찾고 있은 양공을 뒷사람들은 정신 병자처럼 취급하고 있다.

13

故用兵之法, 高陵勿向, 脊丘勿逆, 佯北勿從.

【解義】 그러므로 군사를 쓰는 법은, 높은 언덕에는 향하지 않고, 언덕을 진 것에는 거스르지 않고, 거짓 달아나는 것은 쫓지 않는다.

【文義】 이런 심리적, 전력적, 전략적인 요소를 종합하면 다음과 같은 것이 된다. 그 첫째는 높은 언덕 위에 진을 치고 있는 적을 공격하지 말 일이다. 이것은 산을 올라가는 데 힘만 더해질 뿐이어서, 산 위에 편안히 있는 적과의 사이에 전력적인 불균형을 스스로 불러오는 결과가 되기 때문이다. 뿐만 아니라 산 위에서 굽어보고 있으면, 이쪽의 부대 편성과 움직임 같은 것이 환히 들여다보이기 때문에 심리적으로 벌써 적은 우위에 놓여 있게 된다.

또 언덕을 지고 내려오는 적을 맞아 싸우는 것도 금물이다. 이것도 앞에 말한 것과 같은 전력의 차이가 생기기 때문이다. 더구나 산을 내려오는 적을 맞아 싸우게 되면, 적은 자연 결사적으로 되어 보통 이상의 전투력이 생기는 것이다.

셋째로는, 이쪽을 유인하기 위한 위장 전술에 말려들어서는 안 된다. 거짓 쫓기어 달아나는 적을 참인 줄 알고 깊이 뒤쫓게 되면, 적의 복병을 만나거나 포위에 빠질 염려가 있기 때문이다. 이긴 기세를 타고 계속 몰고 간다 [乘勝長驅]는 말이 있는 것처럼, 조금 유리하면 무턱대고 우쭐해지는 것이 사람의 심리다. 이것도 적이 노리는 일종의 심리 전술이기 때문에 거기에 끌려들지 않도록 경계하지 않으면 안된다.

【解說】 이것을 사업면에서 볼 때, 자본 투입 같은 것에 대해서도 같은 이치가 적용될 것으로 생각된다. 빈틈없이 기업화되어 있고, 3중 4중으로 다져져 있는 분야에 새로운 자본을 투자하는 것은, 마치 고지를 점령하고 있는 적을 향해 쳐들어가는 것과 같다.

치열한 경쟁 속에서 새로운 시장 개척을 꾀하고 있는 상태 같은 것은, 언덕을 등지고 쳐내려오는 것과 같은 것으로 이러한 기업을 상대로 손을 내미는 것은 절대 금물이다. 남이 장에 가면 나도 따라 가고 싶은 것이 사람의 심리다. 남이 성공한 것을 보고 나도 흉내를 내려고 하는 것은, 이 언덕을 등진 전술을 알지 못한 데서 오는 실책이라 할 수밖에 없다.

이러한 중복 투자가 성행되고 있는 기업에는 겉으로 보아 굉장한 성업을 이루고 있는 경우도 있다. 벌써 한물이 간 것을 어떻게 만회해 볼 생각으로 필사적인 선전전이 행해지기도 하고, 혹은 이미 손을 뗄 결심을 하고 마지막 노력을 기울이고 있는 모습은, 팔아먹을 생각으로 헌 집에 페인트 칠한 것과도 같아 자칫 잘못하면 속고 비싼 값으로 사게 된다. 결국 거짓 도망치는 것을 참인 줄 알고 뒤쫓는 격이 된다.

14

銳卒勿攻, 餌兵勿食, 歸師勿遏, 圍師必闕, 窮寇勿迫, 此用兵之法也.

【解義】 날카로운 군사는 치지 말라. 먹이 군사는 먹지 말라. 돌아가는 군사는 막지 말라. 군사를 에워싸면 반드시 빼고, 궁한 도적은 가까이 말라. 이것이 군사를 쓰는 법이다.

【文義】 이병(餌兵)은 적을 유인해 내기 위해 낚싯밥으로 던지는 작은 군대를 말한다. 궁구(窮寇)는 도망갈 곳이 없이 된 침략군이란 뜻이다.

상대방 진영 가운데서도 두드러지게 사기가 왕성한 부대는, 이를 정면 공격하는 것을 피하도록 하는 것이 좋다.

그렇다고 해서 전면에 약한 군사를 내세우고 뒤에 강력한 군사를 배치시켜, 이쪽을 유인해 내려는 수법에 걸려들어서는 안된다.

또 귀국 명령을 받고 돌아갈 준비를 마친 부대는 이를 가로막아서는 안된다. 고향으로 돌아가고 싶은 한 가지 생각으로 뭉쳐져 있기 때문에, 그들의 눈앞에 보이는 목적을 향해 가는 내닫는 힘은 생각 밖으로 강력한 것이다.

또 적을 포위하고 있을 때, 완전히 적을 독안에 든 쥐로 만드는 것은 현명한 것이 되지 못한다. 어딘가 한 곳을 비워 두어 적을 그리로 도망치게 해 두지 않으면 안 된다. 그렇지 못하면 도망칠 곳이 없는 쥐가 고양이에게 달려드는 격으로 결사적인 반격을 시도하기 때문에 예상 밖의 희생을 입는 수가 있다. 개도 나갈 구멍을 보고 쫓는다는 속담은 바로 이 진리를 말한 것이다.

끝으로 궁한 도적을 쫓지 말라는 것도 한쪽을 비워 두라는 것과 같은 이치의 말이다. 이미 독안에 든 쥐가 되었으면 성급하게 잡으려 할 필요가 없는 것이다. 서서히 달래서 항복을 시키거나, 시간을 지연시켜 지치게 만들지 않으면 안된다. 말하자면 나갈 구멍이 없는 개는 쫓지 말라는 것이다.

이상 말한 것이 심리면과 전력면과 전략면의 전술을 말한 구체적인 예다.

【解說】 상대방의 강력한 곳에 먼저 손을 대지 말라. 그렇다고 해서 약점으로 보이는 곳에 손을 대면, 뜻밖에 적의 작전에 말려들게 될 수도 있다. 그러므로 섣불리 걸려들지 않도록 주의하지 않으면 안된다. 경영면에 있어서도 역시 마찬가지다.

어떤 일이든 약점이란 것은 있기 마련이다. 그런데 그런 약점이 왜 그대로 방치되어 있는가 하는 점을 일단 의심해 볼 일이다. 거기에는 그럴 만한 이유가 있는 경우가 많다. 얕보고 덤벼들었다가는 그물에 걸리거나 함정에 빠지기 쉽다.

다음에 돌아가는 군사를 방해하지 말라든가, 포위를 하고 나면 한쪽만은 열어 두라든가, 도망치는 적을 너무 바싹 뒤쫓지 말라고 하는 세 가지 주의는, 자칫하면 그 반대의 해석을 내릴 수도 있다. 즉 돌아가는 적을 돌아가지 못하게 막고 싶고, 포위된 적은 하나도 빼지 않고 다 잡고 싶고, 궁지에 몰린 적을 때는 바로 지금이다 하고 몰아치고 싶은 것이 사람의 공통된 기분일 수도 있는 것이다. 그러나 싸움이란 항상 그로 인해 입는 이쪽의 손해를 최소한도로 막는 것이 첫째 조건이다. 그러한 배려가 되어 있지 않는 한, 승리를 승리로 볼 수 없는 결과가 나올 수도 있다는 것을 알지 않으면 안 된다.

만일 이것을 상품에 적응시켜 생각한다면, 구매력이 줄어들기 시작한 것을 끝까지 붙들고 늘어진다든가, 이미 한물 간 것을 다시 한 번 되살려 보려는 노력이라든가, 한 가지 물건에만 치우쳐 그것이 완전히 시장에서 외면당했을 경우, 달리 빠져나갈 수 있는 길을 마련해 두지 않은 것에 해당하게 될 것이다.

이상으로 제 7 편의 군쟁론으로서의, 현지전의 각론을 하나 끝낸 셈인데, 이 각론은 여전히 계속된다. 다음은 전략면과 때와 장소에 따라 쓰지 않으면 안되는 전술에 대해 말하게 된다.

九變 第八

1

> 孫子曰, 凡用兵之法, 將受命於君, 合軍聚衆, 圮地無舍, 衢地合交, 絶地無留, 圍地則謀, 死地則戰.

【解義】 손자가 말했다. 무릇 군사를 쓰는 법은, 장수가 임금에게 명을 받아 군을 합하고 무리를 모으면 비지(圮地)에는 집을 짓지 말고, 구지(衢地)에는 사귀어 합하고, 절지에는 머무르지 말고, 위지에는 곧 꾀하고, 사지에는 곧 싸우라.

【文義】 비지(圮地)라는 비(圮)는 언덕이 무너져 버린 곳을 말하는데, 다음『구지(九地)』편에는 「……무릇 가기 어려운 길을 가는 것을 〈비지〉라 한다」고 했다. 구지(衢地)는 사방으로 통하는 교통의 요충이 되는 곳, 절지는 사람이 살고 있지 않고 먹을 식물도 없는 그런 곳, 위지는 사방이 산이나 강으로 둘러싸인 곳, 사지는 앞으로 나아갈 수도 없고 뒤로 물러날 수도 없는 막다른 곳을 말한다.

첫머리의, 손자는 말했다에서 무리를 모은다까지는 앞장인『군쟁 제7』과 똑같은 문장으로 잘못 중복되었다고 하는 설과, 『군쟁』편과 계속되는 현지전의 각론이기 때문에 특히 강조하기 위해 같은 글을 첫머리에 두었다는 설이 있는데, 본문의 내용에는 아무런 다를 것이 없다.

말과 수레가 잘 지나갈 수 없는 곳에는 막사를 치고 머물러 있어서는 안된다. 반대로 이웃 나라와 교통이 잘 통하는 곳에서는 그들 이웃 나라와 잘 사귀어 두어야 된다, 국경을 넘어 본국과 멀리 떨어져 있는 무인지경에 오래 머물러 있는 것은 금물이며, 나갈 구멍이 적은, 사방이 산이나 물로 둘러싸인 지형에서는 만일의 경우에 대비해 빠져나갈 수 있는 방법을 강구해야 한다.

또 적군에게 포위를 당해 오도가도 못하게 되었을 때는, 오직 하나 적과 싸워 이기는 방법이 있을 뿐이다.

【解說】 이 장에서는 입지 조건이란 것을 중시하고 그것에 맞추어 적당한 처치를 하는 것이 중요하다는 것을 주장하고 있다. 쉽게 말해 변통할 줄을 알아야 한다는 것이다.

하나 하나 예를 든 것은 그다지 중요한 것으로는 생각지 않는다. 당면한 사태에 맞추어 그때 그때 최선의 조치를 취하는 것을 잊지 않도록 하고 원칙적인 것을 깨닫는 쪽이 중요한 것이다.

이것을 사업면에 굳이 적용시켜 말한다면, 어쩐지 의심이 가고 망설여지는, 평판이 좋지 못한 일과 만일의 경우 빼도 박도 못하게 될 위험이 느껴지는 일에서는 빨리 손을 떼라는 것으로 풀이될 수 있을 것이다.

둘째로, 같은 사업이나 다른 사업과의 접촉이 많은 일을 하지 않으면 안될 경우 같은 때는, 요령있게 움직여 마찰을 일으키는 일이 없도록 하지 않으면 안되며, 그보다 오히려 뭔가 기분좋게 원조를 받을 수 있는 상황을 만들 수 있도록 노력하여 주위 사람들의 반응을 좋게 해야 한다는 것으로 풀이될 수도 있다.

셋째 번은, 고립 무원한 상태에서의 일은 영속성이 없다든가, 일시적인 특수한 일은 손을 떼는 시기가 중요하다는 해석으로 생각될 수도 있을 것이다.

넷째 번의 경우는, 경제 사정 같은 객관적 정세가 좋지 못해 사방이 꽉 막혀 있는 상태에 있을 때는, 평상적인 것과도 다른, 어떤 독특한 변질적인 방법을 쓰지 않으면 영영 빠져나가지 못하게 된다는 것으로 풀이될 수 있을 것이다.

마지막 것은, 만일 완전히 길이 막힌 상태가 극단에까지 이르러 영영 빠져나갈 길이 없게 되었을 때는 섣부른 잔재주를 부리지 말고, 오히려 하던 일을 계속 물고 늘어져 죽기 아니면 살기라는 발악적인 용기로 임하는 것이 전화 위복의 사는 길이 될 수도 있다는 것으로 풀이될 수 있을 것 같다.

당면하게 될 사태나 정세라는 것은 천차 만별로 일일이 예를 들 수는 없다. 따라서 임기 응변의 참뜻과 원칙 같은 것을, 이 인례(引例) 속에서 찾아 내어 자유 자재로 응용하는 길밖에 없는 것이 된다.

2

塗有所不由, 軍有所不擊, 城有所不攻, 地有所不爭, 君命有所不受.

【解義】 길에는 말미암지 않는 것이 있고, 군사에는 치지 않는 것이 있고, 성에서는 치지 않는 것이 있고, 땅에는 다투지 않는 것이 있고, 임금의 명에는 받지 않는 것이 있다.

【文義】 길이라면 사람이 지나다니는 것이지만 전투를 하는 마당에 있어서는 반드시 그렇지는 않다. 때와 장소에 따라서는 절대로 지나가서는 안되는 길이 있는 것이다.

적군이라면 만나는 족족 반드시 공격을 해야 되는 것이지만, 이것 역시 덮어놓고 무조건 공격할 수만은 없는 것이다.

또 적이 성 안에 들어박혀 지키고 있는 앞을 지나갈 때는, 그 성을 반드시 함락시켜야만 되는 것은 아니다. 그 중에는 버려 두어도 아무 상관없는 것도 있고 섣불리 손을 댔다가 오히려 해를 보는 경우도 있다.

전쟁하는 마당에 있어서는 무조건 땅을 점령하면 좋은 것으로 생각될지 모르지만 개중에는 점령해서 오히려 불리한 땅도 있다.

전투란 현지에 밝지 못하면 제대로 성과를 거둘 수 없는 것이다. 현지 사정에 어두운 사람이 한낱 추측이나 뜬소문으로 작전을 지휘할 수는 없는 일이다. 그렇기 때문에 비록 임금의 명령이라 하더라도, 그 명령이 작전에 불리한 결과를 가져오게 될 때는, 그 명령을 따르지 않는 경우도 있는 것이다.

이런 때에는 반드시 이렇게 하지 않으면 안된다는 생각은 위험하다. 원칙에는 반드시 변칙이 따르는 법이다. 그때그때 필요에 따라 변하는 융통성과 대응책이 없어서는 안된다. 그것이 신속 자재하게 활용될 수 있어야만 한다.

【解說】 여기서도 싸움에는 정해진 원칙이 있다. 그러나 때와 장소에 따라 그 원칙을 깨뜨릴 수 있어야만 참다운 전쟁을 할 수 있다는 것을 말하고 있다. 예에 따라 손자가 말한 구체적인 예들을 우리의 경제 생활에 맞추어 생각해 보기로 하자.

길이란 것은 방법이라고 생각할 수도 있다. 생산 방법, 판매 방법 같은 것에 일정한 원칙이란 것이 있는 것은 당연하다. 그러나 이것도 객관 정세 쪽이 평상시와 다를 경우는 역시 거기에 순응하지 않으면 안된다는 것이다. 비근한 예로 청량 음료 같은 것은 여름에만 소비되는 것이 원칙인 것처럼 되어 왔지만, 요즘은 난방 시설이 잘 되어 있는 관계로 겨울에도 소비가 차츰 늘어가고 있는 실정이다.

여기에 따라 제공되는 제품은, 여름 물건과 완전히 같은 것이다. 이것은 객관 정세의 변화라는 것을 완전히 무시한 것으로 겨울의 여름 음료라는 생각은 웃음거리일지도 모르는 일이었지만, 수요가 점점 늘어나고 있는 지금은 충분히 그 존재 가치가 있는 것이다. 수도

가 꽁꽁 얼어붙은 날 밤에 텔레비전에서는 시원한 사이다 광고가 선전되고 있는 것이 요즘의 실정이다.
 다음「군사에는 치치 않는 것이 있다」고 한 것은, 그대로 적용되는 경우가 많이 있을 것 같다. 예를 들어 어떤 상품에 대해 신문이나 텔레비전에서 좋지 못한 평판이 가해졌을 때, 여기에 맞서 반박을 하거나 변명을 하게 되면, 결국은 찬성과 반대의 양론이 세상을 떠들썩하게 만들게 되므로 그때까지 별로 관심 없이 지나오던 소비자들까지 영향을 받게 된다. 이런 경우는 차라리 침묵을 지키고 시간이 흐르기를 기다리는 것이 현명한 방법인 것이다.
 그러나 이 방법도 꼭 절대적인 것은 아니다. 정세에 따라서는 전격적인 반론을 가함으로써, 대중의 관심을 불러일으켜 수요가 증대되는 경우도 있을 수 있는 것이다. 모든 것은 정세 여하와 방법 여하에 달려 있는 것이다. 문제는 이 정세를 어떻게 정확하게 판단하고, 거기에 맞는 적당한 방법을 쓸 수 있느냐에 있다.
 다음의 성(城)이라는 것은, 일단 저항하는 것을 최대 목적으로 하고 충분한 준비를 갖추고 있는 상대라고 풀이될 수 있을 것이다. 만일 이 성이란 것에 가상 적국이 둘 이상 있을 경우, 이쪽에서는 그 존재가 그다지 방해가 되지 않을 때에는 차라리 이것을 그대로 내버려 두는 쪽이, 제2의 적에 대한 방비의 역할을 하게 되는 경우도 있다.
 예를들면 자본력이 딸리는 작은 기업의 제품 분야에 큰 기업의 생산력이 크게 가로놓여 있을 경우, 이것과 맞서 같은 제품으로 경쟁을 해보아야 헛일이다. 그보다는 아무래도 수공예적인 정교한 기술을 필요로 하는 물건을 생산하는 데 역점을 돌리는 것이 여기에 해당할 것이다. 눈에 거슬리더라도 경우에 따라서는 그쪽으로 향한 눈을 감는 것이 영리하다는 것이 된다.
 다음의 땅이란 것도 똑같은 해석이 가능하다. 이것을 판로 지역으로 보아 좋을지도 모른다.
 이와 같이 그때그때의 당면한 정세에 따라 즉각 대책을 세워 실행에 옮기지 않으면 안되는 것이므로, 때로는 임금이 명령한 방침과 역행되는 일도 있을 수 있다. 그것은 회사의 기본 방침을 무시하는 일도 있을 수 있다는 것이 된다. 여기에는 정밀하고 정확한 판단력과 결단력이라고 하는, 적에 대한 그러한 용기마저 필요할 것으로 생각된다. 물론 경솔한 판단으로 멋대로 방침을 바꾸어 큰 일을 그르치게 해서는 안되겠지만, 이 점이야말로 장수된 사람의 기량 문제가 되는 것이다.

3

> 故將通於九變之利者, 知用兵矣. 將不通於九變之利者, 雖知地形, 不能得地之利矣. 治兵不知 九變之術, 雖知五利, 不能得人之用矣.

【解義】 그러므로 장수가 구변의 이로움에 통한 사람은, 군사를 쓸 줄 아는 것이다. 장수가 구변의 이로움에 통하지 못한 사람은, 비록 지형을 안다 해도 능히 땅의 이로움을 얻지 못한다.
 군사를 다스리는데 구변의 술을 알지 못하면, 비록 다섯 가지 이로움을 알아도, 능히 사람의 씀을 얻지 못한다.

【文義】 구변(九變)이란 것은 이 편의 제목으로도 쓰이고 있지만, 위에서 말해 온 아홉가지 비지·구지·절지·위지·사지·길·군사·성·땅을 가리킨 것으로 맨 끝의 임금의 명령이란 것은 예외로 취급되고 있는 것으로 생각된다. 변은 정세에 따른 변화를 말한다.
 맨 끝에 나오는 다섯 가지 이로움이란 것은 도무지 확실치가 못하다. 구변 가운데 우리 쪽의 이해와 결부되는 길 이하의 다섯 가지라고 하는 설과, 최초의 〈비지〉에서 〈사지〉까지의 다섯일 거라고 하는 설 등 여러 가지 설이 행해지고 있는데, 앞에서도 말한 바 있는 오행이니 오륜이니 오상이니 하는 것과 마찬가지로, 무엇이든 기본적인 법칙을 다섯이란 숫자로 나타내려 하는 당시의 사상에서 판단할 때 이해를 규정한 기본적인 것으로 막연히 오리라고 했는지도 알 수 없는 일이다.

　글 뜻은 따라서 이렇게 된다. 이러한 구변의 이로움, 당면한 정세에 따라 자유 자재한 변통을 할 수 있는 지휘자야말로 참으로 군사를 쓸 수 있는 사람으로, 만일에 이 이론과 방법이 몸에 배어 있지 않은 지휘자라면, 설령 지리와 지형에 관해 아무리 자세한 지식을 갖고 있어도 그것을 활용할 수가 없고, 군을 운영하는 데 있어서도 이해에 대한 기본적인 원칙은 잘 알고 있으면서도 사실은 그것을 제대로 활용할 수가 없게 된다.

【解說】 이론과 실제가 서로 틀리는 것은, 모두 때와 장소에 따라 임기 응변하는 수법을 알지 못한 데서 오는 것이다. 변화를 모르는 이론은 탁상 공론에 끝날 위험이 많다는 것도 결국 이 때문인 것이다.
　그러나 임기 응변의 수법이니 묘수니 재치니 하는 것도, 기초 이론을 제대로 알고 있지 못하면 자유자재로 쓸 수는 없는 것이다. 기초 이론을 바탕으로 당면한 정세에 대응하는 변화 수법을 터득해 있어야만 둘이 서로 상승 작용을 함으로써, 둘에 둘을 보태 넷이 되는 것이 아니고 둘에 둘을 곱해 넷이 되고, 넷이 여덟이 되고, 여덟이 또 열 여섯이 되는 무한한 수가 생기게 되는 것이다.
　실지 경험이란 것에 치중하고 있는 사람들은, 그가 경험한 횟수만큼 임기 응변의 수법을 배우게 된다고 주장하기도 하는데, 그것은 꼭 그렇다고 볼 수 없다. 물론 실전 경험이 기초 이론을 활용할 수 있는 산 지혜를 낳게는 되는 것이지만, 그것이 꼭 경험하는 횟수에 비례한다고는 볼 수 없다. 옛날의 유명한 지혜로운 장수들은 손자·오자·한신·제갈양 등 모두 경험을 쌓지 않고 첫출발부터 귀신을 놀라게 하는 전략 전술들을 유감없이 성공시켜 보였던 것이다.

진리니 이치니 하는 것은 모두 공통점을 갖고 있기 때문에, 먼저 기초 이론에 밝고, 그 다음 그것을 유추해 나가는 힘을 길러야만 되는 것이다. 이 『구변』편에서는 오로지 그러한 점의 중요성을 역설하고 있다고 생각된다.

4

是故, 智者之慮, 必雜於利害. 雜於利而務可信也, 雜於害而患可解也.

【解義】 이런 까닭에 지혜로운 사람의 생각은 반드시 이와 해를 섞는다. 이에 섞어야만 힘쓰는 것이 될 수 있고, 해에 섞어야만 걱정하는 것이 풀릴 수 있다.

【文義】 여(慮)는 깊이 생각하는 것. 잡어이해(雜於利害)는 이익이 있는 곳에는 해가 있을 경우도 그 속에 포함시키고, 해가 있는 곳에는 이익이 있을 경우도 거기에 포함시켜 생각한다는 것이다. 무(務)는 자기가 맡은 바 일, 신(信)은 신(伸)으로 일이 잘 돼 나가는 것을 말한다.

그렇기 때문에 정말 지혜가 있는 사람의 계획은 자기에게 있어서 유리한 조건만을 헤아리지 않고, 거기에 따르게 될지도 모를 불리한 조건도 동시에 계산하게 되는 것이다. 그렇게 함으로써 만일에 대비할 수 있는 여유가 생겨 계획하는 일에 차질이 생기지 않게 된다.

그와 동시에 불리한 조건에 처해 있을 때는, 그 불리한 조건만을 생각지 않고, 그 불리한 조건이 내게 유리한 조건이 될 수 있는 경우도 함께 생각하게 된다. 그렇기 때문에 그 불리한 것이 유리한 조건으로 될 수 있는 기회를 놓치지 않고 화를 복으로 돌릴 수가 있는 것이다.

【解説】 심모 원려(深謀遠慮)란 말이 있다. 누구나 생각할 수 있는 그런 꾀가 아니고, 누구나 생각할 수 있는 꾀 속의 꾀, 만일의 경우 반대의 경우까지를 다 생각한 뒤의 꾀, 그것이 심모인 동시에 원려인 것이다. 깊은 꾀 속에는 먼 생각이 따르기 마련이고 먼 생각이 없는 곳에 깊은 꾀가 있을 리 없는 것이다.

심모 원려란 바로 이익 속에 해가 있고 해 속에 이익이 있다는 것을 이모 저모로 생각하고 계산하는 것이다. 세상에 절대라는 것은 없다. 좋은 일 속에는 좋지 못한 일이 섞이기 마련이고, 좋지 못한 일 속에도 좋은 일이 있을 수 있는 것이다. 행운이 보다 큰 불행을 가져다주는 경우와, 불행으로 인해 보다 큰 성공을 거두게 되는 경우가 세상에는 많다.

그러므로 유리한 가운데서도 불리한 경우를 생각하지 않으면 안 되고, 불리한 가운데서도 그 불리한 것을 유리한 것으로 돌릴 수 있는 가능성을 잊지 말아야 한다. 그래야만 믿는 도끼에 발등 찍히는 일이 없고, 전화 위복의 기회를 놓치지 않게 된다.

사업면에서 볼 때, 발전 일로에 있던 큰 기업체가 하루 아침에 망해 버리는 수도 있고, 영영 헤어나지 못할 것만 같던 사업체가 갑자기 두각을 나타내어 세상을 놀라게 하는 경우도 드물지 않다. 흥성 일로에 있던 기업체가 하루 아침에 망하는 것은, 유리한 것만 믿고 불리한 경우에 대한 준비와 대책이 서 있지 않았던 때문이요, 곤란 속에 빠져 있던 사업체가 갑자기 활기를 얻게 되는 것은, 불리한 가운데서도 그것이 유리한 조건이 될 수 있는 기회를 기다리며 참고 견디는 끈기와 슬기를 가지고 있었기 때문일 것이다.

5

> 是故, 屈諸侯者以害, 役諸侯者以業, 趨諸侯者以利.

【解義】 이런 까닭에, 제후를 굴복시키는 데는 해로써 하고, 제후를 부리는 데는 일로써 하고, 제후를 달리게 하는 데는 이로써 한다.

【文義】 이런 까닭에 언제 적이 되고 언제 내 편이 될지 알 수 없는 이웃 나라들을 조종하는 데 있어, 상대를 굴복시킬 생각이면 상대의 불리한 점과 약한 점을 찔러야 되고, 상대를 내게 협력하도록 만들려면 양쪽이 함께 이익을 얻게 되는 일에 가담하도록 해야 한다. 또 급히 상대를 뛰어들게 만들려면 특별히 유리한 조건을 안겨 주지 않으면 안된다.
　이해라든가 유리니 불리니 하는 것은, 이와 같이 입지 조건에 따라 용도에 따라 달라지는 것이다.

【解說】 유리한 조건이니 불리한 조건이니 하는 것은 각각 그 용도가 있는 것이다. 자기에게 유리한 것만을 골라 쥐고 그 혜택을 혼자 차지하려고 해서는 도저히 큰 일을 할 수 없다.
　경우에 따라서는 남으로 하여금 불리한 패만을 잡도록 만들어, 이쪽에 대해 손도 머리도 쳐들지 못하게 할 수도 있지만 그것은 최악의, 서로 함께 서 있을 수 없는 경우이고 그 이외의 경우에는 이쪽에도 유리하고 저쪽에도 유리한 것이 가장 좋은 것이다.
　특히 남의 협력이 당장 필요한 경우에는, 이쪽에 다소 돌아오는 것이 적더라도, 이를 참고 견디며 대국적인 큰 이익을 놓치지 않도록 할 필요가 있을 것이다. 목적에 따라 수단을 달리하지 않으면 안되는 것이다.

6

故用兵之法, 無恃其不來, 恃吾有以待也. 無恃其不攻, 恃吾有所不可攻也.

【解義】 그러므로 군사를 쓰는 법은, 그 오지 않을 것을 믿는 일이 없이, 내가 가지고 기다림이 있는 것을 믿는다. 그 치지 않을 것을 믿는 일이 없이, 내가 칠 수 없는 것을 가진 것을 믿는다.

【文義】 여기 있는 앞의 반은, 《손자》 가운데서도 널리 쓰이고 있는 글귀다. 설마 적이 쳐들어오지는 않겠지 하는 막연한 기대를 갖지 말고, 적이 언제 쳐들어오더라도 문제 없을 만한 준비를 해두지 않으면 안된다는 것이다. 마찬가지로 적이 설마 공격해 오지는 않겠지 하는 막연한 기대를 버리고 언제 공격해 오더라도 끄떡 없는 준비를 갖추고 있지 않으면 안된다는 것이다.

【解說】 임진왜란의 역사를 보면 이 대목의 말이 더욱 생생해진다. 율곡 선생께서 십만 양병을 주장했을 때, 조정에서는 안이한 생각에서 설마 하는 기대만을 걸고 이를 받아들이지 않았다. 준비를 한다고 해서 크게 손해볼 것도 없는 당연한 일인데도, 굳이 이것을 적이 쳐들어올 리 없다는 핑계로 요행만을 믿으려고 한 집권층들의 고식적인 태도는 통탄을 금할 수 없는 일이었다.
그때 율곡 선생의 계획대로 십만 양병을 하지 않더라도 왜적이 올 것을 가상하고 다소 준비하는 척만 했어도 그런 참화는 입지 않았을 것이다. 국론이 둘로 갈라졌을 때, 올 것이냐 안 올 것이냐를 알아

보러 간다는 것부터가 이 이론에 벗어난 일이었다.
 낙관론자를 가리켜 돈키호테 형, 비관론자를 가리켜 햄릿 형이라고 하는데, 사람은 누구나 돈키호테적인 소질을 조금 다 갖고 있다. 우리 속담에 설마가 사람을 잡는다는 것이, 결국 이 낙관론자의 폐해를 말해 주고 있는 것이다. 우리가 보험에 들고 저축을 하고 하면 언제나 마음 든든한 것도 이런 이치에서 오는 것이다.

7

> 故將有五危, 必死可殺也, 必生可虜也, 忿速可侮也, 廉潔可辱也, 愛民可煩也. 凡此五者, 將之過也, 用兵之災也. 覆軍殺將, 必以五危, 不可不察也.

【解義】 그러므로 장수에 다섯 가지 위태로움이 있다. 필사는 죽을 수 있고, 필생은 사로잡힐 수 있고, 분속은 업신여겨질 수 있고, 염결은 욕될 수 있고, 백성 사랑은 번거로울 수 있다. 무릇 이 다섯 가지는 장수의 허물이요, 군사를 쓰는 재난이다. 군을 뒤엎고 장수를 죽이는 것은, 반드시 이 다섯 가지 위태로움으로써이다. 살피지 않을 수 없다.

【文義】 분속(忿速)은 화를 잘 내고 성질이 급해 앞뒤를 생각지 않고 마구 덤비는 것을 말한다.
 지휘자에게는 다음 다섯 가지 경계를 필요로 하는 위험이 따르기 마련이다. 첫째 처음부터 죽을 결심으로 싸움을 시작했을 경우, 이른바 물불을 가리지 않고 마구 뛰어들기 때문에 죽게 될 가능성이 많다. 둘째로 그 반대인 기어이 살아 돌아올 생각으로 싸우게 되면 포로가 될 가능성이 많다. 셋째로 금방 화를 내며 앞뒤를 가리지 않게 되면 적의 유도 전술에 끌려들어 놀림을 당하기 쉽다.
　또 청렴 결백을 내세우는 사람은 그에게 적이 모욕을 가하는 수법을 쓸 수 있고, 백성을 아끼는 데만 마음을 쓰고 있으면 그 백성이 자꾸만 작전에 방해를 주게 된다.
　이것을 일러 다섯 가지 위태로운 것이라고 말한다. 이 다섯 가지 위태로움이 생기는 것은, 지휘자에게 한 가지 편성(偏性)과 고집이 있기 때문이다. 이것이 실수의 근본이다. 그리고 그 실수는 직접 전투에 영향을 주기 때문에 위험한 것이다.
　군이 송두리째 뒤엎어지거나 지휘자까지 죽게 되는 비극은, 지휘자의 성격상 결점에서 오는 다섯 가지 위태로움으로 인해 생기게 된다. 깊이 반성하지 않으면 안된다.

【解說】 여기서는 지휘자의 인간성과, 이것을 잘 역이용하는 전술이 있다는 것을 말하고 있다. 그 하나하나를 놓고 보면 어느 것이나 인간다운, 흔히 있을 수 있는 성벽인데, 이러한 성벽이 전투에 작용을 하게 되면 참으로 위험한 것이다.
　필사라는 것은 일상 생활에서 말하면 만일의 경우를 생각지 않고 저돌적으로 덤비는 그런 성격을 말한다. 용감한 것은 좋지만 죽지 않을 곳에서 죽고 마는 실수를 범하게 된다. 필생이란 것은 항상 뒤를 도사리고 안전 제일주의로 나가는 성격으로, 난국을 타개할 과감한 행동을 취할 수 없기 때문에 사태가 불리하면 상대방에게 굴복하고 들어갈 수밖에 없다.
　분속이란 것은 가장 주의해야 할 성격이다. 그 좋은 예로 삼국 때의 장비(張飛)를 들 수 있다. 오나라에 대한 관우(關羽)의 원수를 갚기 위해 전 군대에게 기일 안으로 상복을 만들어 입히게 했다. 그 기일이란 것이 너무 터무니없이 짧은 기일이었다. 벌써 그것이 분속의 실수였다. 이때 책임을 맡은 범강(范彊)·장달(張達) 두 장수는 장비에게 기일을 늦춰 줄 것을 사정했다. 이때 장비는 더욱 화가 나서 결국 장비는 범·장 두 사람에 의해 죽고 싸움은 하기도 전에 지고 만 것이다.

　청렴 결백이란 좋은 것이다. 그러나 도에 지나치면 백이숙제처럼 세상을 등지고 살지 않으면 안된다. 그런 성격의 지휘자는 상대방이 그 성격을 얼마든지 역이용할 수 있는 것이다. 백성을 사랑한다는 것도 좋은 일이다. 그러나 전쟁이란 눈앞의 승부를 놓고 다투는 일이다. 백성을 다치지 않는 전쟁이란 생각조차 할 수 없다. 필요 이상으로 백성을 위하다 보면 작전상 방해되는 일이 한두 가지가 아니다.

　성격이란 어쩔 수 없는 것이지만, 그것이 작전이나 사업에 영향을 미치게 해서는 안되는 것이다. 그때그때의 객관 정세에 적응하는 구변의 이(利)는 이런 지휘자의 성격까지도 지나쳐 보지 않고 있다.

　전쟁이란 냉혹한 것이다. 정말 깊이 생각하고 살피지 않으면 안된다.

行軍 第九

1

> 孫子曰, 凡處軍相敵, 絶山依谷, 視生處高, 戰隆無登. 此處山之軍也.

【解義】 손자가 말했다. 무릇 군을 두고 적을 헤아림에, 산을 넘어 골짜기를 의지하고, 삶을 보아 높은 데 처하며, 높은 것과 싸워 오르지 말라. 이것이 산에 처하는 군사다.

【文義】 처(處)는 처치(處置)와 배치(配置)의 뜻. 절(絶)은 넘는다는 뜻. 의(依)는 의지하는 것, 즉 가까운 곳에 진을 친다는 뜻. 생(生)은 사는 것, 삶을 기르는 것. 식량에 의해 살기 때문에, 그런 보급을 받을 수 있는 곳인지 살피는 것을 시생(視生)이라고 했다.
  우리 쪽 군대를 배치하고 움직이고 하는 데는, 항상 적과의 관계라는 것을 염두에 두지 않으면 안된다. 그 여러 가지 모양을 이모저모로 나누어 생각해 보기로 하자.
  먼저 최초는 산에 있어서의 경우다. 우리 쪽은 산을 넘으면 낮은 곳으로 내려가, 골짜기를 앞으로 하고, 골짜기에서 모두 떨어져 있지 않도록 평행으로 진을 칠 일이다. 등 뒤로는 산을 요새로 하고, 앞은 골짜기를 해자로 할 수가 있으며, 물과 말 양식으로 할 풀 같은 것을 자유로 얻을 수 있기 때문이다.
  될 수 있으면 풀과 나무들이 무성해 있는 곳을 택해야 될 일이지만, 그럴 경우는 적보다 높은 위치라야만 한다는 것을 잊지 않도록 할 일이다. 그 이유는 앞에서 자주 말한 대로다. 높은 곳에 있는 적을 이쪽에서 쳐다보고 올라가며 싸우는 것은 절대 금물이기 때문이다. 이것이 산에서 군대를 배치하는 요령이다.

【解說】 이 편에서는 시종 군대의 이동에 관한 요령을 설명하고 있다.

먼저 처음에는 산지에서의 싸움이다. 아주 실전적인 구체론이기 때문에, 여기서 뭔가 배워 가지려면, 무리한 억지 적용을 하는 도리밖에 없을 것 같다. 이것은 공연한 수고일 뿐만 아니라 엉뚱한 착오를 가져올 수도 있다.

다만 이것만은 알아 두어야 할 것 같다. 그것은 항상 자연환경과 싸우는 인간으로서의 조건, 생리적이고 심리적인 것이 충분히 감안되어야 한다는 것이다.

2

絶水必遠水. 客絶水而來, 勿迎之於水內. 令半濟而擊之利. 欲戰者無附於水而迎客. 視生處高, 無迎水流. 此處水上之軍也.

【解義】 물은 건너면 반드시 물에서 멀리하라. 손이 물을 건너서 오면, 물 안에서 맞지 말라. 반쯤 건너게 하여 치면 이롭다. 싸우고 싶은 사람은 물에 붙어 손을 맞지 말라. 삶을 보아 높은 데 처하고, 물의 흐름을 맞지 말라. 이것이 물 위에 처하는 군사다.

【文義】 객(客)은 내가 맞이하는 사람, 즉 적을 말한다. 물 흐름을

맞는다는 것은 하류에서 상류를 향하고 있는 것을 말한다. 즉 적이 상류에 있는 것을 뜻한다. 물 위〔水上〕는 물 근처를 말한다.

 강을 건넜을 때는 그 근처에서 어물어물하지 말고 즉시 멀리하도록 할 일이다. 후속 부대가 건너오는 것을 방해할 뿐만 아니라, 물을 등진다는 것은 결사의 결심을 굳히기 위한 최후의 수단일 뿐, 후퇴가 자유롭지 못한 곳은 오래 있어서는 안되는 곳이다.

 상대방이 물을 건너 가까이 올 경우, 전원이 물에 있을 때는 손을 대지 않는 것이 좋다. 그보다는 일부는 물을 건너 뭍에 올라와 있고, 일부는 물에 아직 남아 있을 그때를 보아 공격하는 것이 유리하다. 이미 올라와 있는 부대는 미처 진을 가다듬지 못하고 있고, 물에 있는 군사는 올라와 싸울 겨를이 없기 때문이다.

 또 이렇게 강을 건너오는 적을 맞아 싸울 생각이면, 처음부터 물 가까이 붙어 있어서는 안된다. 상대가 불리한 줄을 알면서 무리하게 강을 건너올 리는 없기 때문이다. 차라리 한 걸음 물러나 숨어 있으면서 방금 말한 대로 반쯤 건너왔을 때를 보아 급습을 가하도록 하지 않으면 안된다.

 다음에 여기서도 산의 경우와 마찬가지로, 물과 풀이 무성해 있는 높은 곳에서 상대방이 물을 건너오는 모습을 자세히 굽어보면서 기회를 보아 처 내려가는 것이 좋다.

 다시 또 하나, 적이 있는 아래쪽에 진을 치고 상류에서 내려오는 적을 맞는 태세는 손해다. 물은 당연히 높은 곳에서 낮은 쪽으로 흐르는 것이므로, 이 공격 행위에 있어서의 높고 낮은 문제는 앞에서 말한 그대로다. 그것과, 물이 흘러내려오는 것을 적이 내려오는 것과 함께 보고 있기 때문에, 그 기세가 서로 합치게 되는 실질적인 힘도 힘이지만, 시각적인 심리 작용이 쌍방에 영향을 주게 된다는 것도 생각할 수 있을 것이다.

 이상이 물 근처에서 싸우는 군대가 알아 두어야 할 점이다.

【解說】 이번은 강에 있어서다. 이『행군』편에서는 앞에 산의 경우

에 말했듯이 지리적인 자연 조건에 의해 어떻게 군을 움직여야 하느냐에 대한 주의를 말하고 있는 것이므로, 글뜻을 아는 것만으로 족할 것으로 생각된다.

그러나 그 내용이 우리에게 무의미하고 무관련한 것이란 뜻은 아닙니다. 전투의 실제에 있어서 중요한 요령이기 때문에, 그 참뜻을 파악만 하면 여러 면에 도움이 될 수 있는 것을 포함하고 있다.

그 기본 원리는 지금까지 말해 온 점을 총합하기도 하고 분해하여 다시 편성한 것이므로, 새로운 발전은 없다고 생각되나 지금까지 깨닫고 알고 한 것과 해석이 일치하는지 다시 한 번 검토해 보는 역할을 할 수 있을 것 같다.

손이 물을 건너……라고 한 곳은 이것을 사업면에서 이렇게 이해할 수도 있을 것이다. 예를들면 새로운 제품에 대해 판매 경쟁을 하게 되었을 때, 그 준비의 진행중에 맹공격을 가하게 되면 상대방은 이쪽 태세를 확인한 다음 오기로라도 이쪽 이상의 성적을 올릴 수 있는 노력과 연구를 짜내게 될 것이다. 그러므로 차라리 일부가 판매길에 올랐을까 말까 했을 시기, 벌써 후퇴할 수 없는 곳까지 상대가 와 있을 시기를 확인한 다음 보다 좋은 품질과 판매 방법을 들고 나오는 것이 유리하다는 것이 된다.

거기에는 너무 빨라도 안되고 또 너무 늦어도 안된다. 꼭 적당한 시기를 맞추는 눈대중 손대중이 필요한 것이다. 그리고 한편, 이쪽 공격을 돌파하는 이외에 달리 방법이 없을 경우, 상대는 나갈 곳이 없는 개처럼 되어 결사적으로 저항을 해 올 것이 뻔하므로 너무 지나친 공격도 과히 현명한 것이 못 되는 경우가 있다. 상대가 궁지에 몰렸을 때는 어떤 비겁한 수법으로 이쪽의 허를 찌를지 모르는 일이기 때문이다.

반쯤 물을 건너왔을 때 그때가 공격의 좋은 기회다, 라고 한 것은 깊이 새겨들어야 할 일이라고 생각된다. 다음 물에 붙어 있지 말라는 것도, 이것과 같은 사정 속의 어떤 진리를 말하고 있는 것 같다. 상대를 맞아 칠 태세를 분명히 상대에게 보여 주고 있는데도 감히 맞서 오는 적이라면, 그만한 준비와 독특한 계책이 서 있다고 보지 않으면 안될 것이다. 그만큼 이쪽도 고전을 해야만 한다. 물가에 서서 적을 맞는 것은 어리석은 일이다.

　물의 흐름을 맞지 말라고 한 것을 같은 사업면에서 예를 들면, 상대 쪽 제품이 한창 매스콤을 타고 일반의 화제가 되어 있는 것과 같은 상태는 상류에 있는 적이라고 생각해서 좋을 것이며, 화제가 되어 있다는 자체는 물의 흐름이 될 것이다. 이것에 거슬러 싸운다는 것은 그만큼 불리한 싸움이라고 말할 수 있다. 이쪽이 세상의 화제에 올라 있을 경우는 이쪽이 높은 곳에 있는 셈이 된다.

3

絶斥澤, 惟亟去無留. 若交軍於斥澤之中, 必依水章而背衆樹. 此處斥澤之軍也.

【解義】 척택을 건너면, 다만 빨리 떠나 머무르지 말라. 만일 군을 척택 안에 사귀면, 반드시 물과 풀을 의지하고 뭇나무를 등으로 하라. 이것이 척택에 처하는 군사다.

【文義】 척(斥)은 소금기를 머금고 있는 땅, 택(澤)은 습지대. 척과 택을 합해 음습한 지대란 뜻으로 해석하면 될 것이다.

　음습한 곳을 지나가지 않으면 안될 경우는, 재빨리 그곳을 빠져나가 오래 머물러 있지 않는 것이 좋다. 만일 그런 곳에서 적과 마주치게 되었을 때는 부득이 싸워야만 되므로, 될 수 있으면 물과 풀이 있는 곳을 앞으로 하고, 나무들이 있는 숲을 등지고 진을 펴는 것이 현명하다.

　물과 풀을 앞으로 하면 앞을 내다볼 수가 있고, 숲을 뒤로 하는 것은 이쪽의 편대를 감출 수 있다는 뜻이다. 앞에서 말한, 골짜기를 앞으로 하고 산을 뒤로 한 것과 같은 원리에서다.

【解說】 이번은 음습 지대에서의 군의 움직이는 방법이다. 그것을 사업면에 적응시키면, 좋지 못한 조건 밑에서 사업을 하는 것으로 생각하면 될 것이다.

경제적 조건의 악화라든가, 극도의 사회적 혼란이라든가, 자연적인 불리한 여건 밑에서는, 될 수 있으면 현상 유지로 이 어려운 고비를 큰 희생 없이 넘기도록 하지 않으면 안된다는 것이 될 것이다. 난국을 앞에 두고 주저앉거나, 그런 상태가 오래 지속될 것을 가정하고 어떤 장기 계획 같은 것을 세워서는 안된다.

만일 국부적으로 자기 회사만이라든가 한 업종만의 악조건이라면, 그것은 전력을 다해서라도 벗어나지 않으면 안된다. 무엇보다 그런 좋지 못한 형편에서 빨리 벗어나도록 전념해야 할 일이다.

만일 그러한 불경기나 악조건 속에서도 상대와 경쟁을 해야 될 경우에는, 항상 앞을 내다볼 수 있는 태세와 형편에 따라 방법을 바꿀 수 있는 준비를 갖추고, 모든 일에 너무 깊이 들어가지 않도록 조심할 일이다. 이것이 물을 앞으로 하고 숲을 뒤로 하는 것이다.

4

平陸處易而右背高, 前死後生, 此處平陸之軍也.
凡此四軍之利, 黃帝之所以勝四帝也.

【解義】 평륙에는 쉬운 곳에 처하여 높은 곳을 오른쪽과 뒤로 하고, 죽음을 앞으로 하고 삶을 뒤로 하라. 이것이 평륙에 처하는 군사다. 이 네 가지 군의 이로움은, 황제가 사제에게 이긴 소이이다.

【文義】 평륙은 평평한 육지, 사(死)는 사지(死地), 생(生)은 생지(生地)로, 사지는 풀과 나무가 나지 않는 황무지, 생지는 풀과 나무가 있는 곳을 말한다. 황제(黃帝)는 무력으로 중국을 통일했다는 전설상의 임금으로, 《사기(史記)》에는 치우(蚩尤)와 그 밖의 나라들을 평정하여 천하를 통일한 것으로 되어 있다. 사제(四帝)라는 것은 이들 사방 이웃 나라의 임금이란 뜻이다.

 평탄한 곳에서는 될 수 있는 한 발판이 좋고 행동하기 쉬운 곳을 골라 진을 펴고, 같은 평지 안에서는 될 수 있는 한 높은 곳을 오른쪽으로 등에 지고 있는 모양으로 한다. 그리고 황폐된 곳을 앞으로 하고, 수목이 무성한 곳을 뒤로 하는 것이 좋다. 이것이 평지에서의 군대를 배치하는 방법이다.

 이상 산·물·척택·평륙의 네 가지 땅에 있어서의 마음가짐이야말로, 옛날 황제께서 사방의 왕들을 정복했을 때의 전법이라고 전해지고 있다.

【解說】 앞에 말한 것과 같은 원리를 말한 것으로, 별로 해설이 필요치 않은 것으로 본다.

5

凡軍好高而惡下, 貴陽而賤陰, 養生而處實, 軍無百疾. 是謂必勝.

【解義】 무릇 군사는 높은 것을 좋아하고 낮은 것을 싫어하며, 양지를 귀하게 여기고 음지를 천하게 여기며, 삶을 길러 실한 데 처하면, 군사에 백 가지 병이 없다. 이것을 반드시 이기는 것이라 말한다.

【文義】 삶을 기른다는 것은, 생활적인 욕구에 순응한다는 뜻으로 풀이될 수 있을 것이다. 백 가지 병은 온갖 병이란 뜻이다.

군대를 배치하는 장소는, 전략적으로나 군사들의 생리적인 의미에서나, 높고 마른 곳을 고르는 것이 좋고, 낮고 습한 곳은 피하도록 한다. 동남쪽을 향한 양지바른 곳이 좋고, 서북쪽을 향한 음산한 곳은 좋지 못하다.

무엇보다도 생활적인 자연의 욕구에 맞도록 하고, 모든 일에 있어서 충실한 것이 중요하다. 이것만 염두에 두고 실천하면, 군대 안에서 병에 걸리는 사람이 생기지 않을 것이다.

이러한 마음가짐이야말로 반드시 이길 수 있는 것이라고 말할 수 있을 것이다.

【解說】 자연의 이치에 역행하지 않는 배려가 없어서는 안된다는 것이다. 필승의 비결이란 것은 무슨 독특한 것에 있는 것이 아니다. 직무에 종사하는 사람들의 건강 관리와 보건 시설이 그대로 필승으로 통하고 있는 것이다.

논리에 비약의 감이 없지 않지만, 이것은 확실히 일면의 진리이다. 하기야 최근에는 이것이 극히 당연한 경영 상식으로까지 되어 있는 모양이나, 한 걸음 더 나아가 삶을 기르고 모든 것에 충실을 기하는 뜻에서, 급여를 생활에 넉넉할 만큼 주어야 한다는 생각도 직접 필승의 길로 통하는 것이 될 수 있을 것 같다.

6

丘陵隄防, 必處其陽而右背之. 此兵之利, 地之助也. 上雨水沫至, 欲涉者待其定也.

【解義】 구릉과 제방은 반드시 그 양지에 처하여, 오른쪽으로 하고 등으로 한다. 이것은 군사의 이로움이요 땅의 도움이다. 위에 비가 와서 물거품이 이르면, 건너오게 하는 사람은 그 가라앉기를 기다린다.

【文義】 위〔上〕는 상류를 말한다. 구릉과 제방 근처에 진을 폈을 경우는, 될 수 있는 한 동남쪽으로 향한 양지바른 곳을 골라, 그 높은 곳을 오른쪽에서부터 뒤쪽으로 하는 것이 좋다. 이것은 그렇게 하는 것이 승리의 길로 통하는 지형의 활용이 되기 때문이다.
 강을 건너는 작전에 있어서는, 상류 쪽에 비가 내리면 물줄기에 물거품이 떠 있게 된다. 강물이 이런 상태일 때는, 자칫하면 갑자기 많은 양의 물이 밀어닥치게 되는 수도 있다. 그로 인해 물을 건너던 군사가 미처 다 건너지 못하고 중간에 빠질 염려가 있다. 그러므로 잠시 상태를 보아 물거품이 가라앉은 뒤에 건너는 것이 좋다. 이것은 중국 같은 큰 대륙의 하천에나 적용될 수 있는 것이지만, 우리 나라에도 여름에 가끔 큰 강에는 이같은 현상이 일기도 한다.

【解說】 이곳은 세밀한 구체적인 예에 대한 주의이기 때문에 별로 해설의 필요는 없을 것 같다. 일에 있어서 변화에 대응하는 한 예를 든 것인데, 사소한 변화를 보고 그 원인이 어디에 있으며 그 결과가 어떤 영향을 미치게 될 것인가를 신중히 검토해 보는 태도는, 큰 일을 하는 사람으로서 역시 명심해 두어야 할 일일 것이다.
 약간 옆길로 드는 감이 있지만 징기스칸은 사냥을 나갔다가 사슴의 무리가 떼를 지어 달아나는 것을 보고, 회오리바람이 올 것을 미리 알고 급히 돌아와 부족들을 숲속으로 피난시킨 일이 있다. 이것이 그가 세계를 정복할 수 있는 계기가 되기도 했던 것이다.
 또 여관에 들었던 사람이, 쥐가 비 속에 새끼를 물고 높은 곳으로 옮겨가는 것을 보고, 밤에 그 여관을 옮김으로써 물난리를 치르지 않고 무사했다는 이야기도 있다.

터키에 대지진이 있었을 때 새들은 미리 모두 피난을 했다니, 이 때도 지각 있는 사람은 미리 피할 수 있었을 것 같다.

7

凡地有絶澗天井天牢天羅天陷天隙, 必亟去之, 勿近也. 吾遠之, 敵近之, 吾迎之, 敵背之.

【解義】 무릇 땅에 절간·천정·천노·천라·천함·천극이 있으면 반드시 빨리 떠나 가까이 말라. 나는 멀리하고, 적은 가까이하고, 나는 맞이하고, 적은 등지게 하라.

【文義】 절간(絶澗)의 간은 골짜기로 흐르는 물, 절은 절벽으로, 절벽 사이로 물이 급히 흐르는 곳이다. 다음 다섯 개의 천(天)은 천연으로 된 것이란 뜻으로, 천정(天井)은 사방이 산으로 둘러싸여 있고 복판이 우묵하게 우물처럼 생긴 곳을 말하고, 천노(天牢)는 천연의 감옥이란 뜻으로 출입이 어려운 곳이다.

다음 나(羅)는 그물로 한번 들어가면 빠져나올 수 없는 곳, 함(陷)은 함정과 같은 뜻, 극(隙)은 틈으로 기둥과 벽 사이에 생긴 틈처럼 쉽게 손가락도 들어가지 않는 곤란한 곳, 혹은 땅의 벌어진 곳을 말한다.

이상 여섯 가지 험한 지역을 육해지지(六害之地)라 말하는데, 이런 험한 곳은 될 수 있으면 가까이 말도록 할 일이다. 만일 부득이 가까이할 경우에는 될 수 있는 대로 빨리 멀리하도록 한다. 그리고 이쪽은 멀리해야 되지만 적에 대해서는 반대로 여기에 가까이하도록 유도하는 것이 좋다.

그리고 만일 이 근처에서 적을 만나게 되었을 때는 이쪽은 그런 곳을 앞쪽이 되도록 위치를 점령하고, 상대에게는 그런 곳을 등지고 있도록 하는 것이 좋다.

【解說】 위험 지역에 다다랐을 때의 알아 둘 일과, 그것을 역이용하는 방법이다. 전쟁에는 물론 사업 경쟁에도 이런 6해의 땅은 얼마든지 있을 수 있다.
 위험한 곳에 가까이하지 않는 것은 누구나가 갖는 공통적인 심정이지만, 그것이 위험한 곳인 줄 모르고 가까이 가는 경우가 많다. 그러나 경계만 하는 것은 능사가 아니다. 그것을 어떻게 요리하느냐가 중요한 것이다. 자신은 될 수 있는 한 그런 곳을 피하면서, 경쟁 상대를 그런 곳으로 몰고 들어가는 것도 한 방법일 것이다.
 또 상대의 배후에 이러한 위험이 절박해 있어서 상대가 나아갈 수도 물러날 수도 없는 상태에 있는 것은, 이쪽을 위해서는 다행한 일이기도 하다.
 6해도 역시 무기라는 것을 잊지 않도록 유의할 일이다. 이용할 수 있는 것은 무엇이고 이용하는 악착스런 점도, 한 가지 마음가짐이 될 수 있는 것이다.

8

軍旁有險阻潢井蒹葭林木翳薈者, 必謹覆索之.
此伏姦之所處也.

【解義】 군 옆에 험저와 황정(潢井)과 겸가(蒹葭)와 임목과 예회(翳薈)가 있는 것은, 반드시 삼가 복색(覆索)하라. 이것이 복간(伏姦)이 있는 곳이다.

【文義】 황(潢)은 물이 괴어 있는 못, 정(井)은 깊은 구덩이로, 늪과 못이 있는 우명한 지역. 겸가(蒹葭)는 갈대밭, 임목은 숲 지대, 예회는 풀이 무성해 있는 곳, 복색(覆索)은 검색(檢索)과 같은 뜻으로 샅샅이 뒤져 찾는 것, 복간(伏姦)은 복병과 척후(斥侯)를 말한다.

군이 주둔해 있는 부근에 험한 지대라든가, 진펄 웅덩이가 있는 곳이라든가, 갈대밭이 있는 곳, 숲이 무성한 곳, 풀이 우거진 곳이 있을 때에는 반드시 그런 곳은 샅샅이 뒤져 수색해 볼 필요가 있다. 이러한 곳에는 대개 복병과 척후가 숨어 있어 이쪽 상태를 엿보고 있기 때문이다.

【解説】 상대방이나 다른 외부로부터의 정보 탐색에도 적당한 대책을 생각해 둘 필요가 있다. 정보가 새어 나가는 곳은 대개 정해져 있는 것이다. 정체를 알 수 없는 판매 외교원이라든가, 권유원들이 자주 찾아 오는 등, 이쪽으로 직접 찾아오는 사람들에 의한 수색에도 주의를 필요로 하지만, 술을 제공하는 장소 등은 가장 경계를 필요로 하는 곳이다.

그러한 장소로 일삼아 이쪽에서 정보를 가지고 간다는 것은 그보다 더 어리석은 일은 없다. 화려한 장소, 번창한 장소 등 사람의 출입이 많은 곳은 풀과 나무가 무성해 있는 지역이 될 것이다.

9

近而靜者, 恃其險也, 遠而挑戰者, 欲人之進也. 其所居易者, 利也.

【解義】 가까우면서 고요한 것은 그 험한 것을 믿기 때문이며, 멀면서 싸움을 걸어오는 것은 남이 나아오기를 바라기 때문이다. 그 있

는 바가 쉬운 것은 이롭게 하는 것이다.

【文義】 적과의 거리가 가까이 접해 있는데도 조금도 동요를 보이지 않는 것은, 그들이 있는 곳이 공격에 충분히 대항할 만한 요해지(要害地)라는 것을 믿고 있기 때문이다. 또 아직 접전을 할 만한 가까운 거리가 아닌데도 자꾸만 집적거리며 싸움을 걸어 오는 것은, 이쪽을 나아오게 만들고 그 도중을 습격하려는 숨은 목적이 있기 때문이다.

또 저쪽이 일부러 공격하기 좋은 평탄한 곳에 진을 치고 있는 것은, 이쪽을 유리한 조건으로 끌어들이기 위한 유인책으로 보아 좋은 것이다.

【解說】 모두 듣고 보면 당연한 평범한 이치다. 그런데 실전에 임하게 되면 이 당연한 이치가 반대로 생각될 경우가 많다. 가까이 가도 가만히 있으면 겁이 많아 가만히 있는 것으로 착각하기가 쉽고, 멀리 있으면서 도전을 해 오면 괘씸한 생각에 당장 쳐부수고 싶은 사람의 심정이다.

또 아무 방비 없이 노출된 채 있는 목표물은, 그것이 하나의 유인전술인 것을 모르고 언제 먹던 떡이냐 하고 얼른 집으려는 것이 보통 심정이다.

모든 것은 그 반대쪽에 진리가 있다는 것을 잊지 말고, 한번 뒤집어 생각할 필요가 있다. 그러나 이것을 역이용하는 경우도 있을 수 있다. 예를들면 이미 방비도 도피도 할 수 없는 마당일 경우는, 짐짓 믿는 곳이 있는 것처럼 태연 자약할 필요가 있다.

삼국 때 사마의가 제갈양이 있는 빈 성을 쳐들어왔을 때, 꼼짝 없이 당하게 생긴 제갈양은 성문을 활짝 열어 두고 백성들에게 비를 들고 길바닥을 쓸게 하는 여유를 보였다. 사마의는 꾀에 속은 줄 알고, 아이쿠 싶어서 허둥지둥 도망친 일이 있다. 이것은 이른바 허실의 전법으로 어디까지가 허고 어디까지가 실인지는 아무도 알 수 없는 일이다.

　이것은 사업면에서 볼 때, 이쪽에서 상대방의 시장 등에 상당히 손을 뻗고 있는데도 상대가 조금도 당황해 하는 기색이 없으면, 상당히 유력한 배경이 있는 것으로 판단해도 좋을 것이다. 그것을 상대방이 모르고 있다든가, 겁을 먹고 있는 줄로 생각하고 덤벼들었다가는 어떤 기습 공격을 당하게 될지 모르는 일이다.

　아직 정면 충돌을 하기에는 시기가 이른데도 자꾸만 이쪽에 신경전을 걸어오는 것은, 이쪽의 신중한 태세를 흔들어 놓기 위한 작전이므로, 여기에 끌려들게 되면 경솔한 싸움을 시작한 것밖에 안 된다.

　또「환영합니다. 동업자가 많다는 것은 그만큼 든든한 일입니다. 열심히 하십시오. 비록 도와드리지는 못하지만……」하고 친절을 베푸는, 배짱 좋은 상대의 인사를 그대로 받아들여 무심코 지내다 보면 뜻하지 않은 변을 당하는 경우가 많다. 달콤한 소리를 경계하라는 것이다.

10

衆樹動者來也, 衆草多障者疑也, 鳥起者伏也, 獸駭者覆也, 塵高而銳者車來也, 卑而廣者徒來也, 散而條達者樵採也, 少而往來者營軍也.

【解義】 뭇 나무가 움직이는 것은 오는 것이요, 뭇 풀이 걸림이 많은 것은 의심나게 하는 것이요, 새가 일어나는 것은 복병이요, 짐승이 놀라는 것은 숨는 것이요, 먼지가 높고 날카로운 것은 수레가 오는 것이요, 낮고 넓은 것은 보병이 오는 것이요, 흩어져 줄기가 오르는 것은 땔나무를 하는 것이요, 적고 갔다왔다하는 것은 군사를 재우

는 것이다.

【文義】 뭇 풀이 걸림이 많다는 것은, 풀을 마주 붙들어 매어 발이 걸리게 하는 것, 복(伏)과 복(覆)은 다 숨어 있는 군사를 말한다.

산림을 먼 곳에서 바라보아 넓은 범위로 수목이 이상하게 움직이고 있는 것은, 적군이 습격해 오는 것을 보여 주고 있는 것이다. 또 풀밭에 발이 걸리도록 풀을 마주 매어 둔 곳이 많은 것은 이쪽을 의심하도록 만들기 위해서다.

낮게 날아내리던 새들이 떼를 지어 높이 날아오르는 것은 복병을 숨겨 두었다고 보아 좋고, 짐승이 놀라 달려나오는 것은, 이것 역시 군대가 숨어 있는 것으로 생각할 일이다.

먼지가 높이 오르며 위쪽이 뾰족한 것은 전차가 가까이 오고 있다는 증거이고, 먼지가 낮고 넓은 것은 보병들이 오고 있다는 증거다.

먼지가 한 곳에 뭉쳐져 있지 않고, 여기 저기 가늘게 가닥가닥 오르고 있으면, 그것은 주둔해 있는 군사들이 땔나무를 하고 있기 때문이며, 그 수가 적고 위치가 자주 왔다갔다하는 것은, 군대들이 막사를 치기 위해 적당한 장소를 찾고 있기 때문이다.

【解說】 상대방의 움직임을 미루어 알 수 있는 실마리를, 도저히 숨기려고 해도 숨길 수 없는 자연 현상에서 찾는 것을 설명하고 있다. 이것은 사업 경영에 있어서, 여러 가지 용도품의 조달과 같은 것을 관찰함으로써 어느 정도의 움직임이 판단되는 것과 마찬가지다.

특히 거래하는 인쇄소 같은 데서, 인쇄물의 양의 증감과 그 종류 등을 물어 상당히 깊은 내용을 알 수 있다든가, 신문 광고나 직업 소개소를 통해 임시로 채용하는 인원 상태를 안다든가, 좀더 손자의 병법식으로 세밀히 말한다면, 공원들이 입고 다니는 복장의 더러움 타는 모양이 전과 다른 점이 있는가 없는가, 버려지는 쓰레기라든가 흘러나오는 폐수를 조사한다든가, 팔아 처분하는 스크랩 같은 것을 조사하는 등 여러 가지 방법이 있을 수 있다.

숙련된 기술자가 살펴 보면, 굴뚝에서 나오는 연기 빛깔만 보고도 생산물의 종류와 특징을 알 수 있다고 한다. 상대를 알고 싶으면 이러한 곳을 빈틈없이 관찰할 일이다.

11

辭卑而益備者, 進也, 辭强而進驅者, 退也, 無約而請和者, 謀也.

【解義】 물이 낮고 준비를 더하는 것은 나아오는 것이요, 물이 강하고 나아와 달리는 것은 물러나는 것이며, 약(約)도 없이 화를 청하는 것은 꾀하는 것이다.

【文義】 약(約)은 두 가지 해석이 있다. 하나는 궁박(窮迫)의 뜻이라는 설이고, 또 하나는 화친을 약속할 만한 객관적 정세라는 뜻으로 풀이하는 설이다. 근본 뜻에서는 별로 다를 것이 없다.
　외교적인 말이란 것이 있을 정도로, 원래 외교 접촉은 서로 부드럽게 상대방의 비위를 거스리지 않는 것이지만, 그것이 필요 이상으로 이쪽 비위를 맞추려 들거나 지나치게 겸손한 태도를 취하거나 하면서 은근히 이쪽에 대해 준비를 증강시키고 있는 것은, 자기들의 준비 강화를 위한 시간을 벌기 위한 목적에서거나, 아니면 이쪽을 우쭐하게 만들어 방비를 소홀하게 만들 생각에서이므로, 머잖아 진격해 올 것이 틀림없다.
　반대로, 사자가 지나치게 강경한 태도로 나오며 당장 싸움이라도 걸 것같이 큰소리를 치고, 금방 몰려간다면 이것은 실상 퇴각할 작정임이 틀림없는 것이다.
　더는 버틸 수 없는 궁지에 빠져 있는 것이 아니고, 다른 그럴 만한 이유도 없는데 화의를 들고 나오는 일이 있으면, 거기에는 뭔가 숨은 계략이 있는 것으로 보아 좋다. 전세를 정비할 시간을 벌기 위해서라든가, 구원병이 도착할 시기를 기다린다든가 하는 꿍꿍잇속에서일 것이다.

【解說】 여기서는 입으로 나오는 말과 속마음과는 서로 틀리는 경우가 많은 것을 지적하고 있는 것이다. 이러한 경우는 반드시 부자연스런 과장이 따르기 마련이다. 문제는 상대방의 그 같은 행동이 충분히 납득이 갈 만한 근거가 있느냐 하는 데 있는 것이다. 그것은 이쪽이 유리하게끔 해석하려 들거나 하면, 엉뚱하게 적에게 이용만 당하게 된다.

당연히 알아볼 수 있는 책략에 걸려들었다면, 그것은 어느 모로 보나 이쪽의 실수인 것이다. 당하고 나서 상대를 비겁하다고 하는 것은, 오히려 이쪽의 무지를 드러내는 것밖에 되지 않는다.

12

輕車先出居其側者, 陳也, 奔走而陳兵軍者, 期也, 半進半退者, 誘也.

【解義】 가벼운 수레가 먼저 나와 그 곁에 있는 것은 진치는 것이요, 분주히 병거를 벌이를 것은 기약하는 것이요, 반쯤 나아오고 반쯤 물러나는 것은 유인하는 것이다.

【文義】 진(陳)은 벌인다는 뜻으로 진(陣)과 같이 쓰인다. 기(期)는 예정된 시기가 있다는 뜻이다.

가벼운 전차가 맨 처음 출동하여 양쪽에 대열을 짓고 있을 것 같으면, 그 중간에 진을 칠 작정으로 행동을 개시했다고 보아 좋을 것이다. 만일에 이것이 몹시 급하게 서둘러 진행이 되고 있다면, 뭔가 미리 예정된 시일이 다가온 것으로 판단해야 할 것이다. 예를 들면 이쪽 진영 안에 내통한 사람이 있어 약속된 시간이 임박해 있다든가, 밖으로부터의 군원이 있어 시간을 맞추어 협격할 작정이라든가, 아무튼 심상치 않은 사태를 보여 주고 있는 것으로 보아 좋은 것이다.

또 한 부분은 진출을 하고 있는데 그 일부는 후퇴할 기세를 보이고 있는, 통일되지 않은 모습을 일부러 보이고 있는 것은 이쪽을 유인하려는 술책임을 알아야 한다.

【解說】 이번은 직접 상대방의 어떤 조짐에 의해 그것의 목적과 이유와 의도를 간파한다는 것이다. 사업면에 예를 들면 어느 회사의 경우, 새로 뭔가 큰 일을 시작하려고 할 때는, 반드시 전사원에게 유급휴가를 내린다는 것이다. 이것을 눈치챈 라이벌 회사에서는 황급히 새로운 계획이 무엇인가를 탐색하기 시작했다는 것이다.

그러한 때에 상당히 폭넓은 인사 이동이 행해지는 것이 보통이지만, 꼭 손을 뻗쳐 다른 회사에서 유능한 기술자를 뽑아 오는 것이 새 사업의 개시를 예정했을 때의 뚜렷한 특징이라고 하는 회사도 있다. 좀 낡은 이야기 같지만, 개중에는 그러한 때에 사장이 몇몇 간부를 데리고 절에 가서 불공을 드리는 일도 있다고 한다. 그러한 사소한 동정에도 항상 주의를 게을리 말아야 한다.

13

杖而立者飢也, 汲而先飮者渴也. 見利而不進者勞也.

【解義】 지팡이하고 서는 것은 주린 것이요, 물을 길어 먼저 마시는 것은 목마른 것이요, 이를 보고도 나아가지 않는 것은 지친 것이다.

【文義】 적의 군사의 사소한 동작을 관찰함으로써 얻게 되는 추리이다. 무기를 지팡이 삼아 짚고 서 있는 모양이 보이면 적은 식량 부족으로 몹시 굶주리고 있다고 판단해도 좋은 것이다.
　물을 길러 온 병사가 우선 저부터 먼저 마시는 것은, 다른 군사들도 모두 물이 모자라 목이 몹시 말라 있다는 것을 말해 주는 것일 수도 있다.
　모든 것이 유리한 조건에 놓여 있어 진격하기에 꼭 좋은 기회인데도 나아와 치려 하지 않는 것은, 상대방이 상당히 피로해 있다는 증거다.

【解說】 사업면에 정응시켜 말한다면, 사원과 종업원을 관찰함으로써 상대방의 상태를 알 수 있다는 것이 된다. 전체를 평균해서 갑자기 옷차림이 좋아졌다든가, 현장 종업원들의 구두가 전에 없이 반짝이고 있다든가, 들고 다니는 물건에 사치스런 것이 눈에 띄게 된다든가, 그런 사소한 점에도 숨길 수 없는 급여 상황의 호전이 노출되어 있는 것이다.
　이와 반대로 어딘지 종업원들의 옷차람이 추레해졌다든가, 낡은 구두를 신은 사람이 많아졌다든가 할 경우는, 그 회사의 급여가 신통치 못하다는 것을 말해 주고 있는 것이다. 그것은 곧 회사의 경영이 순조롭지 못하다는 이야기가 된다. 이것은 한 가지 예에 지나지 않는 것으로, 관찰점은 여러 모로 있을 수 있다. 될 수 있는 한, 억제할 수 없는 인간의 욕구와 같은 것에 초점을 맞추어 세밀한 점을 볼 일이다. 이런 것이 그 회사의 표정인데, 사람의 얼굴과 같은 것으로 사업체 자체의 얼굴이다. 외부에 공표되는 사업의 손익 계산서보다는 훨씬 확실한 업태 보고서일 것으로 생각된다.

14

> 鳥集者虛也, 夜呼者恐也, 軍擾者將不重也, 旌旗動者亂也, 吏怒者倦也, 殺馬肉食者無糧也, 懸瓿不返其舍者窮寇也.

【解義】 새가 모이는 것은 빈 것이요, 밤에 부르는 것은 두려운 것이요, 군이 시끄러운 것은 장수가 무겁지 않은 것이요, 정기가 움직이는 것은 어지러운 것이요, 관리가 성내는 것은 지겨운 것이요, 말을 죽여 고기를 먹는 것은 양식이 없는 것이요, 부(瓿)를 걸어 두고 그 집에 돌아가지 않는 것은 궁한 도적이다.

【文義】 부(瓿)는 손잡이가 달린 질솥으로 당시 밥짓는 도구다. 들새들이 모여들어와 지저귀고 있으면, 그곳은 벌써 군대들이 다 물러가고 텅 비어 있다고 보아 좋은 것이다. 들새의 습성으로서, 사람이 살다 간 곳에는 반드시 그들의 먹이가 되는 찌꺼기가 있다는 것을 알고 있어 그러한 곳에 모여들게 되는데, 사람 그림자가 있으면 절대로 가까이 가지 않는다.
　어두운 밤에 군사들이 공연히 큰소리로 서로 부르고 있는 것은, 그들 속에 무서운 생각이 들어 그것을 달래기 위해 큰소리를 내게 되는 것이다. 이러한 불안에 싸여 있다는 것은, 공격만 하면 달아날 태세에 놓여 있다는 것이 된다.
　적진이 어딘지 모르게 시끌시끌하고 질서를 잃은 상태에 있는 것은, 지휘자의 명령과 처사가 일관성이 없이 갈팔질팡하기 때문이다. 군기와 신호기 따위가 질서 정연하지 못하고 함부로 움직이는 것은, 부대가 제대로 통솔이 되지 못하고 있다는 증거다.

책임을 맡고 있는 사병들이 공연히 부하들에게 화를 내는 것은 그 부대가 너무 오래 진을 치고 있는 데 지겨운 생각이 난 때문인 것으로 생각할 수 있다. 또 소중한 군마를 죽여 그 고기를 먹고 있다면, 마침내는 식량이 다하고 만 것으로 판단할 수 있다.

만일에 밥해 먹는 도구를 근처 나뭇가지 같은 것에 걸어 둔 채, 병사로 돌아갈 기색을 보이지 않는 것은, 이제 죽든 살든 결전을 하겠다는 배짱을 정하고 있는, 막다른 지경에 이른 것으로 해석해도 좋을 것이다.

【解說】 여기서도 앞에서와 마찬가지로 도저히 숨길래야 숨길 수 없는 생물의 본능적인 습성에서, 상대방의 동향을 살펴 알 수 있는 것을 가르쳐 주고 있는 것이다. 손자에 있어서는, 관찰의 재료로서는 인간도 생물에 지나지 않는 것이다. 조금 틀리는 것은, 사람에게는 감정의 움직임이란 것이 있다. 그 점도 잘 파악해서 진영 안의 경향이 어떠한가를 살펴서 아는 실마리로 삼고 있다.

이 경우 모두 적진을 관찰하는 것으로 되어 있지만, 그것은 그대로 자기 진영의 상태를 아는 방법이 된다. 되풀이해서 말하거니와 숨길래야 숨길 수 없는 것, 자연히 드러나게 되는 현상에서 그 본질을 파악하는 데 착안점을 둘 일이다.

자기 진영의 동정을 살피는 데는, 표면적인 관찰만으로는 참다운 내용을 알 수 없다. 세밀한 점, 아무것도 아닌 것으로 생각되는 점을 찾아내어 그것을 분석함으로써 그 실태를 밝혀 내도록 하지 않으면 안 된다.

15

諄諄翕翕徐與人言者失衆也, 數賞者窘也, 數罰者困也, 先暴而後畏其衆者, 不精之至也.

【解義】 순순 흡흡하여 조용히 사람에게 말하는 것은 무리를 잃은 것이요, 자주 상주는 것은 군색한 것이요, 자주 벌하는 것은 곤한 것이요, 먼저 사납고 뒤에 그 무리를 두려워하는 것은 부정(不精)의 지극함이다.

【文義】 순순(諄諄)은 같은 말을 되풀이하는 모양, 흡흡(翕翕)은 합한다는 뜻으로 남의 뜻을 맞추려는 모양이다. 군(窘)은 군색으로 답답한 처지에 놓여 있는 것을 말한다.

　부하와 말을 하는 데, 말하기 거북한 태도로 같은 말을 되풀이하며 명령적인 단호한 태도로 나오지 못하고 상대방 눈치를 살피게 된다면, 그것은 벌써 사졸들의 마음을 파악하지 못하고 있는 증거다.

　필요 이상으로 은혜를 베풀고 상을 주고 하며 부하의 환심을 사려고 하는 것도, 사졸들을 제대로 통솔하기 어려운 답답한 형편에 이른 것으로 볼 수 있다. 반대로 툭하면 엄벌, 엄벌 하며 처벌 위주로 나가는 것도, 군의 명령이 제대로 지켜지지 않고 있다는 증거가 된다.

　또 처음에는 상당히 엄격하고 까다롭게 부하를 대하던 사람이, 차츰 부하들이 이반할까 겁을 먹고 약한 태도로 나오는 것은, 군사를 부리는 것을 전혀 알지 못하는 사람이라고 말할 수 있을 것이다.

【解說】 이 대목은 우리들이 일반 사회생활을 통해 늘 경험하고 흔히 보게 되는 일들이다.

　처음 부하와 말하는 태도 같은 것은, 수완 없는 회사 과장급 사람들에게서 흔히 볼 수 있는 풍경이다. 속마음은 아주 냉혹한 편이면서 여자처럼 지나치게 정중한 말을 쓰며, 차근차근 정다운 태도로 이야기를 하고, 조금만 입장이 불리하면 상대방 눈치만 살피며 고개도 제대로 못 든다. 이런 식으로는 사람을 부릴 수 없다.

　아무리 거친 말투로 거침없는 명령을 마구 내리더라도, 평소부터 정말 부하를 아끼고 있는 지휘자라면, 노염을 당하고 호통을 듣더라도 부하들은 기꺼이 따르게 된다.

상벌에 대해서도 같은 말을 할 수 있다. 돈만 주면 사람을 부릴 수 있다고 생각하거나 파면이나 좌천과 같은 강경 방침 앞에서는 모두 겁을 먹는다고 생각한다면, 그것은 근본부터 잘못되어 있는 것이다. 상을 주고 벌을 주어야만 움직이는 상태라면 벌써 모든 것은 끝장이라는 것이다.

최초에는 필요 이상의 높은 자세로 사람을 마구 휘두르려 하다가, 그것이 실효를 거두지 못하자 갑자기 태도를 바꾸어 저자세로 나오는 사람들이 있다. 전혀 사람 쓸 줄을 모르는 어리석은 사람의 짓이다. 2천 몇백 년 전 손자의 시대나 오늘이나 사람을 부리는 방법은 마찬가지라고 볼 수 있다.

16

來委謝者, 欲休息也. 兵怒而相迎, 久而不合, 又不相去, 必謹察之.

【解義】 와서 위사(委謝)하는 것은 휴식코자 하는 것이다. 군사가 성내어 서로 맞이하고, 오래어도 합하지 않고, 또 서로 떠나지 않는 것은 반드시 조심하여 살펴라.

【文義】 위사(委謝)라는 것은, 인사를 하며 인질을 보내 오는 것을 말한다.

인질을 보내 정중한 인사를 해 오는 것도, 그것이 진심으로 화목하게 지내기를 바라서라고만 볼 수는 없다. 잠시 싸움을 중지하고, 진용을 다시 가다듬는다거나, 구원이 올 때를 기다리기 위한 경우도 있는 것이다.

　상대가 상당히 화가 나 있을 터인데도, 서로 대치해 있는 상태로 오래도록 서로 충돌하는 일도 없고 그렇다고 물러가지도 않는다면, 반드시 뭔가 숨은 계획이 있어 시기를 기다리고 있는 것이므로, 잘 살펴 그 이유가 어디에 있는지를 밝혀 내지 않으면 안된다.

【解說】 모든 사물에는, 크든 작든 그에 해당하는 이유라는 것이 있는 법이다. 그것이 어떤 것인지 충분히 납득이 가지 않는 한, 아무 생각 없이 그대로 받아들여서는 안된다. 자칫 호된 변을 당하기가 일쑤다. 세상은 그렇게 단순하지만은 않기 때문이다.

　「그때 좀 이상하다고 생각은 되었지만, 설마 이런 음모가 숨어 있었으리라고는 생각지 못했다」하고, 지난 뒤에 후회를 하는 사람들이 많지만, 이상하다든가 혹시나 하는 생각이 들었을 때는 반드시 거기에 부자연스럽고 불합리한 것이 있었을 것이 틀림없다. 그런 의문을 그대로 방치해 둔 데 잘못이 있는 것이다. 미처 생각지 못했다는 것은, 변명의 말이 아니고 바로 원인 그것이다.

17

> 兵非益多也. 惟無武進, 足以倂力料敵取人而已.
> 夫惟無慮而易敵者, 必擒於人.

【解義】 군사는 많은 것을 유익하다고 할 것이 아니다. 오직 무진(武進)하는 일이 없이, 힘을 아울러 적을 헤아리고 사람을 취하는 것으로써 족할 뿐이다. 대저 오직 생각이 없이 적을 쉽게 여기는 자는 반드시 사람에게 사로잡힌다.

【文義】 무진(武進)은 무턱대고 용기를 내어 돌진하는 것을 말한다.
　　군사의 수란 많다고 좋은 것은 아니다. 맹목적인 돌진을 피하고 전군의 힘을 한 데 합쳐 적을 요리할 수 있는 정도의 수가 적당한 것이다.
　　군사는 수가 많은 것이 좋은 것이 아니라고 해서, 상대방의 병력과 모든 조건을 고려하는 일이 없이 무턱대고 작은 수의 군사로 적을 쉽게 알고 쳐들어가게 되면, 인원 부족으로 적의 포로가 되기 알맞은 것이다.

【解說】 적재 적소(適材適所)란 말을 하는데, 적량 적소(適量適所)란 것은 더욱 중요하다. 인해 전술(人海戰術)이란 말이 있지만, 그것도 전술인 이상 필요한 수의 한계가 있다.
　　진왕 부견(符堅)이 80만 대군으로 동진(東晋)을 짓밟을 생각이었지만, 7만밖에 안되는 동진 군사에게 참패를 당하고 만 것은 실상 수가 너무 많아 제대로 통솔을 못한 때문이었다.
　　많을수록 좋다고 한 말은, 한신(韓信)이 자기의 통솔 능력을 자랑한 말일 뿐, 닭을 잡는 데 도끼가 칼보다 낫다는 이야기는 아니다. 한신이 만일 진왕 부견이었다면, 80만을 충분히 거느릴 수는 있었겠지만 10만 정도의 군사만으로 남하했을지도 모른다.
　　진시황이 초나라를 최후로 정복할 때 왕전(王剪)은 60만이 필요하다고 하고 이신(李信)은 20만이면 된다고 했다. 결국 이신이 패해 돌아온 뒤에 왕전이 60만 군으로 초나라를 정복할 수 있었다. 상대방의 병력을 헤아린 뒤의 신중한 계산에서 나온 것이다.
　　한신은 한고조를 보고「폐하는 10만 명을 거느릴 수 있습니다」라고 했다. 역량에 벗어난 많은 수는, 약한 사람에게 무거운 무기를 들린 거나 다름없다.
　　사업도 마찬가지다. 필요한 인원, 필요한 시설로 필요한 양의 생산을 하는 데 묘리가 있는 것이다. 덮어놓고 많은 인원과 많은 시설을 한다고 해서 좋은 결과가 나오는 것은 아니다. 대개 사업 경험도 역량도 없는 사람이 떠벌리는 버릇이 있는데, 그보다 더 어리석고 위험한 일은 없다.

조그마한 한 가지 작업의 능률이란 점에 있어서도, 과잉 인원은 도리어 능률을 저하시킨다. 가장 알맞는 인원, 일을 소화하는 데 족할 만한 꼭 적당한 인원이 가장 능률적이라는 것이다.

그러나 너무 절약 위주로 하여 작은 인원으로 많은 일을 소화시키려고 하는 무리가 있게 되면, 사람이 일에 치여 충분한 일을 해낼 수 없게 된다. 근래에는 모든 것이 기계화되고 있지만, 이것은 기계의 능률과 인원의 작업량과를 같은 단위로 계산하기 때문에 관계는 같은 것이다.

18

卒未親附而罰之則不服. 不服則難用也. 卒已親附而罰不行則不可用也.

【解義】 군사가 아직 친부하지 않아서 벌하면 복종하지 않는다. 복종하지 않으면 쓰기 어렵다. 군사가 이미 친부했는데 벌이 행해지지 않으면 쓸 수 없다.

【文義】 친부(親附)라는 것은 친해서 가까워진다는 뜻이다.

아래 있는 사졸들이 아직 대장을 신임하여 따르지 않는데, 엄벌주의 같은 걸로 위압적으로 임하려 하면, 그들은 절대로 진심에서 복종하지는 않는다. 일단 지휘자를 못마땅한 눈으로 바라보게 되면 이보다 더 다루기 힘든 것은 없다.

그렇다고 해서 너무 사졸들을 가까이 정답게만 대하면, 속이 들여다보여 여간 벌을 내려도 무서워할 줄을 모른다. 이것 역시 군사로서 쓸모가 없게 된다.

行軍 第九 217

【解說】 통솔자와 밑에서 일하는 사람과의 사이에 서로가 서로를 이해하게 되는 것, 이것이 일하는 데 있어서 가장 중요한 점이다. 압력만으로 사람을 쓰려고 하는 것은, 하책(下策) 중에서도 하책이다. 특히 서로의 이해가 아직 충분치 못한 때에 섣불리 벌을 주거나 하게 되면, 그것이 징계가 되기 전에 공연한 반발만 사게 되어, 통솔이란 것에 전혀 역효과만을 가져오게 된다.

공자의 말씀에 「삼군(三軍)의 초장을 사로잡을 수는 있지만, 평범한 한 사람의 뜻을 사로잡지는 못한다」고 했다. 사람의 마음이란 힘으로는 마음대로 안되는 것이다.

요컨대 내가 일하는 사람의 입장이 되어 그들을 생각할 일이다. 앞에서도 말했지만 오기(吳起)는 전쟁 마당에 나갈 때는 대장의 수레가 있는데도 타지 않고, 사병들과 함께 걸으며 함께 먹고 함께 잤다. 환자가 있으면 그를 자기 수레에 태우고, 자기가 손수 약을 발라주는 등 사병들을 자식처럼 대했다. 오기는 적과 싸우는 전술에만 능한 것이 아니라, 부하의 마음을 사로잡는 명수였다. 그렇기 때문에 그는 한 번도 싸워서 패한 일이 없고, 그의 사랑에 감격한 병사들은 물불을 가리지 않고 싸워 죽었던 것이다.

19

故令之以文, 齊之以武, 是謂必取. 令素行, 以教其民, 則民服. 令不素行, 以教其民, 則民不服, 令素行者, 與衆相得也.

【解義】 그러므로 명하는 것은 문으로써 하고, 가지런히 하는 것은 무로써 한다. 이것을 필취라고 말한다. 영이 본래부터 행해지고 그로써 그 백성을 가르치면 곧 백성이 복종한다. 영이 본래부터 행해

지지 않고 그로써 그 백성을 가르치면, 곧 백성이 복종하지 않는다. 영이 본래부터 행해지는 것은 무리와 서로 얻는 것이다.

【文義】 영(令)은 교령(敎令)으로 가르쳐 인도하는 것이다. 문(文)은 질서와 예절이란 뜻이고, 무(武)는 상대적으로 쓰이는 말이다. 제(齊)는 가지런하게 하는 것이다. 필취(必取)는, 싸우면 반드시 이기고 치면 반드시 얻는다는 옛말에서 나온 것이다.

사졸을 인도하는 데는, 질서와 상호 이해라는 것이 기본이 되지만, 이것을 정비하여 실전에 적합하게 하는 것은, 무덕(武德) 즉 위력적인 힘이라야만 되는 것이다. 이 문과 무를 다 갖추고 있어야만, 여기에 비로소 백전 백승이란 것이 생겨나게 되는 것이다.

질서가 충분히 유지되고 상호간에 이해가 되어 있어야만, 지시와 교도가 제대로 행해질 수 있는 것이다. 이것이 없이 무리하게 명령이나 호령을 해 보아야 좀처럼 따라오지 않는다. 상호 이해가 되어 있다는 것은, 민중과 한몸이 되어 있다는 것이다.

거기에는 빈틈 없는 굳은 단결이 있다. 이것이 모든 것의 기본이다.

【解說】 이것이 『행군』편의 끝맺음 말로 되어 있다. 일하는 사람들과 지도자와의 사이가 서로 호흡이 잘 맞는 것, 이것이 모든 것의 근본 문제가 된다. 그렇게 되는 데는 충분한 바른 이해와 질서가 잘 이뤄져 있지 않으면 안된다. 나라를 움직이는 것도, 군을 움직이는 것도, 또 사업을 운영하는 것도 모두 이것이 기본이 된다는 것이다.

地形 第十

1

> 孫子曰, 地形有通者, 有挂者, 有支者, 有隘者, 有險者, 有遠者.

【解義】 손자가 말했다. 지형에는 통하는 것이 있고, 걸리는 것이 있고, 버티는 것이 있고, 좁은 것이 있고, 험한 것이 있고, 먼 것이 있다.

【文義】 지형에는 여러 가지가 있다. 첫째로 수월하게 빠져나갈 수 있는 곳이 있고, 둘째로 방해가 있어 걸리는 곳이 있고, 셋째로 서로 마주 버티게 되는 곳이 있고, 넷째로 들어가기 어려운 곳이 있고, 다섯째로 험한 곳이 있고, 여섯째로 먼 곳이 있다.

【解說】 천시(天時)는 지리(地利)만 못하다고 하지만, 여기서는 지형에 따라 취해야 할 전법상의 주의를 말하고 있다. 전부를 여섯 가지의 모양으로 크게 나누고, 그 하나하나에 대해 앞으로 자세한 설명을 더하게 되므로, 첫머리에 대해서는 별로 해설의 필요가 없을 것이다.

2

> 我可必往, 彼可以來曰通. 通形者, 先居高陽, 以
> 糧道以戰則利.

【解義】 나도 갈 수 있고, 저도 올 수 있는 것을 통이라 말한다. 통하는 모양은 먼저 높고 양지바른 데 있으면서 양도를 이롭게 하여 그로써 싸우면 이롭다.

【文義】 고양은 높고 양지바른 곳을 말한다.
　피차가 서로 왕래하기 편한 곳, 이것을 통이라고 한다. 이러한 통하는 모양에서는 될 수 있는 한 높고 밝은 곳을 먼저 점령해야 되는데, 내왕이 편리한 만큼 자칫하면 식량 수송로를 끊길 염려가 있다. 그러므로 그 점을 충분히 유리한 조건으로 해 두고 싸움을 시작하는 쪽이 유리하다.

【解說】 싸우는 마당에 있어서의 실제의 지형에 관한 연구인 만큼, 이 편에서는 별로 직접적으로 얻어 배울 수 있는 점은 적을 것으로 생각된다. 그러나 그 속에 있는 본질적인 것을 깨달으면 크게 도움이 될 수 있을 것이다. 어쩌면 본론보다도 지엽적인 것에서 우리가 배워야 할 점이 발견될지도 모른다.
　이 조항에서는, 이쪽에 대해 편리한 지점은 상대에게도 마찬가지로 편리한 곳이기 때문에, 배후의 보급로를 안전하게 확보하라고 한 주의에 귀담아 들어야 할 점이 있는 것 같다. 이것을 사업면에서 말하면, 공개된 공동 시장 같은 것이 여기에 해당할 것이다. 그러한 시장을 상대로 할 경우는 체력적인 지속성이 없이는 문제가 되지 않는다. 잘못하면 버티기 내기가 될 수도 있다. 지구전에 필요한 조건을 최선의 상태로 갖추어 두라는 것을 암시하고 있다고 풀이하는 것이 옳을지도 모른다.

3

可以往, 難以返, 曰挂. 挂形者, 敵無備, 出而勝之, 敵若有備, 出而不勝, 難以返, 不利.

【解義】 갈 수는 있고, 돌아오기 어려운 곳을 괘(挂)에 걸린다고 한다. 걸린 모양은 적이 준비가 없으면 나가서 이기나, 적이 만일 준비가 있어 나가 이기지 못하면, 돌아오기 어려우므로 이롭지 않다.

【文義】 이쪽에서 들어가기는 수월하나 되돌아나오기는 어려운, 뜨개바늘처럼 되는 지형을 걸린 곳이라 말한다.
　이러한 모양의 지형에서는, 적의 방비가 불완전하다고 생각되면 과감히 나가 공격하면 이길 수 있을 것이다. 그러나 만일 상대에게 충분한 준비가 있어 승리를 거두지 못할 경우에는 다시 되돌아나올 수가 없기 때문에 아주 불리한 싸움이 되고 말 것이다.

【解說】 쥐나 족제비 잡는 통덫이 흔히 이런 모양으로 되어 있다. 처음 들어가는 길목은 좁아도 안은 널찍한 흡사 매달아 놓은 항아리 모양으로 생겼기 때문에 걸 괘(挂)자의 이름을 붙인 것이다. 이런 지형은 확실한 승산이 없는 한 들어가기 쉽다고 우우 몰려들어갔다가는 가도오도 못하는 난처한 입장에 빠지고 만다.

4

> 我出而不利, 彼出而不利曰支. 支形者, 敵雖利我, 我無出也, 引而去之, 令敵卒出而擊之利.

【解義】 내가 나가도 이롭지 않고, 적이 나와도 이롭지 않은 것을 지(支) 즉 버틴다고 한다. 이런 버티는 모양은 적이 비록 나를 이롭게 하더라도 나는 나가지 말아야 한다. 이끌고 떠나 적으로 하여금 반쯤 나오게 하고 치면 이롭다.

【文義】 이쪽에서 나가 공격을 해도 불리하고, 상대 쪽에서 이쪽을 공격해 나와도 불리하므로 서로 마주 버티고 있어야만 하는 지형을 버티는 곳이라 말한다.
　이러한 지형에서는 설령 상대가 이쪽에 유리할 수 있는 허점을 보이더라도 어설피 끌려 들어가서는 안 된다. 차라리 반대로 이쪽에서 진을 철수하거나 후퇴하는 것처럼 보이고, 적이 여기에 이끌려 반쯤 나오거든, 시기를 놓치지 말고 맹렬한 공격을 가하는 편이 유리하다.

【解說】 이러한 서로 나아가지 못하며, 마주 버티고 있는 상태는 흔히 볼 수 있는 일이다. 인내력이 부족해서 먼저 손을 내민 쪽이 지고 마는, 긴박한 대립 상태에 놓여 있을 때, 양쪽은 서로가 다 초조해지기 마련이다. 일촉 즉발(一觸卽發) 조금만 자극이 주어지면 폭발하고 만다.
　이러한 때에 유인의 손길이 닿기만 하면 금방 따라 들어가고 싶어진다. 그것이 불리한 것인 줄 알면서도 자칫 그만 발길을 내딛고 만다. 이러한 때의 은인 자중, 꾹 참고 견디는 수련이 중요하다.

차라리 후퇴를 해서 상대를 끌어내는 것이 이런 긴박한 상태에서는 승리의 가능성이 큰 것이다. 상대가 반쯤 끌려 나왔을 때 이것을 치는 것은 앞에 나온 도강 작전에서 이미 배운 바다.

이 서로 버티며 바라보고 있을 때의 마음가짐은, 사업면에서 특히 주식 투자가들에게 꼭 필요한 것이다.

5

> 隘形者, 我先居之, 必盈之以待敵, 若敵先居之, 盈而勿從. 不盈而從之.

【解義】 애형 즉 좁은 모양은, 내가 먼저 있으면 반드시 채워 그로써 적을 기다리고, 만일 적이 먼저 있으면 채우고 쫓지 말라. 차지 않았거든 쫓으라.

【文義】 채운다는 것은 좁은 곳을 막아 버리는 것이다.

좁은 지형이란 앞에서도 말했다.

좁은 지형이란 앞에 말한 것처럼, 들어가는 길목이 좁고 양쪽이 산으로 되어 있는 통로가 하나뿐인 곳을 말한다. 이러한 곳에서는, 이쪽이 먼저 도착해 점령했을 경우에는 들어오는 길목을 충분히 다진 다음 적이 가까이 오기를 기다리는 편이 유리하고, 반대로 상대가 먼저 와 점령하고 있으면 그 들어가는 길목이 적에 의해 다져져 있는 한, 적을 뒤쫓아 들어가지 않는 것이 좋을 것이다. 이 관계는 양쪽이 서로 같다.

다만 상대가 그런 준비를 미처 않고 있으면, 그때야말로 상대의 뒤를 추격해 들어가야 하는 것이다.

【解說】 사업면에 예를들면 이른바 독점 사업이란 것이 있다. 어느 좁은 범위의 수요선과 결부되어 있는 사업이라든가, 혹은 특수한 성능을 가진 제품에 관한 사업 등이 여기에 해당할 것이다. 이러한 사업을 그대로 혼자 지켜나가려 할 경우라든가, 또는 외부에서 여기에 손을 대려고 한다든가 하는 경우가 이 좁은 지형에 해당될 것이다.

이럴 경우, 어디까지고 이것을 혼자 지켜나가고 싶으면, 이 독점의 첫 길목에 해당한 좁은 범위의 수요선과 거래 관계를 확고히 해두고, 특수 성능의 특수성을 어디까지나 소중히 견지해 나가지 않으면 안된다. 지금까지의 독점에 만족하여 길목 수비에 무관심하든가, 그러한 특수 지형만을 믿고 특수성을 더욱 살려 나가지 않는다면, 언제 어떻게 외부의 기습 공격을 받을지 알 수 없는 것이다.

또 이러한 독점 사업에 손을 내밀고 싶으면, 역시 단 하나밖에 없는 수요선에 어떤 방비가 되어 있는지를 먼저 조사해 볼 일이다. 조사해 보아 제삼자가 도저히 뚫고 들어갈 수 없는 깊은 결탁이 되어 있다든가, 이쪽 제품의 성능이 상대방 제품의 특수 성능을 월등 능가할 수 있는 무엇이 발견되지 않는 한, 경솔하게 손을 대지 않는 것이 좋다.

6

險形者, 我先居之, 必居高陽以待敵, 若敵先居之, 引而去之, 勿從也.

【解義】 험한 모양은, 내가 먼저 있으면 반드시 높고 양지바른 데 있으면서 그로써 적을 기다리고, 만일 적이 먼저 있으면 이끌고 떠나 쫓지 말라.

【文義】 험한 지형에서는, 이쪽이 먼저 여기를 점령해 있을 경우에는 될 수 있는 한 지대가 높고 남쪽을 향한 밝은 곳을 골라 여기에 진을 치고, 적이 습격해 오기를 기다리는 것이 좋다. 반대로 적이 먼저 점령하고 있을 경우, 차라리 그런 곳을 철수하고, 이를 탈취하려 시도하지 않는 것이 좋다.

【解說】 흔히 말하는 고지(高地)라는 것이 바로 이 험한 모양에 해당할 것이다. 고지를 점령하기 위해 또는 이를 지키기 위해 처절한 전투를 벌인 예는 전쟁 사상 그 예를 이루 다 들 수 없을 정도다.

사업면으로 말하면, 이미 소비 시장을 먼저 점령하고 있는 산업체가 고지를 점령하고 있는 셈이 된다. 오늘날 각 매스콤을 통한 광고가 소비자를 위한 광고라기보다 상대방이 차지하고 있는 고지를 공격하기 위한 광고와, 그 고지를 앗기지 않으려는 광고가 더 많은 것도 전쟁인 이상은 불가피한 일이다. 남이 차지하고 있는 고지를 공격해 올라가기가 얼마나 힘든가를 우리는 맥주 판매전에서 볼 수 있었는데, 무리하고 무모한 공격은 지형에 대한 손자의 이론을 무시한 행동이 아닐 수 없다.

7

> 遠形者, 勢均難以挑戰, 戰而不利.

【解義】 먼 모양이란 것은, 형세가 같으면 그로써 싸움을 걸기가 어렵다. 싸우면 이롭지 않다.

【文義】 적이 아주 먼 곳에 진을 치고 있을 경우, 만일에 적과 우리 쪽 세력이 서로 비슷비슷하면, 이쪽에서 먼저 싸움을 걸기 힘들다.

싸움은 걸게 되면 거는 쪽이 그만큼 불리하다.

이유는 군대를 그만큼 고생을 시켜야만 하고, 보급선이 그만큼 길어지기 때문이며, 또 앞에서 자주 말한 여러 가지 원인 때문이다. 거리가 멀더라도 실력에 많은 차이가 있다든가, 그것을 보충할 만한 뭔가를 갖고 있으면 문제는 자연 달라지는 것이다.

【解說】 오늘날과 같이 단추 하나만 누르면 전쟁이 터지게 되어 있는 시대에서는 이 거리에 관한 이론은 성립되지 않는다고도 볼 수 있다. 그러나 여전히 장거리 유도 장치를 서두르는 나라가 있는 것은, 역시 거리가 멀다는 것이 공격에 불리하기 때문이다. 설사 지구상의 전쟁에 있어서 거리가 문제가 되지 않는다 하더라도, 그것은 그 거리를 무시해도 좋을 만한 이유가 있기 때문으로, 이 이론의 밑바닥에 있는 원리에는 조금도 변함이 없는 것이다.

한편 사업면에서 볼 때, 너무 도에 지나친 원대한 계획을 세우는 것도 여기에 해당하게 될 것이다. 중소 기업 같은 데서 흔히 볼 수 있는 현상으로, 목적도 훌륭하고 수단과 방법도 정당한 것이었지만, 그것이 너무 기간이 걸리는 사업이었기 때문에, 도중에 힘이 모자라 사방으로 자금을 끌어 대다 못해 결국 쓰러지고 마는 예를 종종 보게 된다. 이것은 자기 실력과 거리라는 것을 계산에 넣지 않은 싸움을 시작한 데서 온 결과인 것이다.

8

凡此六者, 地之道也. 將之至任, 不可不察也.

【解義】 무릇 이 여섯 가지는 땅의 도다. 장수의 지극한 소임이니 살피지 않을 수 없다.

【文義】 이상 말한 여섯 가지는, 지형에 의한 전투의 관찰과 추리 방법이다. 이것은 통솔자에 있어서 가장 중요한 임무의 하나다. 이에 대한 충분한 지식과 함께 항상 주의하지 않으면 안되는 것이다.

【解說】 위에 말한, 통한 모양, 걸린 모양, 버틴 모양, 좁은 모양, 험한 모양, 먼 모양의 여섯에 대한 이론은, 통솔자가 큰 국면에서 꼭 사전에 미리 알아 두지 않으면 안되는 일이다. 이 가운데는 이미 거의 상식처럼 되어 있는 것도 있지만 어느 것이나 병법의 근본 원리를 지니고 있는 것이다. 구체적인 예를 알아 둔다는 것보다는 그 본질적인 것을 파악하는 일이 중요하다.

9

故兵有走者, 有弛者, 有陷者, 有崩者, 有亂者, 有北者. 凡此六者, 非天地之災, 將之過也.

【解義】 그러므로 군사에는 달리는 것이 있고, 늦은 것이 있고, 빠지는 것이 있고, 무너지는 것이 있고, 어지러운 것이 있고, 패하는 것이 있다. 무릇 이 여섯 가지는, 하늘과 땅의 재앙이 아니고 장수의 허물이다.

【文義】 그러므로 전투에서 패하는 것에 여섯 가지 종류가 있다. 즉 상대할 수 없어 쫓겨 달아나는 것이 있고, 장수의 통솔이 제대로 되지 않아 전투를 할 수 없게 되는 것이 있고, 군사의 사기가 오르지 않아 자멸하는 것이 있고, 장수의 독단에 의해 붕괴되는 것이 있고, 오합지졸에 의해 혼란에 빠지는 것이 있고, 장수의 지혜와 꾀가 모자라 패하고 마는 것이 있다. 대개 이 여섯 종류의 패전은, 자연으

로 인해 오는 재난이 아니고 장수가 불러온 실책 때문이다.

【解說】 주(走)·이(弛)·함(陷)·붕(崩)·난(亂)·배(北)라는 군사의 여섯 가지 형태가 있다는 것, 그것들은 자연적인 재난이 아니고 인위적인 재난이란 것, 인위적인 재난이란 것은 어디까지나 지도하는 위치에 있는 사람의 책임이란 것을 첫머리에 말해 주고, 다음에 차례로 그 여섯 가지 모양에 대해 간단한 해설이 더해지고 있다.

10

夫勢均以一擊十曰走, 卒强吏弱曰弛, 吏强卒弱曰陷.

【解義】 대저 세력이 같은데 하나를 가지고 열을 치는 것을 주(走)라 말하고, 군사가 강하고 장교가 약한 것을 이(弛)라 말하고, 장교가 강하고 군사가 약한 것을 함(陷)이라 말한다.

【文義】 이(吏)란 것은 군의 일을 맡고 있는 사람, 일반 장교와 하사관 등을 말한다. 군대의 소질 무기의 우수성, 장비의 충실도 등, 군의 세력이 대등한데 1대 10이라는 큰 차가 있는 군사의 수로써 상대와 맞서게 되면, 이것은 싸우다가 달아나야 되는 결과밖에 낳지 못한다.

군사들 쪽이 강하고, 이들을 지휘하는 하급 장교와 하사관들이 통솔력이 없고 겁이 많으면, 그 군대는 기강이 해이해져서 긴장감이 없다.

이와는 반대로 하사관만 강하고 군대가 모두 약하면, 제대로 싸우지 못하고 주저앉게 된다.

【解說】 군대에서 여섯 가지 경향이 있다고 보고, 그것의 특색과 그러한 경향을 낳게 되는 이유를 관찰한 것인데 이것은 그대로 일하는 사람들의 직장 분위기란 것으로 바꿔 놓을 수가 있을 것 같다.

맨 먼저 달아나는 군사인데, 하나를 가지고 열을 친다는 것은, 『모공(謀攻)』편에서 말한 포위 작전을 펼 수 있는 상대의 병력을 맞아 수비도 아닌 공격을 가하려는 무리에서 오는 결과다. 당연히 있어야 할 필요한 인원이 몹시 부족해 있다든가, 설비 불완전이라든가, 이러한 이유에서 능력 이상의 작업을 강요하게 되면, 짧은 시일은 어떻게 견뎌 나갈 수 있겠지만 그 동안에 파탄이 생기게 되어 인원과 설비에 해당하는 능률마저 오르지 않게 된다.

다섯이란 실력을 가지고 여섯이나 일곱 정도의 일은 어떻게 해나갈 수 있겠지만, 아홉이나 열이라는 양의 일을 기대하게 되면 반대로 넷이나 셋의 양밖에 얻지 못하게 된다. 양은 채울 수 있어도 질에 있어서는 그 이상의 결함이 생기고 만다. 이것을 달아나는 군사라 불러서 좋을 것이다. 전진을 위한 무리한 공격이 퇴각하는 결과를 촉진하고 있듯이, 지나친 증산 의욕이 제품 자체를 엉망으로 만들고 마는 것이다.

이(吏)는, 과장·계장·주임과 같은 부서를 맡고 있는 사람들이다. 일반 사원과 공원들이 아무리 우수하고 부지런하더라도 이런 부서 책임자들에게 결점이 있으면, 전체 공기가 산만하고 해이해져서 일이 제대로 착착 진행되지 않게 된다. 직장 분위기가 산만해지고, 일에 생기가 없어지고 마는 것이다. 이것이 해이해진 군사란 것이다.

반대로 부서를 맡고 있는 사람만이 긴장되어 있고, 평사원과 공원들의 소질과 정신 상태가 좋지 못하면, 모든 것이 마치 엔진만 돌아가는 기계 모양으로 전혀 능률이 나타나지 않게 된다. 이것이 함정에 빠진 군사가 되는 것이다.

이러한 달아나는 군사, 해이해진 군사, 빠져 버린 군사의 상태가 되면, 무조건 그 책임을 묻게 되는 것은 부서 책임자들이 되기 쉬운데, 이들 말단 책임자들의 책임을 묻기 전에 이러한 진행을 만든 최고 간부 쪽의 반성이 필요한 것이다.

11

大吏怒而不服, 遇敵懟而自戰, 將不知其能曰崩.

【解義】 큰 관리가 성내어 복종하지 않고, 적을 만나 원망하여 스스로 싸우며, 장수가 그 능을 알지 못하는 것을 붕(崩)이라고 한다.

【文義】 대(懟)는 원망한다는 뜻이다.
최고 지휘관에게 그만한 역량이 없으면 그 아래 있는 고급 지휘관이 이를 못마땅하게 여기고, 좀처럼 그의 명령에 복종하려 들지 않는다. 그래서 적을 만나는 상관의 처사에 반발하려는 생각 때문에 제멋대로 행동을 하게 된다. 이것은 장군이 그 부하들의 기능과 역량을 올바로 알지 못하고, 그들을 제대로 활용하지 못하기 때문으로, 이런 최고 지휘관을 받들고 있게 되면, 자연 그런 결과를 나타내게 된다.
이것을 무너진 군사, 즉 통제가 제대로 되어 있지 않은 군사라고 말하는 것이다.

【解說】 사업면으로 말하면, 회장이니 사장이니 중역이니 하는 사람들의 사업 경영에 대한 지식이 부족하고, 유능한 간부 사원의 의견을 듣는 일도 없고, 전혀 실정에 맞지 않는 방침만을 시달하게 되면 부장급과 공장장급의 사람들은 불만으로 꽉 차고 만다. 이리하여 상부의 처사에 불만을 품게 되면 저마다 자기 판단으로 일을 할 수

밖에 없게 된다.

　이렇게 각 부서가 제멋대로 일관된 방침 없이 움직이게 되면 위에서 아래까지 호흡이 맞는 사업 운영이 될 리가 만무하다. 이것이 무너진 군사인 것이다.

12

> 將弱不嚴, 敎道不明, 吏卒無常, 陣兵縱橫曰亂.

【解義】 장수가 약하여 엄하지 못하고, 교도(敎道)가 밝지 못해, 관리와 군사가 떳떳함이 없고, 군사를 벌이는 것이 종횡인 것을 난(亂)이라 말한다.

【文義】 교도(敎道)는 교도(敎導)의 뜻으로 여기서는 군사상의 교육과 지도를 말한다.

　총지휘관이 마음이 약하고 성질이 부드러워 부하를 대하는 것이 엄하지가 못하고, 평소의 훈련 또한 철저하지 못해, 모든 것이 원리 원칙대로 행해지지 않게 되면, 아래 있는 사관이나 병졸들까지 기강이 문란해져서, 막상 실지 전투에 들어가서도 진을 벌이고 있는 모양이 가로 세로 멋대로 되고 만다. 이런 것을 가리켜 어지러운 군사라고 한다.

【解說】 엄(嚴)이란 것은 물론 부하에 대한 지휘자의 엄격한 태도를 뜻하는 것이지만, 그것은 부하를 가혹하게 다룬다는 뜻이 아니고, 그의 말과 행동에 따른 확고 부동한 자세가 부하에게 주는 심리적인 효과를 말하는 것이므로, 어느 의미에서는 지휘자 자신에 대한 엄격한 태도로 해석하는 것이 바른 것일지도 모른다.

　스스로 돌이켜 보아 자기 자신에게 엄격하지 못하면, 아무리 귀찮고 시끄럽게 굴어도 올바른 교육이나 훈련이 될 리가 없는 것이다.

　그러한 상태에서는 절대로 업적이 오르지 않는다. 업적이 오르지 않는다고 해서, 무턱대고 집무 규정을 만들어 내고 노발대발 호통이나 치고 하면, 오히려 역효과를 낳게 되어 전체적으로 보다 심한 반발과 문란만 가져오게 된다.

13

> 將不能料敵, 以少合衆, 以弱擊强, 兵無選鋒曰北. 凡此六者, 敗之道也, 將之至任, 不可不察也.

【解義】 장수가 능히 적을 헤아리지 못하여, 적은 것을 가지고 많은 것과 마주치고, 약한 것을 가지고 강한 것을 치며, 군사에 선봉(選鋒)이 없는 것을 패한 것이라 한다. 무릇 이 여섯 가지는 패하는 길이다. 장수의 지극한 소임이니 살피지 않을 수 없다.

【文義】 선봉(選鋒)은 가려 뽑은 선봉 부대, 즉 앞에서 적을 돌격할 수 있는 정예 부대를 말한다.

　총지휘관이 적의 실력을 정확하게 판단할 능력을 갖고 있지 못하면, 적은 병력으로 많은 적을 상대하기도 하고, 약한 부대로 적의 강력한 부대를 공격하기도 한다. 이러한 상태에서는 도저히 유력한 정예 부대를 선두에 세우고, 당당한 진용으로 적과 싸울 수 없는 것이므로, 싸우다 진 군사들은 저마다 멋대로 도망치고 만다. 이것이 이른바 패배한 군사인 것이다.

　이상 여섯 가지 군사의 모양은 패한 군사의 전형적인 것이다. 이렇게 되는 최고 책임은 총대장에게 있다. 깊이 명심하지 않으면 안 된다.

【解說】 수뇌부에 일의 비중을 판단하는 능력이 없으면 그저 닥치는 대로 부딪쳐 나간다. 부딪쳐 싸우다 보면 설마 무슨 길이 열리겠지 하는 막연한 기대만 가지고는 도저히 큰일을 할 수 없는 것이다. 이런 식으로 움직이게 되는 것이 패하는 군사이다.

이상 여섯 가지로 나눠진 패하는 길은 사업 경영의 형태에도 그대로 적용된다. 여섯 가지 외에도 패하는 길이 다소 있을지 모른다. 그러나 주요한 것은 여기에 다 포함된 것으로 생각된다. 기업인들은 이 손자의 충고를 크게 명심할 필요가 있을 것 같다.

14

夫地形者, 兵之助也. 料敵制勝, 計險阨遠近, 上將之道也. 知此而用戰者必勝, 不知此而用戰者必敗.

【解義】 대저 지형은 군사의 도움이다. 적을 헤아려 이김을 만들고, 험액원근(險阨遠近)을 계산하는 것은 상장의 길이다. 이를 알아 싸움을 하는 사람은 반드시 이기고, 이를 알지 못하고 싸움을 하는 사람은 반드시 패한다.

【文義】 험액(阨險)은, 험한 곳 좁은 곳으로 지나가는 길에 대한 지형을 말한다.

이렇게 생각하게 되면, 지형이란 결국 전투에 있어서 보조적인 것이 된다. 상대를 알아 이길 수 있는 방법을 빈틈없이 세우고, 지형의 험하고 좁은 거라든가, 멀고 가까운 것 등을 치밀하게 검토 활용한다. 이것이 총지휘관의 임무인 것이다.

이런 원리들을 충분히 이해하고, 그 법칙대로 싸움을 하면 틀림없이 승리를 가져올 수 있고, 그런 원리를 모르고 무턱대고 싸움만 하게 되면 반드시 패한다.

【解說】 객관 정세가 이러니 저러니 하고 떠들어 보았자, 결국은 실동(實動) 부대의 활동이 중요한 것이다. 객관 정세는 실동 부대의 활동에 있어서 보조적인 역할밖에 못한다.

먼저 면밀한 기획과 정확한 계산 위에 전쟁이든 사업이든 진행이 되지 않으면 이 보조적인 객관 정세를 충분히 활용할 수 없게 된다. 호경기에 그 호경기를 살릴 수 있는 사람이 아니면, 불경기를 타개해 나갈 능력도 없다고 보아야 할 것이다.

호경기는 잘 살려도 불경기를 제대로 타개해 나가지 못하는 경우가 많다. 그것은 보다 큰 지혜와 노력과 인내가 필요하기 때문이다. 따라서 호경기는 제대로 살리지 못해도 불경기만은 잘 타개해 나간다는 경우는 거의 없는 것이다.

이러한 기본 계획과 운영 능력과 정세 판단과 그 활용 및 타개에 수뇌진의 역량이라는 것이 여실히 나타나게 되는 것이다.

15

故戰道必勝, 主曰無戰, 必戰可也. 戰道不勝, 主曰必戰, 無戰可也, 故進不求名, 退不避罪, 惟民是保而利於主, 國之寶也.

【解義】 그러므로 싸움의 길이 반드시 이기게 되어 있으면, 임금이 싸우지 말라 해도, 반드시 싸우는 것이 옳다. 싸움의 길이 이기지 못하게 되어 있으면, 임금이 꼭 싸우라 해도, 싸우지 않는 것이 옳다. 그러므로 나아가도 이름을 구하지 않고 물러나도 죄를 피하지 않으며, 오직 백성만을 이에 보호하여 임금에게 이롭게 하는 것은 나라의 보배다.

【文義】 그러므로 여러 모로 생각한 끝에, 이 싸움은 절대로 이길 수 있는 싸움이란 판단이 서게 되면, 임금의 명령으로 싸우지 말라는 시달이 있더라도, 이에 거역하여 꼭 이길 수 있는 싸움을 해야 한다. 또 그 반대로 꼭 싸우도록 하라는 임금의 명령이 있더라도 도저히 이길 수 없는 싸움이란 판단이 서게 되면 싸우지 말아야만 한다.

그러므로 앞으로 나아가 적을 치는 것도 승리의 명성을 얻기 위한 동기에서가 아니고, 적을 피해 후퇴하는 것이 꼭 옳다고 생각되면 처벌마저 두려워하는 일이 없이, 모든 행동과 결정이 오로지 백성을 보호하여 그로써 나라와 임금에게 유리한 결과가 오게 하려는 생각에서 나온다면, 이런 장군이야말로 나라의 보배인 것이다.

【解說】 여기서는 완전 무결한 수뇌진의 이상형에 대해 언급하고 있는 셈인데, 그런 이상형의 좋은 예는 충무공 이순신 장군이 될 수 있을 것이다. 왜적의 농간에 끌려들어 한산도 요격을 나라에서 명령했을 때 충무공은 이를 거역하여 그로 인해 역적의 누명을 쓴 채 죽을 뻔 하기까지 했던 것이다.

기업 운영에 있어서, 주요한 임무를 띤 간부가 긴박한 사태에서 자기 판단으로 기업주의 지시와 명령에 배치되는 행동을 할 수도 있는 것이다. 그러나 거기까지 이르려면 그만한 실력과 자신이 있어야 할 것은 물론이고, 그로 인해 자신에게 미칠지도 모를 이해 관계를 초월한 심경이 아니어서는 안된다는 것이다.

전종업원의 복지와 사업체의 이익, 오직 그것만을 염원할 뿐, 아무런 사적인 이해 타산의 심정을 갖지 않은 그런 이상형의 수뇌가 있다면, 그야말로 그 회사의 보배가 아닐 수 없다. 그러나 그런 보배가 나올 수 있다는 것은, 그만한 전통과 의리 관계가 있은 뒤의 이야기가 아니면 안된다.

16

> 視卒如嬰兒, 故可與之赴深溪. 視卒如愛子, 故可與之俱死. 厚而不能使, 愛而不能令, 亂而不能治, 譬如驕子, 不可用也.

【解義】 군사 보기를 어린아이같이 한다. 그러므로 함께 깊은 골짜기도 달릴 수 있다. 군사 보기를 사랑하는 자식같이 한다. 그러므로 함께 죽을 수 있다. 후하게 하며 능히 부리지 못하고, 사랑하며 능히 시키지 못하고, 어지러워도 능히 다스리지 못하면, 비유하면 교만한 자식과 같은지라 쓸 수가 없다.

【文義】 교만한 자식이란 제멋대로 하는 응석받이를 말한다.
　장군이 병졸들을 돌보아 주는 것은 마치 부모가 어린아이를 돌보듯 하는 것이 바람직한 일이다. 이래야만 함께 손을 잡고 깊은 골짜기 속이나 절벽 위로 달릴 수 있게 된다. 또 이들 병사를 보살피는 것을 귀여운 내 자식을 대하는 심정으로 하게 되면, 그들을 데리고 생사를 같이할 수 있다.
　그러나 이 귀여워하는 것은 자칫 잘못되면 엉뚱한 결과를 가져오게 된다. 너무 오냐 오냐 하면, 시키는 말도 듣지 않고 질서만 문란해져 전체를 바로잡을 수가 없게 된다. 마치 부잣집 외동아들처럼 버릇만 나빠져서 군대로서 아무 쓸모가 없게 된다.

【解說】 앞에 언급한 바 있는 오기(吳起)가 군사들로 하여금 물불을 가리지 않고 뛰어들게 만드는 비법은, 그의 엄격한 통제와 함께 병졸들을 친자식처럼 아끼고 사랑하는 것이었다.

사용주와 고용인과의 관계가 친부모 자식 같이 되는 것은 이상적인 형태다. 그러나 여기에도 역시 위험은 숨어 있다. 너무 귀여워만 하면 고맙게 생각하는 대신 무시하게 되는 것이다.

그러나 노사 관계를 어디까지나 준 것만큼 받는 계약 관계로 유지한다는 것은 좋지 못한 것이다. 이러한 애정 관계를 가리켜 전근대적이라고 평하는 사람이 있지만, 같은 사업에 종사하는 공동 운명체적인 심정으로 되는 데는 역시 서로를 아끼고 사랑하는 인간미가 그 바탕이 되어 있어야 한다.

17

> 知吾卒之可以擊而不知敵之不可擊, 勝之半也.
> 知敵之可擊而不知吾卒之不可以擊, 勝之半也. 知敵之可擊, 知吾卒之可以擊而不知地形之不可以戰, 勝之半也.

【解義】 내 군사가 칠 수 있는 것을 알고, 적을 칠 수 없는 것을 알지 못하는 것은 이김의 반이다. 적을 칠 수 있는 것을 알고, 내 군사가 칠 수 없는 것을 알지 못하는 것도 이김의 반이다. 적을 칠 수 있는 것을 알고, 내 군사가 칠 수 있는 것을 알아도 지형이 싸울 수 없는 것을 알지 못하는 것은 이김의 반이다.

【文義】 자기 군대의 실력이 적을 쳐서 이길 만한 실력이 있다는 것을 알고 있어도, 상대방의 실력이 과연 쳐서 이길 만한 것인지 아닌지를 알고 있지 않는 한, 이 싸움의 승부는 싸워 보지 않고는 알 수 없는 일이다.

또 상대방의 실력이 약하다는 것만 알고 있고, 우리 군사가 과연 그 약한 적을 쳐서 이길 수 있는지를 알지 못하는 한, 이 승부 역시 반반으로 보아야 할 것이다.

다시 또 쌍방의 실력을 다 잘 알고 있더라도, 싸우는 곳으로서의 지형이 적과 나와의 사이에 어떤 관계에 있는지를 파악하지 못하고 있으면 이 승부 역시 반반으로 보아야 할 것이다.

【解說】 『모공(謀攻)』편 맨 끝에 「저를 알고 나를 아는 사람은 백 번 싸워 위태롭지 않고, 저를 알지 못하고 나를 알면 한 번 이기고 한 번 진다……」고 했는데, 여기서는 저를 알고 나를 알지 못하는 것 외에 다시 한 번 말을 바꾸어 나를 알고 저를 알지 못하는 경우를 포함하여 승부가 반반이란 것을 말하고, 이것을 말의 실마리로 해서, 아무리 적과 나를 다 안다 해도 지형을 제대로 활용하지 못하면 소용이 없다는 것을 강조하고 있다. 즉 「지피 지기면 백전 불태」라고 한 『모공』편의 말을 불완전한 것으로 보고, 여기에 지형을 알고 있다는 것을 전제로 할 것을 덧붙이고 있는 것이다.

사업면에 있어서의 지형은 이른바 입지(立地) 조건이 될 수 있을 것이다. 회사와 공장을 어디에 어떻게 차리느냐 하는 지정학적 지식과 안목과 계산이 없으면, 다른 면이 다 충분하다 해도 그것의 성공을 꼭 기대할 수는 없다는 이야기가 된다.

18

> 故知兵者, 動而不迷, 擧而不窮. 故曰, 知彼知己, 勝乃不殆, 知天知地, 勝乃可加全.

【解義】 그러므로 군사를 아는 사람은, 움직이면 헤매지 않고 돌면 궁하지 않다. 그러므로 말한다. 저를 알고 나를 알면 이기어 곧 위태롭지 않고, 하늘을 알고 땅을 알면 이기는 것이 온전할 수 있다.

【文義】 지금까지 말해 온 대로, 싸움이란 것을 잘 알고만 있으면 행동을 일으킨 뒤에 이럴까 저럴까 하고 망설이는 법이 없고, 일단 일을 시작하면 도중에 막히거나 하는 일이 없다.

이것이 이른바, 상대를 알고 나 자신을 알면 승리에 불안감이란 것이 전혀 없고, 하늘의 시기를 알고 땅의 이로움을 알면 완전한 승리를 얻을 수 있다는 것이다.

승리에는 우연이란 것은 일체 없는 법이다. 이길 만한 이유가 있은 다음에 비로소 이기는 것이다. 지형이란 병술 분야도 이러한 활용에 의해 비로소 살게 되는 것이다.

【解說】 『지형』편의 끝매듭을 짓는 말이다.

여기서는 서로 떨어져 있는 고립된 지식이어서는 실지면에서 활용될 수 있는 참지식이 될 수 없다는 것을 말하고 있다. 개개의 독립된 지식이 하나로 종합 통일되어 있어야만 비로소 그 실효를 거둘 수 있다는 것이다. 그리고 종합 통일된 지식 그것만으로 충분한 것이 아니고, 그것을 실지에 적응시켜 이를 활용할 수 있는 능력이 또한 필요한 것이다.

지형이란 싸우는 장소로 객관적인 정세다. 이 객관 정세를 당면한 목적을 위해 어떻게 적응시키고 활용하느냐 하는 것은, 결국 사람과의 관계에 있다고 보여진다. 『지형』편이라 제목을 붙이고 있으면서 주로 사람을 어떻게 움직이느냐 하는 것을 말하고 있는 것은 그런 이유에서라고 생각된다.

《맹자》에 「천시(天時)가 지리(地利)만 못하고, 지리가 인화(人和)만 못하다」고 한 것도 같은 진리에서 나온 말일 것 같다.

객관 정세에 대한 고찰은 다음 『구지』편에 계속되고 있다.

九地 第十一

1

> 孫子曰, 用兵之法, 有散地, 有輕地, 有爭地, 有交地, 有衢地, 有重地, 有圮地, 有圍地, 有死地.

【解義】 손자가 말했다. 군사를 쓰는 법에는 산지(散地)가 있고, 경지(輕地)가 있고, 쟁지(爭地)가 있고, 교지(交地)가 있고, 구지(衢地)가 있고, 중지(重地)가 있고, 비지(圮地)가 있고, 위지(圍地)가 있고, 사지(死地)가 있다.

【文義】 산지란 것은 산만해지기 쉬운 땅, 경지란 것은 동요하기 쉬운 땅, 쟁지란 것은 서로 앗았다 앗겼다 하는 땅, 교지는 나가고 들어오기 쉬운 발판이 좋은 땅, 구지란 것은 교통의 요지로 각국과 서로 통할 수 있는 지점, 중지는 경지의 반대로 움직이기 힘든 곳, 비지는 마음대로 드나들 수 없는 황무지, 위지는 산이나 강으로 둘러싸인 곳, 사지는 이제 죽느냐 사느냐 하는 막다른 골목에 빠져 있는 곳을 의미한다.

처음에 나와 있는 산·경·쟁 세 땅을 제한 그 다음은, 『구변』편에 나와 있는 육지(六地)와 같은 것이다.

어째서 같은 문제가 다시 등장하게 되느냐 하는 이유는, 전혀 다른 관점에서 음미되고 있기 때문이다. 구지의 내용이라든가, 그 견해의 차이 같은 것은 다음에 하나씩 해설을 더하게 될 것이므로, 여기서는 구지 구변(九地九變)의 법칙이 있다는 것만을 알면 된다.

【解說】 여기서는 앞의 지형편에 이어 지리적인 것에 관계되는 전반적인 문제, 구지 구변이란 것에서부터, 그것과 관련된 사물의 관찰 방법을 발전시켜 설명을 하려 하고 있는 것이다.

2

> 諸侯自戰其地者, 爲散地. 入人之地而不深者, 爲輕地. 我得則利, 彼得亦利者, 爲爭地.

【解義】 제후가 스스로 그 땅에서 싸우는 것은 산지가 된다. 남의 땅에 들어가 깊지 않은 것은 경지가 된다. 내가 얻으면 곧 이롭고, 저가 얻어도 또 이로운 것은 쟁지가 된다.

【文義】 적군의 침입으로 자기 영토 안에서 싸울 경우는, 군사들은 아무래도 애착이 많은 땅이요, 친척과 아는 사람들이 주위 가까이 있기 때문에, 싸울 의사가 좀처럼 하나로 뭉쳐지지 못하고, 자칫하면 산만해지기 쉽다.

다음에, 남의 나라 영토로 쳐들어가 싸우는 경우에도, 그다지 깊숙이 들어가 있지 않는 한, 군사들은 본국으로 되돌아가고 싶은 생각이 강하고, 또 고장 소식이 자꾸만 들려 오기 때문에 적과 싸우는 마음이 확고하지 못하다. 이런 것을 경지라고 한다.

그리고 그것을 손에 넣으면 전략상 대단히 중요한 의미를 갖는 땅은, 한발 먼저 점령한 쪽이 이긴다. 그러한 곳은 서로가 먼저 손에 넣으려 한다. 이것이 쟁지다.

【解說】 자기 영토 안에서의 싸움이니까 일치 단결해서 잘 싸울 것 같지만 실은 그렇지 못한 것이다. 내가 애써 가꿔 놓은 논밭과 재산, 내 가족 내 친척들을 보호하고 아끼는 생각에서 자꾸만 마음이 섞갈리게 된다.

자연 적극적인 공세보다 소극적인 수비 태세로 옮기는 경우가 많다. 이것은 어떤 기업이 자기 세력권 내에서 새로 등장한 경쟁자와 맞서 싸울 경우도 마찬가지다.

잘못 싸움을 벌이면 긁어 부스럼내는 격이 될까 조심을 하게 되고, 적과 싸우랴, 기존 세력을 지켜 나가랴 심리적으로 매우 뒤숭숭해지기 마련이다.

남의 영토나 분야로 쳐들어갔을 때는, 그것이 초보적인 첫단계였을 경우는, 공연한 싸움을 시작한 것이 아닌가? 지금이라도 그만 손을 떼는 것이 좋지 않을까? 멧돼지 잡으려다 집돼지 놓치는 격이 되지 않을까? 하고 진지한 심정일 수 없는 것이 보통이다.

유리한 곳을 먼저 점령하면, 다음 작전이 수월해지는 것은 뻔한 일이다. 전투에 있어서나, 경쟁에 있어서나, 거점 확보의 고지 점령이니 하는 것은, 언제나 치열한 쟁탈전을 벌이게 되는 법이다. 산업전에 있어서 재료 공급원과 소비지 진출을 놓고 아직 서로 손대지 않은 곳을 찾아 혈안이 되어 있는 것도 이 쟁지의 물색 때문이라고 볼 수 있을 것이다. 또 기술 도입이니 신개발이니 하는 것도 역시 쟁지의 탈취를 누가 먼저 하느냐 하는 싸움과 다를 것이 없다.

3

我可以往, 彼可以來者, 爲交地. 諸侯之地三屬, 先至而得天下之衆者, 爲衢地. 入人之地深, 背城邑多者, 爲重地.

【解義】 내가 갈 수 있고, 저가 올 수 있는 것은 교지가 된다. 제후의 땅이 세 곳에 붙어, 먼저 이르면 천하의 무리를 얻게 되는 것이 구지가 된다. 남의 땅에 들어간 것이 깊어, 성과 고을을 등진 것이 많은 것은 중지가 된다.

【文義】 삼속(三屬)이란 것은 3면이 다른 이웃 나라에 접해 있다는 뜻이다. 삼이란 글자를 쓴 것은 오나라가 동쪽이 바다와 접해 있기 때문에 생겨난 말인 것 같다. 결국 사면이든 오면이든 많은 이웃과 통하기 쉬운 네거리처럼 된 곳을 말하는 것이다.

이쪽에서도 가기 쉽고, 저쪽에서도 오기 쉬운 곳, 이것이 교지다.

다음에, 이곳만 꽉 누르고 있으면 사방 팔방을 내 손아귀에 넣을 수 있는 그런 효과적인 곳이 구지다.

적의 땅 깊숙이 쳐들어가 적의 성과 도시들을 배후에 끼고 있는 곳이 중지다. 여기까지 들어오게 되면 그리 간단히 진퇴를 결정할 수 없게 된다. 그래서 무거운 곳인 것이다.

【解說】 누구나 손쉽게 할 수 있는 일이 있다. 누구의 손으로도 들어가기 쉬운 곳이 있을 수 있다. 이것이 교지라는 것이다.

또 여기만 꽉 움켜쥐고 있으면, 그것으로 모든 방면의 숨통을 누를 수 있는 급소에 해당하는 곳이 있는 법이다. 그러한 곳은 그것이 급소에 해당되는 만큼, 많은 사람들과 직접 이해 관계가 깊은 곳이다. 그만큼 또 어려운 곳이기도 하다. 이것이 구지다.

물러나려 해도 잘 물러날 수 없는 경지, 손을 떼게 되면 많은 희생을 각오해야만 되는 그런 영역은 중지라고 한다.

4

行山林險阻沮澤凡難行之道者, 爲圮地. 所由入

> 者隘, 所從歸道迂, 彼寡可以擊吾之衆者, 爲圍地.
> 疾戰則存, 不疾戰則亡者, 爲死地.

【解義】 산림·험저·저택, 무릇 가기 어려운 것을 비지라고 한다. 먼저 들어가는 곳은 좁고, 따라 돌아오는 곳은 멀어 저가 적은 것으로 우리 많은 것을 칠 수 있는 것을 위지라고 한다. 빨리 싸우면 살아 남고, 빨리 싸우지 않으면 망하는 것을 사지라고 한다.

【文義】 산 속의 밀림과 험준한 지형과 질퍽질퍽한 늪지대 등, 군사를 행진시키기에 힘이 드는 모든 곳을 비지라고 한다.

들어가는 길목이 몹시 좁고 막상 돌아오려 하면 멀리 돌아서 와야 하는 악조건 때문에, 적이 작은 수의 군대로 많은 수의 우리 군사를 공격할 수 있는 땅을 위지라고 한다.

또 과감한 속전 속결이란 비상 수단을 쓰면 혹 살아 남을 수가 있을지 모르지만, 그러한 수단으로 나오지 않는 한, 열에 아홉은 전멸할 위기에 처해 있는 그런 처지를 사지라고 한다.

【解說】 이것을 전쟁 이외의 경우를 두고 말하면, 이른바 내우 외환이 번갈아 이르고 있는 매우 난처한 처지, 그런 곳에서 우물쭈물하고 있어서는 안될 경우에 부닥치는 일도 있을 수 있다. 이것이 비지란 것에 해당하는 것이다.

다소의 무리를 각오하고 뛰어들면 혹은 어떻게 될 수 있을지도 모른다. 그리고 한번 뛰어들면 그렇게 간단히 물러나기도 힘든 사태가 벌어질지도 모른다. 다만 한 가지 취할 점은, 일 자체는 아주 수월한 것이므로 그러한 무리를 밀고나갈 만한 각오만 있으면 되는 곳을 위지라고 말한다.

또 이럴까 저럴까 하고 망설이고 있으면 영영 망하고 말지 모르지만, 죽을 각오로 부딪치면 예상 외로 쉽게 뚫고 나갈 수 있는 경우도 있는 법이다. 이것이 사지다.

　이상 아홉 가지 종류로 나누어, 여러 가지 처지를 늘어놓고 여기에 이름을 붙인 것인데, 이러한 처지를 당했을 때 어떻게 하는 것이 가장 좋은 방법이냐 하는 것을 다음에 설명하고 있다.

5

是故, 散地則無戰, 輕地則無止, 爭地則無攻.

【解義】 이런 까닭에, 산지에서는 곧 싸우지 말고, 경지에서는 곧 그치지 말고, 쟁지에서는 곧 치지 말라.

【文義】 이상 말한 아홉 가지 종류의 처지에 대처하는 데 필요한 마음가짐을 요약해서 설명한다.
　먼저 첫째의 〈산지〉에서는 무엇보다도 싸움을 시작하지 말 일이다. 될 수 있는 한 나라 밖으로 끌고나가지 않으면 사기가 뭉쳐지지 않는다. 사기가 하나로 뭉쳐지지 않는 것이 큰 방해가 되는 것은 지형편에서 이미 말한 대로다.
　〈경지〉에서는 우물쭈물하지 말고 급히 전진할 일이다. 이런 곳에서 지체하는 것은 절대 금물이다.
　다음은 〈쟁지〉인데, 이쪽이 이미 선수를 놓쳤을 경우에는 절대로 이를 공격해서는 안된다. 상대가 쉽게 내놓을 리도 없고, 이것을 앗아 가지려면 많은 희생자를 낼 뿐 성공을 거두기는 어려운 땅이기 때문이다.
　이 최초의 산지를 사업에 해당시켜 생각하면, 같은 종류의 비슷한 일만 계속되고 있는 것이 될 것이다. 이쪽에서 자꾸만 새로운 분야로 진출하고 새로운 기술을 개발하는 적극적인 활동을 개시하지 못하고, 다른 기업이 새로운 기술 도입과 개발로 이쪽의 판매 지역을 침범하는 수세에 몰리는 일이 없도록 하지 않으면 안되는 것이다. 공격은 최선의 수비라는 말은 이런 경우를 두고 하는 말이다.

이쪽에서 다른 업자가 이미 시작하고 있는 일에 손을 내밀려 할 경우라면, 이것을 경지라고 보아 좋을 것이다. 남의 영토 가까이서 어물어물하고 있듯, 같은 정도의 제품이나 같은 정도의 기술을 가지고 아등바등하고 있어서는 조금도 승산이 없는 것이다. 적어도 적의 시장 깊숙이 침투할 수 있는 제품과 판매술로 임하지 않으면 안될 것이다.

힘이 안 들고 쉽게 할 수 있다는 이유만으로, 이런 경지에 해당하는 일에 섣불리 손을 대서는 안된다. 이론적으로는 누구나가 다 알고 있는 일일 수도 있지만, 현실면에서는 특히 우리 나라의 경우, 이런 경지 산업이 너무도 많은 것이다. 이 경고는 다음 교지 이하의 경우에도 통하는 점이 있을 것 같다.

6

交地則無絶, 衢地則合交, 重地則掠.

【解義】 교지에서는 곧 끊지 말고, 구지에서는 곧 사귐을 합하고, 중지에서는 곧 앗으라.

【文義】 사방으로 통하는 교통 편리한 곳에 들어가면, 부대 사이에 공간이 생기지 않도록 주의하지 않으면 안된다. 서로의 연락이 긴밀하지 못하면, 사방에서 바라보는 눈이 있기 때문에 자칫 그 허를 찔리는 위험이 늘 있기 때문이다.

각국이 국경을 맞대고 있는 그런 지역에서는, 그 각 이웃 나라와의 접촉을 원만하게 유지하지 않으면 안된다. 공연한 마찰은 전쟁 수행에 장애가 된다.

아주 깊숙이 들어간 다른 나라 안에서의 마음가짐은, 될 수 있는 한 식량 같은 것의 현지 조달에 주력하고, 부득이한 경우에는 약탈도 하는 수 없다는 결심이 필요한 것이다.

【解說】 이것을 사업면에서 말하면, 한번 경쟁이 시작되면 우수수 똑같은 제품이 시장으로 쏟아져 나오게 된다. 이것이 교지의 한 경우이겠는데, 이러한 경우에는 꼭 필요한 마음가짐은, 손자가 말한 이른바 〈끊지 말라〉로, 상대 편에게 비집고 들어올 수 있는 틈을 주지 않을 것이다. 단숨에 어느 정도의 지반과 성가(聲價)를 굳히는 지점까지 밀고 올라가는 것이 무엇보다 중요하다.

일단 성가를 굳히게 되면, 그 뒤부터 다른 사람들은 추종자의 입장에 서기 때문에 이쪽이 거점을 먼저 확보한 것이 되어 절대로 유리한 처지에 놓이게 된다. 경쟁이 시작되어도 이쪽이 제자리걸음만 치고 있지 않으면 되는 것이므로 방어도 수월한 것이 된다.

이것과 상황은 약간 비슷하지만, 구지의 경우가 되면 이것은 단순히 지금 말한 경우처럼 단순한 유행이란 그런 것이 아니고, 누구나가 당연히 손을 내밀게 될 일과 같은 것, 어디에서나 공통성이 있는 제품 생산이 여기에 해당할 것이다.

이런 경우는, 절대로 독불 장군격의 고집은 금물이다. 일반 수요의 실태, 각사 제품의 동향, 그 특징이라든가 결점, 장점, 단점 등을 항상 세심하게 주의할 필요가 있는 것이다. 이것이 〈사귐을 합친다〉는 것이다.

다음에 〈중지에서는 앗으라〉가 되겠는데, 상대방의 이러한 특징을 모조리 내것으로 만들 뿐만 아니라, 보다 훨씬 우수한 것으로 만들어 내어, 상대방의 단골로 알려져 있는 사람까지 전부 이쪽 손아귀에 거두어들일 정도의 노력을 필요로 하게 된다.

7

圮地則行, 圍地則謀, 死地則戰

【解義】 비지에서는 곧 가고, 위지에서는 곧 꾀하고, 사지에서는 곧 싸우라.

【文義】 발판이 좋지 못한 곳에서는, 어물어물하고 있는 것은 절대로 금물이다. 만난을 물리치고 전진할 일이다.

산 속의 분지라든가, 강어귀의 삼각주와 같은 사방이 막힌 땅에서는, 상대방이 전혀 생각지 못한 특이한 꾀를 쓸 일이다. 이것이 위지에서의 계책이다.

마지막 아홉 번째의 사지에서는, 이제 이론도 술책도 소용이 없다. 오직 싸워 이기는 것뿐이다. 「죽을 곳에 빠진 뒤에 살아난다」고 한 말은 이러한 경우에 쓰는 말이다.

【解說】 기업에 있어서 일반 시황(市況)이 정체 기미라든가, 과잉 발전으로 고민하고 있는 그런 경우에는, 빨리 그런 상태를 벗어나지 않으면 안된다. 과거에 얽매여 어물어물하고 있으면 그대로 영영 주저앉고 말 위험이 있다. 정세에 맞추어 소극적인 대책을 취하는 것보다는, 다소 적극적인 방책을 써서라도, 그러한 상태를 박차고 나가는 편이 유리할 것이다.

그 상태가 보다 심해져서, 이럴 수도 저럴 수도 없는 처지에 빠져 들었을 때는, 적극적인 방책 이상의 보다 대담한 술책을 써서라도 단숨에 타개할 방법을 강구하는 것이 좋을 것이다.

마침내 막다른 골목에 든 상태로 빠졌을 때는, 글자 그대로 싸우

는 한 가지 수법밖에 없다. 어설픈 고려나 망설임 같은 것이 있어서
는 안된다. 죽음을 각오하고 부닥치면 거기에 뜻하지 않은 활로가
열리는 것이다.
 항우(項羽)의 도강 작전(渡江作戰)과 같은 것이다. 불과 8천 명의
결사대로 20만 관군을, 그것도 승승장구해 온 명장 장감(章邯)이 이
끄는 군대를 일격에 물리칠 수 있었던 것도, 이 사지에서의 결심에
의한 것이었다.

8

> 所謂古之善用兵者, 能使敵人前後不相及, 衆寡不相恃, 貴賤不相救, 上下不相收, 卒離而不集, 兵合而不齊. 合於利而動, 不合於利而止.

【解義】 이른바 옛날 군사를 잘 쓰는 사람은, 능히 적의 사람으로 앞
뒤가 서로 미치지 못하게 하고, 많고 적은 것이 서로 믿지 못하게
하고, 귀와 천이 서로 구하지 못하게 하고, 위와 아래가 서로 거두
지 못하게 하고, 군사가 떨어져 보이지 않게 하고, 군사가 합하여
가지런하지 못하게 했다. 이익에 합하면 움직이고, 이익에 합하지
않으면 그쳤다.

【文義】 옛부터 전쟁을 잘하는 명장으로 불린 사람들은, 대개 다음
과 같은 방법을 썼던 것이다. 그 방법은 우선 적군의 전방 부대와
후방 부대 사이에 연락이 닿지 못하도록 하기도 하고, 큰 부대와 작
은 부대가 각각 별개로 활동을 하여, 그 사이에 서로 원조의 길이
이어지지 못하도록 했다.
 또 상관과 밑에 있는 사졸, 막료와 전선 부대와의 사이에 협력 관

계가 유지되지 못하도록 상하의 불일치, 불통일을 가져오게 만들고, 혹은 뿔뿔이 흩어지게 만들고, 혹은 한 곳에 뭉쳐 있어 민활하게 전력을 발휘할 수 없게 만든다(자기 군대라면 또 모르되 상대인 적군을 그렇게 마음대로 뒤흔들 수 있을까 하고 생각이들겠지만 그 방법은 다음에 설명된다).

그리고 전쟁을 하는 시기의 유리하고 불리한 것에 대한 식별이 날카로워, 유리하다고 생각되면 시기를 놓치지 않고 즉각 움직이고, 불리하다고 생각되면 자중하여 꿈적도 않는 그런 태세를 취하는 것이다.

【解說】 여기서는 이른바 교란 작전이 주가 되어 있다. 상대방의 기능을 약화시키는 데는, 질서정연한 운영과 전체의 힘이 하나로 집결되는 것을 방해해야 된다는 것을 가르치고 있는 것이다.

그러나 이 언저리가 사업과 전쟁이 서로 틀리는 점으로, 전쟁에서는 물론 이기기 위해 어떤 수단 방법도 가릴 것이 없겠지만, 평화시의 사업에 있어서 그런 비상 수단을 쓴다는 것은 아주 특별한 경우일 것이다. 전쟁에서는 통용되는 수단 방법도, 사업면에 쓰이게 되면 음험하고 비열한 것이 된다.

여기서 말하고 있는 내용은 지금까지 여러 곳에서 설명된 것뿐으로, 별로 새로운 것은 하나도 없다. 다만 지금까지는 자기 쪽 태도로서 그렇게 해서는 안된다고 하여 소개된 일들이다. 이쪽에 있어서 좋지 못한 것은, 적에 대해서는 그렇게 되는 것이 바람직한 일이다. 상대를 넘어뜨리기 위해서는 먼저 그 태세를 어지럽게 할 일이다. 그 방법이 어떤 것이냐 하는 것이 앞으로 이야기되는 것이다.

병법을 안다는 것은, 그 밑바닥에 있는 것을 파악하는 것이다. 이러한 것을 파악하는 것을 목적으로 하여 무엇인가가 체득되면, 이 언저리의 전술 등은 판매 외교전과 같은 것에도 활용될 것으로 생각된다.

9

> 敢問, 敵衆整而將來, 待之若何. 曰先奪其所愛則聽矣. 兵之情主速, 乘人之不及, 由不虞之道, 攻其所不戒也.

【解義】 감히 묻노니 적의 무리가 가다듬어져 장차 오게 되면, 기다리기를 어떻게 하는가. 말하되, 먼저 그 사랑하는 바를 앗으면 곧 듣는다. 군사의 정(情)은 바른 것을 주로 한다. 사람의 미치지 않는 것을 타고, 생각지 않는 길로 말미암고, 그 경계하지 않는 바를 친다.

【文義】 조금도 흐트러지지 않는 잘 정비된 당당한 적군이, 지금 진격해 올 태세를 취하고 있다. 이렇다 할 결함 같은 것도 찾아낼 수 없다. 이러한 경우 이를 대기하고 있는 쪽으로서는 어떻게 해야 할 것인가 하는 질문이 있으면 이렇게 대답할 수 있다.

먼저 적에 있어서 가장 관심이 깊은 것을 탈취할 일이다. 그것이 어떤 것이냐 하는 것은, 그때그때 경우에 따라 틀리겠지만, 상대방의 임금이라든가, 식량 창고, 탄약고, 보급로 등 여러 가지가 있을 것이다.

그 중에 가장 중요하다고 생각되는 것을 먼저 공략하는 것이다. 이것은 틀림없이 효과가 있다. 전력적인 가치보다는 정신적인 충격을 주어 상대방을 심리적으로 동요시키는 것이 목적인 것이다.

상대에게 동요와 혼란이 생기면, 이쪽에서도 그만한 작전의 여지가 생기는 것이다. 그 틈을 비집고 들어감으로써 상대의 질서 정연한 태세에 흔들림을 줄 수 있다.

싸움에 다다랐을 때, 그 군의 움직임이라든가 태세는 무엇보다도 빠른 것을 첫째로 하고 있다. 예를 들면, 약간 상대방 손이 미치지 못한다고 생각되면 기회를 놓치지 말고 재빨리 상대 쪽이 전혀 생각지도 못한 방향에서, 적이 별로 경계도 하고 있지 않는 곳을 공격하는 그런 방법이다.

【解說】 교란 전술은 기습에서부터 시작되는 것이다. 기습은 상대의 급소에 가해진다. 상대방의 태세를 무너뜨리고 그곳을 마구 뒤흔들어 놓는 방법은 이러한 순서에 의하는 것이다. 싸움터에서의 행동은 신속이 첫째다. 기상 천외의 방향에서 상대의 허를 찌르는 것이다.

여기서 주목하는 점은, 일단 상대방의 태세를 무너지게 해놓고는 그 틈을 비집고 들어가는 수단일 것이다. 상대방 태세에 혼란을 가져오게 하려면, 상대방이 가장 깊은 관심을 갖고 있는 곳을 뒤흔들어 놓는 것이다.

이 방법은 일상 생활에 있어서의 대인적인 교섭 같은데도 그대로 적용될 수 있다. 이론 투쟁 같은 것을 해야만 할 경우에는 꼭 필요한 지식일 것이다. 정면에서 맞붙어서는 좀체로 이길 승산이 없는 것이다. 먼저 상대방의 급소를 콱 찌른다. 상대는 틀림없이 당황하게 된다. 그러나 이 혼란을 틈타 그대로 깊숙이 쳐들어가서는 안 된다. 싸움을 오래 끌게 된다. 얼른 방향을 바꾸어, 상대방의 허를 찔러 전혀 생각지도 않은 곳으로 치고 들어가는 것이다. 이것이 강한 상대를 설복시키는 논쟁의 수법이다.

10

凡爲客之道, 深入則專, 主人不克. 掠於饒野, 三軍足食, 謹養而勿勞, 倂氣積力, 渾兵計謀, 爲不可

測, 投之無所往, 死且不北. 死焉不得士人盡力.

【解義】 무릇 손된 길은, 깊이 들어가면 곧 오로지되어 주인이 이기지 못한다. 기름진 들을 앗아 삼군이 먹는 것에 넉넉하고, 삼가 길러 수고롭게 말고, 기운을 아우르고 힘을 쌓으며, 군사를 움직이고 헤아리고 꾀하여, 헤아릴 수 없는 것을 하고 갈 바 없는 것에 던지면, 죽어도 또 달아나지 않는다. 죽게 되는데 어찌 군사와 사람들이 힘을 다하지 않을 수 있겠는가.

【文義】 손은 적지에 들어가 싸우는 편을 말하는 것이며, 주인은 손에 대해서 부르는 이름으로 침입을 당한 쪽을 말한다. 기름진 들은 곡식이 많이 생산되는 지대를 말한다.

　대개 객군으로서 적지에 깊숙이 침입했을 경우는, 이쪽은 적의 땅에 들어와 있으므로 잠시도 긴장을 풀지 않게 되고, 상대방은 앞에서 말한 산지(散地)에서 싸우는 만큼 이쪽과 비교해서 사기면에서는 오히려 열세에 놓여 있게 된다.

　〈중지〉에서의 싸움인 만큼, 식량은 될 수 있는 한 상대 쪽 나라의 곡창 지대에서 현지 조달을 해서 군대의 식량에 부족이 없도록 하고 식량 수송 같은 데 공연한 병력을 돌리는 일이 없도록 하여, 군사로 하여금 몸과 마음이 다 편하도록 해 줄 일이다.

　이러한 배려에 차질이 없으면, 전체 군대는 자연 결속을 하게 되고, 기력도 한결 왕성해진다. 이른바 중지에서의 근심이 없어지게 된다. 이러한 모습에서 진을 치고 전투 배치를 하기도 하며, 주밀한 계략을 실천에 옮겨 나간다. 이렇게 되면 알지 못하는 사이에 꼼짝달싹할 수 없게 되어, 설사 죽음을 각오해야 할 궁지로 몰고들어가더라도 도망칠 염려는 없게 되는 것이다.

　죽을 각오를 하게 되면 하지 못할 일이 없게 된다. 도망가도 죽고, 싸워도 죽는 마당에 직면해 있는 군사는 절대로 강한 법이다.

결사적인 분전은 바로 이런 경우에 생기는 것이다.

【解說】 여기서는 적지 깊숙이 쳐들어온 이른바 〈중지〉에서의 작전을 설명하고 있다. 「죽을 곳에 빠진 뒤에 사는 길이 열린다」는 원리를 살리는 방법이다. 화재가 났을 때에 전에 없는 힘이 생기는 것도 같은 원리에서다. 그러나 이러한 힘을 평상시에 기대하는 것은 무리다. 이것은 어디까지나 막다른 골목에서의 작전이다.

11

> 兵士甚陷則不懼, 無所往則固, 入深則拘, 不得已則鬪. 是故, 其兵不修而戒, 不求而得, 不約而親, 不令而信. 禁祥去疑, 至死無所之.

【解義】 병사가 깊이 빠지면 곧 두려워하지 않고, 갈 곳이 없으면 곧 굳게 되고, 들어간 것이 깊으면 곧 걸리고, 부득이하면 곧 싸운다. 이런 까닭에 그 군사는 닦지 않아도 경계하고, 구하지 않아도 얻고, 약속하지 않아도 친해지고, 명령하지 않아도 믿는다. 상(祥)을 금하고 의심을 버리면 죽음에 이르기까지 가는 일이 없다.

【文義】 빠지는 것은 위기에 빠져들어가는 것. 걸린다는 것은 구속을 받아 자유로운 행동을 할 수 없는 것. 닦지 않는다는 것은 정비하지 않는 것. 약속은 묶어 구속한다는 뜻으로 즉 강제하는 것을 말한다. 상(祥)은 길흉(吉凶)에 대한 예언, 즉 앞으로 나타날 징조를 말한다.
　막다른 골목에 다다른 전투 때에 알아 두어야 할 일이 앞에 이어 계속되고 있다.

군대란 것은 마침내 어찌해 볼 도리가 없어지게 되면, 도리어 배짱이 생겨 강해지는 법이다. 궁지에 몰리면 뜻밖에 마음이 가라앉게 되는 것이다. 이렇게 적지 깊숙이 들어갔을 경우에는 제멋대로 행동할 수가 없기 때문에, 필요한 때가 되면 상당한 전투력을 발휘할 수 있다.

그렇기 때문에 이렇게 되면 그들은 특별나게 주의를 주는 일이 없어도, 그들 스스로가 조심하고 경계를 하게 된다. 이러니 저러니 하고 지시를 내리지 않아도 훌륭히 이쪽 생각대로 해나가게 되는 것이다. 강제를 하지 않아도 뜻이 서로 통하게 되고, 명령과 같은 강제 수단을 쓰지 않더라도 서로가 서로를 신뢰하고 있기 때문에 움직여야 할 방향을 이해하게 된다.

이런 때에 금물로 되어 있는, 운이 어떻고 징조가 어떻고 하여 군의 마음을 흔들리게 하는 일만 없으면, 비록 죽는 마당에 있어서도 일치 협력하는 태세에 이반(離叛)하는 일은 없다.

【解說】 살아 남느냐 망하느냐 하는 위급한 때에 가장 무서운 것은 저마다 다른 생각으로 행동 통일이 이뤄지지 않는 것이다. 그러한 일만 없으면, 이러한 때의 모든 사람의 활동이란 것은 의외로 강한 것이다. 이러한 때에 흔히 일어나기 쉬운 것은 헛소문이다. 공포와 불안에 싸여 있으면 자연히 뜬소문, 헛소문이 일어나게 되는 것으로, 이러한 인심의 기미(機微)를 올바로 파악하고 있지 않으면 막다른 곳에서의 작전이 잘 되지 않는다.

일하는 사람들 사이에 이러니 저러니 하고 말이 많게 되면, 그것은 벌써 말기 증상이므로, 한시 바삐 그 불안을 해소하는 수단을 쓸 일이다. 어설피 속임수를 쓰려 하면 도리어 사태를 악화시킨다. 설마 이런 것까지야 하고 생각한 것을, 아랫사람들은 생각보다 더 잘 알고 있는 것이다. 차라리 정정당당하게 위기를 선언하고, 그리고 그것을 타개할 수 있는 대책이 있다는 것을 믿게 하는 것이 가장 좋은 방법이다.

흔히 부모의 마음을 자식이 몰라준다고 말하는데 결코 그런 것만은 아니다. 알아야 할 일을 알려 주지 않기 때문에 그렇게 되는 것뿐으로, 위기에 처하면 절로 생겨나는 이상한 힘을 활용하는 데는 앞뒤가 맞는 신뢰할 수 있는 것만 있으면 되는 것이다. 의심이 나게 해서는 안된다. 의심을 품지 않게 하는 것, 이것이 첫째인 동시에 최후의 것이다.

12

> 吾士無餘財, 非惡貨也. 無餘命, 非惡壽也. 令發之日, 士卒坐者涕霑襟, 偃臥者涕交頤. 投之無所往者, 諸劌之勇也.

【解義】 우리 군사가 남긴 재물이 없는 것은, 재물을 싫어해서가 아니다. 남은 목숨이 없는 것은, 오래 사는 것이 싫어서가 아니다. 명령이 발하는 날, 사졸 중 앉은 사람은 눈물이 옷깃을 적시고, 누운 사람은 눈물이 턱을 사귄다. 이를 갈 바 없는 데 던지면 저궤(諸劌)의 용맹이 된다.

【文義】 언와(偃臥)는 위를 바라보고 누운 것을 말한다. 저궤(諸劌)는 전저(專諸)와 조궤(曹劌)로 당시 널리 알려진 용사들이다. 전저는 손무가 이 병서를 직접 바치고 그의 밑에서 벼슬을 하게 된 오왕 합려를 위해, 오와 요(僚)를 혼자 비수로 찔러 죽인 용사였고, 조궤는 전저보다 좀 전 시대인 노(魯)나라 장군으로 조말(曹沫)이라고도 부른다. 그는 제(齊)나라와 여러 번 싸웠으나 번번이 패하기만 했고, 그로 인해 땅을 제나라에 빼앗겼었다. 이것을 늘 분하게 여기고 있던 그는, 노나라 임금 장공(莊公)이 제나라 환공(桓公)과 화평

조약을 맺는 자리에 뛰어올라가, 환공을 단도로 위협하여 앗아간 노나라 영토를 돌려주겠다는 약속을 받아낸 용사다.

마침내 절박한 상황에 이르게 되면 물질에 대한 욕심도 없어지는 것이다. 당시의 전쟁 풍습으로 약탈에 의해 모을 수 있는 돈이나 재물에 대한 욕심마저 없어지고 만다. 그것은 사람 자체가 재물을 싫어하기 때문은 아닌 것이다.

오늘이 마지막이라는 생각을 하게 되면, 생각 밖에 배짱도 가라앉게 된다. 그렇다고 그가 오래 사는 것이 싫어진 것은 아니다. 생사를 초월했다고 할까, 그것을 문제삼지 않게 된 것이다.

이러한 처지에 빠져 있다고 해서, 모든 사람이 아무 욕심이 없고 죽고 사는 것이 태연 자약한 위대한 영웅이 되는 것은 아니다. 최후의 결전 명령이 떨어진 날의 모양을 바라보면, 조용히 앉아 있는 사람은 눈물이 흘러 옷깃을 적시기도 하고, 번듯이 누워 있는 사람은 눈물이 흘러 턱으로까지 내려오는 일도 있다.

이런 의기 소침한 심정으로 과연 결전장에 나갈 수 있을까 하는 생각마저 들게 되지만, 막상 그들을 최후의 결전장으로 내몰게 되면, 모두가 전저와 조귀가 된 것처럼 무서운 용기와 힘을 발휘하게 되는 것이다. 이것이 상식을 초월한 전투의 실제다.

【解說】 이럴 수도 저럴 수도 없는 긴박한 정세에 빠져 있을 경우에는, 일하는 사람들도 회사측의 태도 여하에 따라서는 고락을 같이 할 심경으로 된다. 물론 평소의 대우가 이런 때에 분명히 말을 하게 되는 것이지만, 이런 경우에 약점을 노리는 태도로 종업원이 나오게 된다면, 평소의 간부들의 처사나 태도에 결함이 있었다고 보아 마땅할 것이다.

월급을 줄인다든가 늦게 준다든가 해도 전혀 불평 불만을 하지 않는 종업원의 태도가 가장 바람직한 일이기는 하지만, 이것은 정말 어려운 문제다. 그러나 운영의 비결을 올바로 체득하고 있으면, 집단 심리란 것은 생각 밖의 어려움도 어느 정도 극복할 수 있는 것이다. 물론 이런 것을 기대하려는 생각을 간부들이 갖고 있으면 경우에 따라서는 역현상이 나타날 수도 있는 일이지만.

　사업체로서 이러한 중지 작전을 행하게 되는 그런 사태는 바람직한 것이 못되지만, 만일의 경우란 항상 있는 법이다. 경영자로서는 충분한 연구가 요망된다. 이러한 중지 작전이 수월하게 수행될 수 있는 형편이라면, 평상시의 운영은 눈부신 것이 될 것이다.

　다만 이런 경우도 있다. 평상시에는 그다지 참 실력을 발휘하지 않고 있지만, 일단 비상시가 되면 전혀 딴 사람이 된 것 같은, 그런 특성을 가지고 있는 사람도 있다. 이것은 평상시와 비상시 사이에, 전혀 다른 무엇이 있다는 것을 말해 주고 있는 것이다.

13

> 故善用兵者, 譬如率然. 率然者, 常山之蛇也. 擊其首則尾至, 擊其尾則首至, 擊其中則首尾俱至. 敢問, 兵可使如率然乎. 曰可, 夫吳人與越人相惡也, 當其同舟而濟遇風, 其相救也, 如左右手.

【解義】 그러므로 군사를 잘 쓰는 사람은, 비유하면 솔연(率然)과 같다. 솔연은 상산(常山)의 뱀이다. 그 머리를 치면 곧 그 꼬리가 이르고, 그 꼬리를 치면 곧 머리가 이르고, 그 가운데를 치면 곧 머리와 꼬리가 이른다. 감히 묻노니 군사를 솔연과 같게 할 수 있는가. 말하되 할 수 있다. 대저 오나라 사람과 월나라 사람은 서로 미워하지만, 그 배를 같이하여 건너다가 바람을 만남에 당해서는, 그 서로 구하는 것이 좌우의 손과 같다.

【文義】 솔연(率然)은 빠르다는 형용사다. 여기서는 그러한 뱀의 이

름으로 되어 있다. 상산(常山)은 중국의 5악(五岳) 중의 하나로, 지금의 하북성(河北省) 곡양현(曲陽縣) 서북쪽에 있는 산이다. 상산의 뱀이란 것은 전설에 나오는 큰 뱀으로 행동이 몹시 빠른 이상한 뱀이다. 사람들이 그 뱀을 솔연이라 부르며 무서워했다는 것이다.

교묘하게 군사를 쓰는 법은, 비유해 말하면 솔연이란 뱀과 같은 것이다. 솔연이란 상산에 살고 있는 뱀으로, 그 머리를 때리면 꼬리가 재빨리 와서 반격을 가하고, 꼬리 쪽을 치면 머리 쪽이 습격을 해온다. 또 허리를 치면 머리와 꼬리가 한꺼번에 날아오는 것이다.

군대를 솔연뱀처럼 만들 수 있느냐고 물으면 만들 수 있다고 대답할 수 있다. 그 이유는 오나라 사람과 월나라 사람이 서로 원수처럼 미워하고 있는 것은 다 아는 사실이다. 이 오나라 사람과 월나라 사람이 같은 배를 타고 물을 건너다가 갑자기 바람을 만나 배가 뒤집힐 위험에 놓여 있다고 가정하자. 그러할 경우 평소에 미워하던 감정은 사라져 버리고, 함께 배가 뒤집히는 것을 막기에 한 마음 한 뜻이 된다. 마치 한 사람이 두 손을 쓰고 있는 것처럼 일치 협력할 것이 틀림없다.

원수처럼 서로 미워하고 있는 오나라와 월나라의 사람 사이도 그러하다. 사람이란 급하게 되면 서로가 한마음 한 뜻이 되어 일치 협력하는 소질을 지니고 있는 것이다. 그것을 제대로 활용하느냐 못하느냐 하는 것이, 군사를 잘 쓰고 못 쓰는 것이 된다.

【解說】 강하고 약하고 용감하고 겁이 많은 온갖 병사들이 모인 집단을 〈상산의 뱀〉처럼 자기 손발처럼 움직여 반드시 승리를 가져올 수 있게 하기 위해서는, 〈오월 동주(吳越同舟)〉격으로 거친 물결 속으로 몰아넣으면 된다든가, 지붕 위로 올라가게 해놓고 사닥다리를 집어치우면 된다는 것만을 알고 있다면 그것은 너무도 얕은 생각일 것이다.

손자도 「이것이 죽을 땅에 던진 뒤에 산다는 것이다」라고 말하고 있으나, 〈죽을 땅〉에 선 군대가 싸울 의욕을 잃고 앞을 다투어 항복한 예는 얼마든지 있다. 앞으로 더 나아가면 꼼짝없이 죽게 된 군대가 되돌아서서 반란을 일으키는 경우도 있다. 즉 〈죽는 땅〉에 던지는 것은 좋다 치고 그 전제로서 병사들이 기꺼이 〈죽을 땅〉에 나아갈 수 있는 조건, 나 한 개인의 이해와 감정을 떠난 〈신상 필벌(信賞必罰)〉의 권위와, 그것으로 인해 얻어지는 공동체적 이익이란 깊은 유대가 없으면, 「죽을 땅에서 살아난다」는 것은 기대할 수 없는 것이다.

《좌전(左傳)》에 이런 이야기가 있다. 노희공(魯僖公) 25년 겨울, 진후(晉侯―文公)가 원(原)을 포위했다. 군대를 출전시키는 마당에서 문공은 사흘 안에 반드시 원을 함락시키고 돌아오겠다는 것을 약속하고 사흘 먹을 군량만을 싣고 떠났다.

그런데 사흘이 되어도 성은 함락되지 않았다. 그래서 문공은 곧 철수 명령을 내리게 했다. 거기에 원으로 숨어 들어갔던 첩자가 돌아와서,

「원은 지금 당장에라도 항복을 하려 하고 있습니다.」
하고 보고를 했다. 종군해 있던 신하가,
「좀더 포위를 계속하십시다.」
하고 권하자, 문공은,
「아니다. 신(信)은 나라의 보배요, 백성은 그것이 있어야만 나라를 위해 일하게 되는 것이다. 날짜를 연기까지 해 가며 원을 얻어 보았자, 민중의 신뢰를 잃고 말아서는 백 가지 해독이 있을 뿐 한 가지 이득도 없다.」
하고 단호히 철수를 명했다. 그날 하루의 행군을 마치고 숙사에 들었을 때, 원은 자진해서 항복해 왔다.

원의 성주는, 민중에 대한 신의를 가장 중하게 여기는 문공의 태도를 보고, 그같은 문공을 받들고 있는 진나라에 저항해 보아야 도저히 버틸 수 없다는 것을 알고 자진해서 항복해 온 것이다.

진문공은 나아가 〈죽을 땅〉으로 향할 수 있는 군대를 이끌고 나가 있으면서, 그들을 〈죽을 땅〉에 던진 일도 없고 한 명의 군사도 잃는

일이 없이 승리를 가져왔다. 《좌전》의 이야기는 문공의 민중에 대한 신의를 분명히 한 행위〔德〕를 칭찬하는 입장에서 쓴 것이겠지만, 이것을 문공의 미리 계획된 일로 보는 것은 어떨는지.

이는 이야기의 경우, 하루나 이틀만 기다리면 적이 싸우지 않고 항복해 왔을 것은 첩자의 보고에 의해 분명한 일이었다. 그러나 사흘이라는 약속 기한이 있다. 상대는 압도적으로 약한 위치에 있다. 기어이 사흘 안에 성을 점령할 생각이었다면, 전력을 다해 치고 들어가서 안될 일도 아니었다. 그러나 그 경우는 상대방이 〈죽는 마당〉에 서게 된다. 죽게 된 쥐가 고양이를 무는 격의 필사적인 저항을 하게 될지도 모른다. 그렇게 되면 이쪽에도 많은 손해를 불러오게 된다. 그렇게 될 바엔 차라리 사흘이란 약속을 지키고 철수를 해서 민심을 손에 넣은 다음 다시 쳐오는 편이 유리할 것이다.

그러나 설사 문공이 그러한 생각을 했다 하더라도, 그것은 민중이 자기를 반드시 따른다는, 민중에 대한 신뢰가 있은 뒤의 이야기다. 그런 자신이 없었다면 약속을 어기고 더 포위를 계속하거나, 아니면 희생을 각오한 공격을 강행했을지도 모른다. 그러나 문공은 약속을 어기는 일도, 희생을 각오한 공격도 하지 않았다. 문공으로서는 자기가 약속을 꼭 지킨다는 것을 대내적으로 알리기 위한 계획된 행동이었을지도 모른다.

그 결과 희생을 내지 않고 자진해서 항복해 오는 완전 승리를 얻게 되었는데 문공이 아마 그것까지 예상하고 한 일은 아니었을 것이다. 그러나 그것은 내 군사에 대한 신의만이 아니고, 적에 대한 보이지 않는 미래의 위협이 되기도 했던 것이다. 『시계』편에 말한 〈도(道)〉의 중시가 바로 이런 것이리라.

사업면에서도 역시 마찬가지다. 위기에 처했을 때의 전력 투구를 기대할 수 있는 것은 평소에 간부들이 사원이나 종업원에게 약속한 것을 꼭꼭 실천해 보이는 신뢰성이 없이는 불가능한 것이다.

14

> 是故, 方馬埋輪, 未足恃也. 齊勇若一, 政之道也. 剛柔皆得, 地之理也. 故善用兵者, 携手若使一人, 不得已也.

【解義】 이런 까닭에, 말을 방(方)하고, 바퀴를 묻어도 족히 믿을 수 없다. 용을 같이하여 하나 같은 것은 정사하는 도요, 강과 유가 다 얻는 것은 땅의 이치다. 그러므로 군사를 잘 쓰는 사람은, 손을 잡아 한 사람을 부리듯 하는 것은 부득이한 것 때문이다.

【文義】 방(方)은 뗏목 엮듯 나란히 늘어놓는 것을 말한다.
　이러한 일치 협력의 태세라는 것은, 군마를 일렬로 세워 고삐를 서로 붙들어 맨다든가 전차의 수레바퀴를 땅 속에 묻어 함부로 움직이지 못하도록 하는 그런 외적인 강제에 의한, 형태만으로 안심할 수 있는 성격의 것은 아니다.
　용감한 사람은 앞으로 나아가고, 겁 많은 사람은 뒤로 물러나는 것과 같은 불일치를 없애 버리고, 전부를 모두 한결같이 한 몸뚱이처럼 만들게 되는 것은 오로지 군정(軍政)의 힘이다.
　강한 사람 약한 사람, 용감한 사람 겁 많은 사람, 온갖 형태의 군대들을 저마다 그 나름대로 소용이 닿게 만들 수 있는 것은, 땅의 이(利)에 맞추어 나가기 때문이다. 구지(九地)에 각각 적당한 방책을 쓰기 때문이다. 바꾸어 말하면, 이상적인 용병법으로서, 각자가 서로 손을 맞잡고 있는 것처럼 흡사 한 사람이 움직이듯 한다는 것은, 절로 그렇게 하지 않으면 안되도록 만들어 두기 때문이다.
　강제로 되는 것은 아니다. 자연의 추세로 그렇게 되어 나가는 이것이 중요한 비결이다.

【解說】 눈을 크게 뜨고 볼 만한 놀라운 활동이란 것은, 강제 수단에 의해 생겨나는 것은 아니다. 꾸며서 할 수 있는 연기와 같은 얄팍한 것이 아니고, 일하는 사람들의 본연의 욕구에 의해 맹목적으로 움직이는 그것이, 자연의 이치에 맞게 되는 그러한 경지를 나타내지 않으면 안되는 것이다.

거기에 조작이나 꾸밈 같은 그림자가 전혀 보이지 않는, 높은 곳에서 낮은 곳을 향해 물건이 굴러가는 것 같은 그러한 것이 아니어서는 안된다. 그리고 무턱대고 방향도 정하지 않고 움직여서는 아무것도 되지 않는다. 자연히 목적을 향해 한 방향으로 일사 불란하게 움직이지 않으면, 도저히 이룩될 수 없는 것이다.

고의적인 수단을 쓰지 않고 일정한 방향으로 전진하게 만드는, 이러한 호흡을 몸에 체득해 두는 것이, 고급 간부로서 알아 두지 않으면 안될 중요한 마음가짐이다.

15

> 將軍之事, 靜以幽, 正以治. 能愚士卒之耳目, 使之無知, 易其事, 革其謀, 使人無識, 易其居, 迂其途, 使人不得慮.

【解義】 장군의 하는 일은, 고요하여 그로써 그윽하게 하고 바름으로써 다스리게 한다. 능히 사졸의 귀와 눈을 어리석게 하여, 아는 것이 없게 하고, 그 일을 바꾸고 그 꾀를 고쳐, 사람으로 하여금 알지 못하게 하며, 그 있는 곳을 바꾸고 그 길을 돌게 하여 사람으로 하여금 생각을 얻지 못하게 한다.

【文義】 그윽하다는 것은 똑똑히 알지 못하게 하는 것이다.
　장군으로서 힘써야 할 일을 열거하면 다음과 같은 것이 된다.
　침착하고 냉정하여 깊은 데가 있고, 그러면서 원리 원칙에 입각해 전체를 통치한다. 기밀에 속하는 일은 일체 아래 있는 사졸들의 귀와 눈에 들어가지 못하도록, 그들을 귀머거리 소경으로 해 두어야 한다. 한 번 했던 것은 다시 되풀이하는 일이 없도록 하고 앞에 썼던 꾀는 두 번 다시 쓰는 일이 없도록 해서, 우리 편에게도 작전의 참 내용을 알지 못하게 한다.
　그렇게 하기 위해서는, 작전 본부가 있는 곳을 늘 바꾸기도 하고 그리로 가는 통로도 될 수 있는 한 꼬불꼬불 돌아야 되는 길을 고르는 등, 정체를 파악하지 못하게 만들어 둔다. 이것이 장군의 알아둘 일이다.

【解說】 「백성을 알게 하지 말고 가도록 만들라」고 한 것은, 당시의 위정자들이 생각하고 있던 원칙이었던 모양이다. 전쟁의 경우라면 모르되 그 밖의 경우라면, 오늘날에는 이 원칙이 그대로 통용될 수 없을 것 같다. 하지만 기밀을 요하는 중대 사항 같은 것은 여전히 알리지 않는 것이 중요하다. 그러나 알리지 않는 것만으로는 부족하다. 알지 못하고도 기꺼이 따라올 수 있는 신뢰감을 갖도록 만들어야 한다는 것을 잊어서는 안될 것이다.
　꾀를 되풀이해서 쓰지 말라는 것, 다시 말해 한 번 쓴 작전을 쉽게 다시 쓰지 않도록 하는 것도 중요한 일이다. 일반적인 승부놀이, 바둑이니 장기니 하는 싸움에 있어서도 이것은 필요한 조건으로 되어 있는 것 같다. 한 번 성공한 방법은 좀처럼 그 맛이 잊혀지지 않는 것이어서, 자칫 똑같은 방법을 쓰게 된다.
　아직 서투른 사람은 다양한 수법을 쓸 수 없기 때문에, 이른바 특기 같은 것을 늘 쓰기 마련이다. 권투 시합 같은 데서도, 서로 상대의 특기를 알아내어 거기에 대응할 수 있는 비법을 짜내곤 하는 것이 보통이다. 그러나 월등 기술이 뛰어난 사람은 특기가 특기로 될 수 없는 다양한 특기를 지니고 있는 법이다. 그 특기를 수시로 장소에 따라 상대에 따라 자유 자재로 바꿔 쓸 수 있다면 그보다 더 이상적인 것은 없을 것이다.

전쟁의 경우든 경영의 경우든, 똑같은 이야기를 할 수 있는 것으로, 환경의 조건에 맞추어 그 당면한 국면마다 진지한 고심과 연구가 거듭되지 않으면 안되는 것이다. 조용하면서 그윽한, 명인(名人)과 달인(達人)의 경지와 통하는 그 무엇이 없어서는 안된다고 말할 수 있다.

16

帥與之期, 如登高而去其梯. 帥與之深入諸侯之地, 而發其機, 若驅群羊, 驅而往, 驅而來, 莫知所之. 聚三軍之衆, 投之於險. 此將軍事也. 九地之變, 屈伸之利, 人情之理, 不可不察也.

【解義】 거느리고 함께 기약하기를, 높은 데 올라 그 사다리를 치우는 것같이 한다. 거느리고 함께 깊이 제후의 땅에 들어가 그 기틀을 발하는 것이, 뭇 양을 모는 데 몰고 갔다 몰고 왔다 하여, 가는 곳을 알지 못하는 것과 같다. 삼군의 무리를 모아, 험한 곳에 던진다. 이것이 장군의 일이다. 구지의 변화와 굴신의 이익과 인정의 이치는 살피지 않을 수 없다.

【文義】 막상 군대를 이끌고 적과 대결한다는 것은, 높은 곳에 올라가 사다리를 떼어 버리고 만 것과 같은 것으로, 이제는 물러가고 싶어도 물러갈 수 없는 그런 공동 운명과 같은 것을 기약하게 되는 것이다.

더구나 깊숙이 들어가 마치 석노(石弩)의 방아쇠를 당기듯 적진에 공격을 가할 때는, 마치 무수한 양떼를 몰고 왔다갔다해도 양떼들이 어디로 가는지 모르고 몰려다니듯 하게 만드는 것이다.

이리하여 전 군대를 죽을 땅으로 내던지게 된다. 이것이 장군이 하는 일이다. 변통 자재한 구지의 활용법, 전진과 후퇴의 그때그때의 이해 득실, 그 사이에 있어서의 인간의 미묘한 심리와 감정 같은 것을 세밀히 알아 두지 않으면 안된다. 장군의 참다운 가치는 이런 것에서 발휘하게 되는 것이다.

【解說】 죽는 땅에 들어갔을 경우의 일하는 사람의 심리적인 움직임은, 지금까지 오면서 충분히 관찰이 되었을 것으로 생각된다. 그러나 이것을 그저 되어 가는 그대로 맡겨 두어서는 문제가 되지 않는다. 이것을 완전히 체득하여 자연의 형세란 것에 어떤 방향을 잡아 주는 것이 최고 수뇌부에 기대되는 일이다.

여기서 손자는 교묘한 예를 들고 있다. 양떼를 몰 때의 기술이 군중을 인도하는 비결로, 일정한 방향으로 양떼를 향하게 하는 것은 결코 위협적인 명령 같은 것으로 제대로 되는 것이 아니다.

군중 그 자체를 잘 알고 있지 않으면 안된다. 일하는 사람들이 한데 모여, 한 덩어리의 힘이 되었을 때의 그 자연적인 움직임이란 것을 잘 이해하고 있지 않으면 안되는 것이다. 작은 수의 사람이라면, 일일이 손을 잡아 이끌어나가는 것도 가능하겠지만 큰 집단에서는 그것이 불가능하다. 차라리 한 사람 한 사람은 자기가 가는 곳을 알지 못하는 양떼처럼 되는 것이 바람직한 것이다.

다만 중요한 것은, 양떼를 모는 양치기의 숙달이 수뇌부에 결여되어 있어서는 파국이 그대로 파국으로 끝날 위험이 강하다는 것이다. 그리고 이 경우의 집단은, 온순한 양떼라기보다는 어느 정도 성이 나 있는 황소 같은 존재로 변하게 된다는 것을 잊어서는 안된다.

17

> 凡爲客之道, 深則專, 淺則散. 去國越境而師者, 絶地也. 四達者, 衢地也. 入深者, 重地也. 入淺者, 輕地也. 背固前隘者, 圍地也, 無所往者, 死地也.

【解義】 무릇 손이 된 길은, 깊으면 곧 오로지 되고 얕으면 곧 흩어진다. 나라를 떠나 국경을 넘어 행군하는 것은 절지다. 사방으로 통한 것은 구지다. 들어간 것이 깊은 것은 중지다. 들어간 것이 얕은 것은 경지다. 여문 것을 등지고 좁은 것을 앞한 것은 위지다. 갈 바가 없는 것이 사지다.

【文義】 대개 적국에 침입하는 군대의 도리로서, 적의 영토 안에 깊이 침입하게 되면 군사들의 마음은 싸우는 것에 전념하게 되고, 침입이 얕으면 군사들의 마음은 다른 데로 흩어지고 만다.
 이같이 자기 나라를 떠나 국경을 넘어 적과 싸우는 곳을, 본국과의 연락이 끊기는 곳이라 해서 절지라 말한다. 그 절지 가운데 다섯이 있다. 즉 사방으로 길이 통해 있는 곳은 구지다. 적의 영토 안으로 깊이 침입한 곳은 중지다. 적의 영토 안에 깊이 침입하지 않은 곳은 경지다. 견고한 진지를 등 뒤에 두고, 앞쪽에 좁은 길밖에 없는 곳은 위지다. 전후 좌우 어느 곳으로도 빠져나갈 수 없는 곳은 사지다.

【解說】 이 대목은 완전히 앞에 말한 구지에 대한 복습으로, 그것을 전체적으로 다시 한 번 되풀이했을 뿐, 독립된 의미를 갖고 있지는

않은 것 같다. 앞에서도 구지란 것에 대해 그 하나하나의 상태와 형세를 설명한 것이 있는데, 이 뒷부분에서는 완전히 중복된 것도 있지만 이들 구지에서의 장군과 수뇌들이 주의하지 않으면 안될 점에 대해 표현을 달리하고, 다소 착안점을 바꾸어 재인식의 필요가 있는 부분을 설명하려 한 것이리라.

그러므로 자세한 해설을 되풀이할 필요가 없을 줄 안다.

18

是故, 散地, 吾將一其志. 輕地, 吾將使之屬. 爭地, 吾將趨其後. 交地, 吾將謹其守. 衢地, 吾將固其結.

【解義】 이런 까닭에, 산지에는 내 장차 그 뜻을 하나로 하려 한다. 경지에는 내 장차 붙게 하려 한다. 쟁지에는 내 장차 그 뒤를 좇으려 한다. 교지에는 내 장차 그 지키는 것을 조심하려 한다. 구지에는 내 장차 그 맺음을 굳게 하려 한다.

【文義】 그렇기 때문에, 군사의 마음이 흩어지는 산지에서는 나는 군사의 마음을 하나로 단결시켜 적과 싸우도록 하고, 군사들의 마음이 흔들리는 경지에서는 나는 부대와 부대사이에 긴밀한 연결을 갖도록 하고, 양군이 서로 앗으려 하는 쟁지에서는 나는 적군의 뒤를 따라가도록 하고, 양군이 서로 맞붙어 싸우게 될 교지에서는 나는 수비를 충분히 굳히려 하고, 천하의 중요한 교통 중심지인 구지에서는 나는 이웃 나라와의 유대를 공고히 하려 한다.

【解說】 앞에서 말한 대로 새삼 해설을 더할 것이 없다.

19

> 重地, 吾將繼其食. 圮地, 吾將進其途, 圍地, 吾將塞其闕. 死地, 吾將示之以不活. 故兵之情圍則禦, 不得已則鬪, 過則從.

【解義】 중지에는 내 장차 그 먹을 것을 이으려 한다. 비지에는 내 장차 그 길을 나아가려 한다. 위지에는 내 장차 그 빈 곳을 막으려 한다. 사지에는 내 장차 살지 못하는 것으로써 보이려 한다. 그러므로 군사의 정은 둘러싸면 막고, 막지 못하면 싸우고, 지나면 따르게 된다.

【文義】 과(過)를 지나치다는 뜻으로 풀이하는 사람도 있고, 적의 국경을 지나간다는 뜻으로 풀이하기도 한다. 즉 위기가 도를 넘게 되면 군사는 자수의 명령을 따르게 된다는 해석과, 일단 국경을 넘어 적지에 들어서게 되면 군사는 자연 장수의 명령에 따르기 마련이라는 해석이 있다. 여기서는 뒤의 해석을 옳다고 보았다.

군사의 마음이 무거운 중지에서는 나는 식량이 끊어지는 일이 없도록 보급에 중점을 두고, 행군에 파멸을 가져올 수 있는 비지에서는, 나는 쉬는 일이 없이 행군을 계속하려 하고, 적군에 포위된 위지에서는 적이 남겨둔 빈 곳을 막아 우리 쪽 군사의 도망가는 길을 없앰으로써 결사적으로 싸울 수 있는 길 외에 살아날 방법이 없음을 보여 주려 한다.

그렇기 때문에 군사들의 심정이란 것은, 적에게 포위를 당하면 이를 막으려 하고, 싸우는 길밖에 방법이 없으면 싸우게 되고, 국경을 넘어 적국으로 침입해 들어가면 장군의 명령에 따르게 되는 것이다.

【解說】 인간이 가지고 있는 본래의 약점, 도저히 다스릴 수 없는 본능적인 것, 이런 것들도 최악의 싸움이란 사태에서는 활용하지 않으면 안된다는 것이다. 그 활용은 순응하는 수도 있거니와 역용하는 일도 있다. 이것은 당면한 그때그때의 상황 여하에 따라, 적당한 판단과 함께 기민하게 실시하지 않으면 안된다.

20

> 是故, 不知諸侯之謀者, 不能預交. 不知山林險阻沮澤之形者, 不能行軍. 不用鄕導者, 不能得地利. 四五者不知一, 非覇王之兵也.

【解義】 이런 까닭에 제후의 꾀를 알지 못하는 사람은 능히 미리 사귀지 못한다. 산림과 험저와 저택의 모양을 알지 못하는 사람은 능히 군사를 행하지 못하고, 향도를 쓰지 못하는 사람은 능히 땅의 이를 얻지 못한다. 넷과 다섯의 하나라도 알지 못하면 패왕의 군사가 아니다.

【文義】 사오(四五)라는 것은, 넷에 다섯을 보탠 아홉을 뜻한다. 즉 구지를 말한다. 패왕(覇王)은 패자와 왕자란 뜻이 아니고, 천하를 지배하는 왕이란 뜻으로 곧 패자를 말한다.

그렇기 때문에 제후의 속마음을 알지 못하면, 미리 그 제후와 친교를 가질 수가 없다. 또 산림과 험한 곳과 습지대 등의 지형을 알지 못하면 행군을 제대로 할 수가 없고, 그 지방의 길안내자를 쓰지 않으면, 그 지방의 지형상의 이점을 알 수가 없다.

이상 말한 구지에 대한 법을, 그 중 하나라도 알고 있지 않으면, 그것은 천하를 호령할 수 있는 패자의 군사일 수는 없다.

【解說】 객관 정세와 인간의 심리 관계, 이 두 가지를 훌륭히 결부시켜 생각할 수 없는 사람은 도저히 천하를 지배할 수 없다는 것이다.

객관 정세의 변화에는, 정말 그것을 민감하게 느끼고 파악하는, 그런 일종의 특기를 가지고 있는 사람이 있다. 그러나 단순히 그것만으로는 한낱 특기에 지나지 않는다. 사람들은 이런 사람을 가리켜 정보통이라고 말한다. 또 무엇이고 다 알고 있는, 정말 여러 가지 지식을 골고루 가지고 있으면서도 그것을 활용해서 돈을 버는 것만은 전혀 서투른 사람이 있다.

사람을 움직여야 할 장소와 그때의 상황에 따라 사람을 어떻게 움직이느냐 하는 비결을 터득하지 못하면 안되는 것이다. 안다는 것은 중요하다. 그러나 그 지식을 실지로 운용하는 방법을 알고 있는 것이 더욱 중요하다.

객관 정세와 인간 심리, 이 둘을 관련시켜 생각하는 재능이 없어서는 정말로 큰 사업은 이룩하지 못한다고 말할 수 있을 것이다.

21

夫霸王之兵, 代大國則其衆不得聚, 威加於敵則其交不得合. 是故, 不爭天下之交, 不養天下之權, 信己之私, 威加於敵. 故其城可拔, 其國可隳.

【解義】 대저 패왕의 군사는 큰 나라를 치면 그 무리가 모이지 못하고, 위엄이 적에게 더해지면 그 사귐이 합함을 얻지 못한다. 이런 까닭에, 천하의 사귐을 다투지 않고, 천하의 권세를 기르지 않으며,

나의 사사로움을 펴고, 위엄이 적게 더해진다. 그러므로 그 성을 뽑을 수 있고 그 나라를 무너뜨릴 수 있다.

【文義】 권세를 기르지 않는다는 것은, 권력이 증강해지기를 기다리지 않는 것, 사사로움을 편다는 것은, 자기 혼자의 힘을 확대해 나가는 것이다. 신(信)은 신(伸)의 뜻, 타(隳)는 무너진다는 뜻인데 타(墮)와 같이 쓰인다.

천하를 쥐고 흔드는 패왕의 군사가 한 번 이웃의 큰 나라를 치게 되면, 그 강한 힘과 위엄에 눌려 상대방 나라의 민심이 하나로 뭉쳐질 수 없게 되고, 그 위력이 적국에 더해짐에 따라 그 나라와 평소 친교를 맺고 있던 나라들도 도울 수 없게 된다.

그렇기 때문에 패자의 군사는, 천하 제후들과 애써 친교를 맺으려 하지도 않고, 남의 원조를 받거나 내가 돕거나 해서 상대방 세력을 키워 주는 일도 없다. 다만 나 개인의 욕망과 목적을 위한 힘을 기르고 정책을 펴서 적으로 하여금 이쪽을 무서워하게 만든다. 그렇기 때문에 성을 공격하면 이를 함락시킬 수 있고, 나라를 치면 그 나라를 무너뜨릴 수 있다.

【解說】 강한 자의 힘을 빈다는 것은, 결국 강한 자를 점점 키워주는 것이 된다. 여기에 강한 자는 점점 강해만 가고 약한 자는 점점 약해만 가는 현상이 나타나게 된다. 그것은 경제면에서도 마찬가지이다. 남의 자본으로 기업을 시작한다든가, 대재벌과 합작을 한다든가 하는 것은 결국 그쪽을 이용하기보다는 내가 이용당하는 편이 더 큰 것이다. 여기에 독점 자본의 폐단이 생긴다. 그것은 국제적으로도 마찬가지다. 그러므로 가능한 한, 어디까지나 자기 힘을 중심으로 발전해 나가는 것이 바람직한 일이다. 하지만 그것이 생각대로 안되는 것은, 객관 정세와 이쪽의 능력이 항상 문제가 되기 때문이며, 상대방이 그것을 방관하고만 있지 않기 때문이다. 여기에 보이지 않는 싸움이 보이는 싸움 이상으로 치열해 가고 있는 이유가

있다.

　큰 경제 기구와 관련을 갖는 것은 중요한 일이며 부득이한 일이다. 그러나 그 압력을 받는 입장에 놓일 수 있다는 것을 충분히 계산에 넣지 않으면 안된다. 이용한다는 것은, 이용당하는 것이라는 것만은 잘 알고 행동할 일이다.

　독립 자존은 하나의 이상이다. 이상과 현실과는 반드시 일치하지 않는다. 현단계의 경제 기구에서 공연히 이상적인 형태를 추구한다는 것은, 전근대적인 소박하고 단순한 생각일 수 있지만 이론적으로 이 손자의 착안이 옳은 것이다.

22

> 施無法之賞, 懸無政之令, 犯三軍之衆, 若使一人. 犯之以事, 勿告以言, 犯之以利, 勿告以害.

【解義】 법에 없는 상을 베풀고, 정사에 없는 영을 내걸면, 삼군의 무리를 쓰는 것이 한 사람을 부리는 것 같다. 쓰기를 일로써 하고, 말로써 고하지 말며, 쓰기를 이(利)로써 하고, 해로써 고하지 말라.

【文義】 법에 없는 상이란 것은, 평상시의 법에 없는 혹은 법을 무시한 상을 말하고, 정사에 없는 영은 쉽게 말해서 전쟁중의 임시 특별법을 말한다. 내건다는 것은, 당시의 풍습으로 정령 같은 것은 판자에 써서 높은 곳에 걸어 두고 일반에게 알리는 형식을 취했기 때문에 쓰인 표현이다.

　여기서 이야기는 방향을 바꾸어, 싸움터에서 장군이 사병들을 부리는 방법론으로 옮겨지고 있다.

　싸우는 마당에 있어서는, 평상시에 사용되고 있던 규정은 통용되

지 않는다. 정세에 따라 그때그때 적당히 상을 주기도 하고, 또 평
상시 같으면 위법인 것도 대범하게 보아넘기며, 또는 평상시의 법
에 없는 법령을 내도 상관없는 것이다.
　이렇게 하지 않으면 많은 군사를 내 손발처럼 자유롭게 움직일 수
는 없다.
　싸움터에서는 모든 것이 말없이 실행될 뿐, 이유는 없는 것이다.
오직 행동만이 있을 뿐이다. 설명도 해석도 교훈도 필요없다. 행위
가 그대로 말인 것이다.
　또 사졸들의 귀에 들어가는 것은 전투의 유리한 면만으로 족
하다. 손해되는 일, 불리한 면은 일체 덮어두면 되는 것이다. 이것
이 싸움터에서의 방법으로 평상시와는 전혀 틀리는 것이다.

【解說】 여기서 말하고 있는 것은, 전쟁이란 특수한 장소에서 행해
지는 특수한 것이므로, 이것이 그대로 우리들의 사회 생활에 적용
될 수는 없다.
　노동 관리면에서 군대식 방식을 적용하는 곳이 있는 모양이나,
그것도 어느 한계 안에서의 일일 것이다. 기업은 평상시의 일이므
로, 양자 사이에는 뚜렷한 선이 그어져 있다. 평상시에는 어디까지
나 합법적인 것이 아니면 안된다.
　만일 거기에 비정상적인 것이 끼어들게 되면, 그러한 사람 쓰는
방법은 어디에선가 결국 파국으로 이끌려 가게 된다. 이 양자 사이
에 가로놓인 선에 대해서는 명확한 인식을 갖지 않으면 안된다.
　쓰기를 일로써 하고, 말로써 고하지 말라고 한 것은 나 자신의 행
동에 대해 말한 것이다. 이것이 다른 사람에게까지 미치면 그것은
독재가 되고 만다. 그것은 반민주적인 방법이요 전시대적인 방법이
다. 그러나 평상시에는 절대로 피해야 될 수단 방법일지라도, 일단
긴급을 요하는 시기에 처했을 경우, 원칙대로 많은 사람의 의견을
듣고 있어서는 사태 처리의 기회를 놓칠 염려가 있다.
　아무래도 이러한 독단 전횡, 어느 일부의 생각을 전체에 미치게 하

는 비상 수단이 필요하게 된다.
 그러나 이것은 자주 되풀이해서는 안 되는 수단이다. 평상시와 비상시의 한계를 명확히 해 두는 것을 잊지 말고, 그리고 일단 큰 일에 부닥쳤을 때는, 이러한 독재적인 방법을 강행해서 틀림이 없다고 하는 판단력을 길러 두지 않으면 안된다.
 그리고 또 하나 중요한 것은, 이런 경우의 독재적인 전제에 의해 만에 하나라도 일이 그르쳐졌을 때 그 책임 추궁이 자기에게 떨어질 것이 두려워 결단을 망설이는 일이 있어서는 안된다는 것이다. 이러한 때에 과감하게 책임을 지고 단호한 처치를 할 만한 각오와 용기가 필요하다.

23

> 投之亡地然後存, 陷之死地然後生. 夫衆陷於害, 然後能爲勝敗. 夫爲兵之事, 在順詳敵之意, 并敵一向, 千里殺將. 是謂巧能成事.

【解義】 망할 땅에 던진 연후에 살아 남고, 죽을 땅에 빠진 연후에 산다. 대저 무리는 해로움에 빠진 연후에 능히 승패를 한다. 대저 군사의 일은 적의 뜻을 순상(順詳)하는 데 있다. 적을 한 방향으로 몰고 천리에 장수를 죽인다. 이를 일러 교묘히 능히 일을 이룬다 한다.

【文義】 순상(順詳)의 순은 상대를 순하게 쫓는 것, 상은 자세히 아는 것, 일향(一向)은 한쪽 방향, 즉 꼼짝달싹할 수 없는 외길로 적을 몰아넣는 것이 일향 병적(一向并敵)이다.
 여기서 벗어나지 못하면 영영 멸망되고 만다는 인식을 하게 만든 뒤에라야, 모든 군대를 한마음으로 뭉쳐 적과 싸워 버티어 나갈 수가 있고, 이젠 싸워 이기기 전에는 꼼짝없이 죽고 만다는 생각을 다 같이 갖게 만든 뒤에라야, 전 군대의 결사적인 분투로써 적과 싸워 이길 수 있다. 대개 군대란 것은 자신에게 직접 해가 미치게 된 것을 자각한 뒤에라야, 힘을 합쳐 승부를 결정짓게 되는 것이다.

그러므로 이같은 심리를 항상 전투면에 활용하지 않으면 안된다. 그렇게 하기 위해서는 상대방의 움직임에 거스리지 않는 것이 가장 좋다. 상대방이 전진하면 이쪽은 미리 후퇴한다. 상대가 후퇴하면 우리는 적당히 전진을 한다. 이렇게 함으로써 적의 실태를 자세히 파악할 수 있다.

이리하여 적을 꼼짝달싹 할 수 없는 외길로 몰아 넣을 수도 있고, 천리 밖에 있는 적장을 쳐서 죽일 수도 있는 것이다.

이러한 운용이 무리 없이 자연스럽게 교묘히 행해져야만 큰 승리를 기대할 수 있다.

【解說】 이런 긴박한 상황에서 전화 위복의 기적 같은 승리를 얻게 된다는 것은, 사람의 힘이 외곬으로 뭉쳐야만 비로소 그 위력을 발휘할 수 있다는 진리를 강조한 것뿐이다. 즉 공동 운명체적인 인식을 군대의 마음속에 심어 주는 것이 중요하다는 뜻으로, 고의로 그런 위기에 몰아넣어야만 비로소 승리를 얻을 수 있다는 이야기는 아니다.

정정당당한 싸움, 완전 무결한 태세, 이것이 백전 백승의 길이다. 그러나 그것이 뜻대로 안되는 것이 현실이요, 때에 따라서는 위에 말한 그런 궁지로 몰려들게도 된다.

이러한 때에 가장 중요한 것은, 위아래가 한마음 한뜻이 되어 공동 운명체적인 일사 불란한 총격전을 전개하는 일이다. 그렇게 하기 위해서는 간부들의 아랫사람들에 대한 평소의 신뢰와 확고한 결의가 필요한 것이다.

기업의 수뇌자들에게는 평시형과 전시형이라는 두 가지 타입이 있어서, 그 양면에 통용될 수 있는 사람은 극히 드물다. 그러나 그 어느 한쪽으로 치우치는 것은 좋지 못하다. 어느 경우에도 대응할 수 있는 태세를 갖추고 있지 않으면 안된다.

24

是故, 政舉之日, 夷關折符, 無通其使, 厲於廊廟 之上, 以誅其事, 敵人開闔, 必亟入之, 先其所愛, 微與之期, 踐墨隨敵, 以決戰事.

【解義】 이런 까닭에 정사가 드는 날, 관을 막고 부를 꺾어 그 사신을 통함이 없고, 낭묘 위에 힘써 그로써 그 일을 책임지운다. 적의 사람이 열고 닫으면, 반드시 급히 들어가 그 사랑하는 바를 먼저하여 가만히 기약하고, 먹을 밟고 적을 따라 그로써 싸우는 일을 결정한다.

【文義】 정사가 든다〔政擧〕는 것은, 여기서는 선전 포고라든가 전시 체제의 돌입을 위한 정령(政令)이 실시되는 것을 말한다. 이(夷)는 막는다는 뜻, 꺾는다는 것은 여권에 해당하는 나뭇조각〔符〕을 폐기처분한다는 뜻이다. 낭묘(廊廟)는 조정(朝廷)을 말하고, 주(誅)는 책임을 지운다는 뜻이다. 열고 닫는다는 것은 상대방의 들어가고 나오고 하는 기회를 말한다. 먹을 밟는다는 것은, 먹줄대로 한다는 뜻으로 정보에 의해 움직인다는 말이다.

그렇기 때문에 마침내 전쟁을 하기로 조정에서 결정이 내리면, 그날로 즉시 관문을 닫고 관문을 통과하려는 사람의 여권을 전부 꺾어 못 쓰게 하고 양국 사신들의 내왕을 금지함으로써 군사 기밀이 새어나가지 못하도록 한다.

한편 조정에서는 전쟁 수행을 위한 모든 일에 정성을 기울이고, 각각 맡은 일에 책임을 지게 한다. 적의 동정을 살펴 틈이 생기는 즉시 간첩을 들여보내, 먼저 적국의 중요 인물들이 사랑하고 가까이하는 사람들과 비밀리에 접촉하여 적의 정보를 손에 넣는다. 이리하여 군은 그 정보에 따라, 적군의 기대대로 적의 진퇴에 따라 행동하며, 적당한 시기가 왔을 때 단숨에 승패를 결정하는 것이다.

【解說】 싸움은 언제나 번개 작전이어야 하지만, 그러한 상태로 들어가기 전에는 하나에서 열까지 순서를 밟아야 한다. 국교 단절, 국경 봉쇄, 조정에서의 결정, 최고 지휘관의 임명 등이 그것이다. 그런데 이러한 것들도 크게 보면, 일종의 막다른 골목에서 꼼짝달싹할 수 없는 사지에서의 작전과 통하는 것이 있다고 볼 수 있을 것이다.

구지(九地)의 작전에는 그 객관 정세에 따라, 싸울 수단과 방법에 각각 서로 틀리는 점이 있지만, 전체를 통해 〈어쩔 수 없는 처지〉에서의 마음가짐과 일맥 상통하는 뭣인가가 늘 들어 있다고 하는 것이, 이『구지』편의 주장인 것 같다.

꼼짝달싹할 수 없는 제약이 오히려 뚫고 나가는 계기가 될 수 있다는 것, 그리고 그것을 확실한 것으로 만드는 것은 올바른 일정한 법칙과 틀림없는 수순(手順)이라는 것이리라. 위험한 다리를 건넌다는 말이 있는데, 사업에는 어디나 그런 것이 숨어 있기 마련이며, 단 그것이 있기 때문에 사업면에 발전이 있는 것으로도 생각할 수 있을 것이다.

25

是故, 始如處女, 敵人開戶, 後如脫兎, 敵不及拒.

【解義】 이런 까닭에 처음은 처녀와 같고, 적의 사람이 문을 연 뒤는 벗어난 토끼와 같아, 적이 미처 막지 못한다.

【文義】 탈토(脫兎)는 그물에서 벗어난 토끼란 뜻으로 날쌔게 달아나는 모양, 혹은 행동이 재빠른 것의 비유로 쓰이는 말이다.
　싸움이 벌어졌을 때, 처음은 조용히 몸을 지키고 있는 것이 흡사 처녀처럼 보인다. 그래서 상대방도 아무 어려워하는 기색 없이 수비의 문을 열어 두게 된다. 이런 틈을 타서 일단 공격을 시작하면, 흡사 그물에 걸린 토끼가 그물을 벗어났을 때처럼 무서운 속도로 행동을 하게 된다. 그래서 적은 미처 막을 겨를마저 잃고 마는 것이다. 이러한 행동은, 미리 마음의 준비가 있은 다음에 가능한 것이며, 즉시 행동으로 옮길 수 있는 태세가 보이지 않는 가운데 갖춰져 있어야만 가능한 것이다.

【解說】 「처음은 처녀 같고, 뒤에는 탈토 같다」는 〈시여처녀 후여탈토(始如處女 後如脫兎)〉란 말은 《손자》 중에서도 유명한 말이다.
　처녀 같다는 것은 어디까지나 겉으로 그렇게 보인다는 것으로, 그 자체가 처녀처럼 되는 것은 아니다. 마치 토끼가 죽은 듯이 가만히 누워 있다가 그물이 들리는 순간 번개처럼 달아나듯이, 목적한 다음에 있을 행동을 위해 적을 안심시키는 한 술책에 지나지 않는 것이다.
　대내적으로나 대외적으로나 빈틈없는 준비 태세를 갖추고, 상대방의 움직임에 순응하면서 조용히 시기를 기다리는 모습이 처녀 같을 뿐으로, 일단 치고 들어갈 때는, 그때까지 축적되어 있던 힘이 일시에 폭발하기 때문에 탈토와도 같은 빠른 속도로 미처 손을 쓸 수 없게 만드는 것이다.
　안에 깊숙이 투지를 간직해 두고 신중히 만전의 대책을 짜나가면서, 행동으로나 태도로나 전혀 그런 기색이 나타나 있지 않으면 상대도 마음을 놓을 것은 뻔하다.

그러나 아래로 다소곳이 내리감은 눈빛 속에는 원수를 단칼에 무찌르려는 반짝임이 쉴새없이 열기를 뿜고 있는 것이다. 전신경을 한데 모으고 상대방의 움직임을 피부로 느끼며 꼼짝 않는 자세는, 그것이 조용하면 할수록 그 긴장도는 강한 법이다.

싸움에 이기기 위해서는, 처음부터 주도권을 장악하려 하지 않는 것도 피차의 세력이 비슷비슷한 경우에는 아주 중요한 것으로 생각된다. 상대방의 움직임에 따라 피동적으로 움직이면서 서서히 주도적인 태세를 다져나가는 것도, 사업 경영면에 대단히 중요한 일면일 수 있을 것 같다.

火攻 第十二

1

孫子曰, 凡火攻有五, 一曰火人, 二曰火積, 三曰火輜, 四曰火庫, 五曰火隊. 行火必有因. 煙火必素具. 發火有時. 起火有日. 時者天之燥也, 日者月在箕壁翼軫也. 凡此四宿者, 風起之日也.

【解義】 손자가 말했다. 무릇 화공에 다섯이 있다. 첫째는 사람을 태우는 것이요, 둘째는 쌓은 것을 태우는 것이요, 셋째는 짐수레를 태우는 것이요, 넷째는 창고를 태우는 것이요, 다섯째는 부대를 태우는 것이다. 불을 쓰는 데는 반드시 까닭이 있다. 연기와 불은 반드시 본래부터 갖춘다. 불을 발하는 것은 때가 있고 불을 일으키는 것은 날이 있다. 때란 것은 하늘이 마른 것이요, 날이란 것은 달이 기·벽·익·진 네 별자리에 있는 것이다. 무릇 이 네 머무르는 것은 바람이 일어나는 날이다.

【文義】 화인(火人)에서 화는 불을 지른다는 동사로 쓰인 것이다. 쌓은 것(積)은 들에 쌓아 둔 것을 말하고, 치(輜)는 수송 차량을 말하며 대(隊)는 부대를 말한다. 연화(煙火)는 연기와 불이란 뜻으로 여기서는 불씨를 말한다. 기벽익진(箕壁翼軫)은 28수(宿) 중의 네 별자리 이름으로, 이들 네 별자리에 달이 머무를 때는 바람이 분다는 전설이 있다. 숙(宿)은 수(宿)로 읽으면 별이란 뜻이 되고 〈숙〉

으로 읽으면 머무른다, 잔다는 뜻이 되는데, 사숙(四宿)은 네 별의 뜻이기보다는 네 별에 달이 머무르는 것을 말한 것으로 보인다.

　대개 불로써 적을 공격하는 데는 다섯 가지 종류가 있다. 첫째는 적의 복병 등이 숨어 있는 곳에 불을 지르는 것이고, 둘째는 적군들이 들에 쌓아 둔 물자를 불태우는 것이고, 셋째는 적의 수송 차량을 불사르는 것이고, 넷째는 적국의 보급 창고를 불태우는 것이고, 다섯째는 적의 부대를 불로 공격하는 것이다.

　적을 불로 공격하는 데는 반드시 작전상의 여러 가지 이유에 따라 행해지게 된다. 그러므로 불을 일으키는 재료와 도구들을 처음부터 준비해 둔다.

　적을 불로 공격하는 데는, 적당한 시기가 있고 또 적당한 날이 있다. 적당한 시기란 것은 날씨가 건조해 있을 때다. 적당한 날이란 것은 바람이 일어나는 날을 말한다. 전하는 말로는 달이 기성·벽성·익성·진성 등 별자리에 머무르면 바람이 인다고 한다.

【解說】 오늘날은 전쟁이라면 으레 화력을 말하게 되므로 여기 말한 화공법 같은 것은 별로 우리들의 흥미 대상이 될 수 없을 것 같다. 그러나 그 원리에 있어서는 오늘의 싸움에도 역시 마찬가지일 것이다. 전쟁중에 적의 생산 시설과 물자가 들어 있는 창고들을 간첩이 노리고 있는 것도 다 같은 이유에서다.

　별자리와 달과의 관계에 의해 바람이 있을 것을 미리 짐작하는 문제는 기상 관찰에 의해 일기를 예보하는 것과 같은 뜻으로 풀이될 수 있는 것이다.

2

凡火攻, 必因五火之變而應之. 火發於內, 則早應之於外. 火發兵靜者, 待而勿攻. 極其火力, 可從而

> 從之, 不可從而止.

【解義】 무릇 화공은 반드시 다섯 가지 불의 변화에 따라 응한다. 불이 안에서 나면 곧 빨리 밖에 응한다. 불이 나도 군사가 고요한 것은, 기다려 치지 말라. 그 화력을 다하여, 쫓을 수 있으면 쫓고, 쫓을 수 없으면 그친다.

【文義】 화공이란 것을 이상 다섯으로 나누고, 그 불이 일어났을 경우 적의 진중에 일어나는 변화를 보아 즉시 필요한 대응책을 취하지 않으면 안된다.

만일 상대방의 진중에서 불길이 오르게 되면, 이것은 적진 속에 이쪽과 내통하는 사람이 있어 이쪽에게 쳐들어갈 기회를 만들어 주려 하는 것이므로, 우물쭈물하지 말고 즉각 외부로부터 공격을 가할 일이다. 그런데 불길이 오르기는 했으나 적의 진중에 소란이 일지 않고 조용하면, 섣불리 공격을 가하지 말고 잠시 기다려 상황을 살필 일이다.

그대로 불길이 극도로 강해지고 있는가, 아니면 금방 가라앉기 시작하는가를 살펴, 공격을 할 수 있으면 공격을 가하고 그렇지 못하면 공격을 보류할 일이다.

【解說】 이 불을 어떤 사업체의 내분이나 쟁의(爭議)라는 것에 해당시켜 생각할 수도 있다. 그러면 이 대목의 해석이 그대로 적용될 수 있을 것이다.

경쟁 상대인 어떤 사업체에 이같은 내부 소란이 있을 때는, 시기를 놓치지 말고 신속하게 공격 태세를 갖추지 않으면 안된다. 그러나 그것이 어떤 성질의 것인지, 어느 정도의 것인지도 모르고 덮어놓고 법석을 떨어서는 아무 소용이 없다.

어느 정도 규모가 큰 것인가, 또 그 뿌리가 얼마나 깊은 것인가,

내용이 간단히 수습될 성질의 것인가, 아니면 매우 복잡한 관계에 있는 것인가, 그런 것을 재빨리 정확하게 판단하는 것이 무엇보다 긴요하다. 그렇게 함으로써 그 붙은 불의 화력을 극도로까지 만들 수 있는 것이다.

또 그것의 근본 원인과 이에 대한 간부들의 처리 능력 등, 객관적인 정세의 움직임을 충분히 살피지 않으면 안된다. 그리고 일단 공격을 시작하게 되면, 가장 유효 적절한 시기를 택하는 것이 더욱 중요한 조건이 된다.

3

火可發於外, 無待於內, 以時發之. 火發上風, 無攻下風. 晝風久, 夜風止.

【解義】 불을 밖에서 낼 수 있으면, 안에서 기다리지 말고 때를 가지고 발하라. 불이 윗바람에 나면, 아랫바람을 치지 말라. 낮에 바람이 오래면 밤에 바람이 그친다.

【文義】 정세가 오히려 밖에서 불을 지르는 쪽이 유리하다고 보일 경우는, 적진 안에서 불이 일어나기를 기다릴 것 없이 시각과 바람 부는 방향 같은 것으로 판단해서 적당한 방법을 쓸 일이다.

또 불의 성질상, 불의 세력이란 것은 바람이 부는 아래쪽으로 향해 번져 나가기 마련이다. 그러므로 바람 위쪽에 일어난 화재에 대해 그 아래쪽에서 공격을 개시하게 되면, 이쪽도 함께 불 속에 말려들어 고전을 면하기 어렵게 되므로 이것은 금물이다.

또 한 가지, 낮 동안 온종일 바람이 불고 있었으면 밤에는 바람이 그친다는 것도 알아 둘 일이다.

【解說】 외부로부터 조금만 충격을 주면 금방 혼란을 일으킬 것 같은 일촉 즉발의 상태로 되어 있을 경우 등, 필요하면 밖에서 글자 그대로 불을 질러 소동을 일으킬 수도 있을 것이다. 이런 때 불이 확 번질 수 있는 곳을 그르치지 않도록 하지 않으면, 반대로 상대방을 튼튼히 만들 수도 있게 된다.

또 이런 경우도 있다. 속담에 긁어 부스럼 만든다는 말이 있지만, 상대방의 소란에 함께 휘말려 같이 손해를 보게 되는 수도 있다. 이것이 바람 아래에서 싸우는 것이다.

온갖 업계의 실정을 바라보고 있으면 가끔 이 바람 밑에서의 싸움을 볼 수 있다. 불경기를 타개해 볼 생각으로, 혹은 상대를 넘어뜨리기 위해 부당한 가격 인하 전술을 쓰는 것도 여기에 해당할 것이다.

다음에 든 바람과 밤낮의 관계는, 이것은 그 나라의 지세라든가 그때의 기압 배치 등과 밀접한 관계가 있는 것이므로, 일률적으로 어디에나 해당될 수는 없는 것이다. 이러한 것을 경험 법칙이라 한다. 이것은 과거의 경험이 통계적으로 가르쳐 주는 일정한 법칙이다. 이것도 무시할 수 없는 것으로 생각된다.

재미있는 이야기가 있다. 어느 부자가 며느리감을 골라 방방곡곡을 구경하며 다니고 있던 참에, 하루는 어느 산골 마을에 들어가 쉬게 되었다. 때는 햇볕이 따가운 여름날 오후였다.

마루에 앉아 부채질을 하고 있는데 안에서 과년한 처녀가 나오더니 몸을 돌려 안을 바라보며,

「어머니 비가 올 것 같습니다.」

하고 나직이 소리를 쳤다. 그러자,

「그럼 우케를 치우고 빨래를 거두어 들이려무나.」

하고 방에서 어머니의 대답 소리가 들려 왔다. 부자 영감은 혼자 속으로,

「별일이다. 멀쩡한 하늘을 보고 비가 오겠다니?」

하며 이상하게 생각하고 있었다.

그러나 얼마 안 가서 우르릉 소리가 들리며 소나비가 내리퍼붓는 것이었다.

「필시 저 처녀가 이인(理人)일 것이다. 그렇지 않고서야 천리를 미리 알 리가 없지 않은가!」

이렇게 생각한 부자 영감은 곧 그 처녀를 며느리로 맞아들였다.

그런데 어찌된 일인지 세상에 그런 천치가 없었다. 시아버지인 영감은 어이가 없어 그때 이야기를 하며, 어떻게 비가 올 것을 미리 알았느냐고 물어 보았다. 그러자 처녀는 태연히,

「건너편 산꼭대기에 안개구름이 아래로 내리면 으레 비가 오기 때문에 그렇게 말했을 뿐입니다.」

하고 대답했다는 것이다.

일기 예보란 것도 통계에 의한 경험 판단이라 말할 수 있다. 그러나 경험 판단은 어디까지나 참고가 될 뿐, 그것을 그대로 믿는 것은 위험하다. 경기 전망과 호황 불황의 교체 시기 같은 데도 많은 이야기들이 전해지고 있다. 이것을 그대로 믿어서는 안되지만 귀를 기울일 필요는 있는 것이다.

4

凡軍必知五火之變, 以數守之. 故以火佐攻者明, 以水佐攻者强. 水可以絶, 不可以奪.

【解義】 무릇 군사는 반드시 다섯 불의 변화를 알아, 수로써 지킨다. 그러므로 불로써 치는 것을 돕는 것은 밝고, 물로써 치는 것을 돕는 것은 강하다. 물은 끊을 수는 있어도 앗을 수는 없다.

【文義】 수(數)는 사물을 여러 모로 계산한 위에 세워진 방법과 기술

을 말한다. 밝다[明]는 것은 뜻이 분명치 않으나 승리에 대한 전망이 밝다는 뜻으로 풀이된다.

대개 군사는 반드시 다섯 가지 화공이 있다는 것을 알고, 그 화공 때의 방법을 알아 우리 쪽 군사를 지키지 않으면 안된다. 적을 칠 수 있는 화공법은, 적이 우리를 칠 수 있는 무기도 되기 때문이다.

보조 수단으로서 화공법을 쓰게 되면 한층 승리에 대한 전망이 밝아질 것이며, 물을 공격에 이용하게 되면 그만큼 공격하는 힘은 강해질 것이다. 다만 불의 공격과 물의 공격을 비교하면, 물로 공격하는 것은 적의 보급로와 탈출로, 연락, 구원, 출격 등을 완전히 봉쇄할 수는 있어도, 불로 공격하는 것처럼 상대방이 가지고 있는 것을 못쓰도록 앗아 없앨 수는 없다. 이것이 불과 물의 서로 다른 점이다.

【解說】 공격하는 이쪽 무기는, 그대로 적이 이쪽을 공격하는 데 쓰이는 무기이기도 하다. 이것은 전편을 통한 모든 병법에 다 통용될 수 있는 것이다. 그러나 이쪽에서 공격할 의사도 없고 또 그 필요를 느끼지 않더라도, 그것이 언제 어디서 어떻게 적의 공격 무기로 사용될지 알 수 없는 것이다. 항상 그것에 대응할 수 있는 지식을 기르고, 어느 정도의 시책을 구비하고 있어야 된다고 말할 수 있을 것이다.

한편 물로써의 공격 방법은, 적을 고립시키는 작전이라고도 말할 수 있다. 이것은 이쪽이 월등 우세한 위치에 서 있지 않는 한 성과를 올리지 못한다.

그리고 완전한 포위 태세를 갖추지 않으면 안되기 때문에, 한 곳이라도 빠져나갈 수 있는 길을 남겨 두어서는 무의미한 것이므로, 기업전에서는 수고가 많은 그만큼 효과가 적은 전술에 속한다. 특히 상대방에 지구력이 있는 경우는 오히려 피해야 할 전법이기도 하다.

5

> 夫戰勝攻取, 而不修其功者凶. 命曰費留, 故曰明主慮之, 良將修之. 非利不動, 非得不用, 非危不戰.

【解義】 대저 싸워 이기고 쳐서 취하려 하며, 그 공을 거두지 못하는 것은 흉하다. 이름하여 비류라 말한다. 그러므로 말한다. 밝은 임금은 생각하고, 어진 장수는 거둔다. 이익이 아니면 움직이지 않고, 얻는 것이 아니면 쓰지 않으며, 위태롭지 않으면 싸우지 않는다.

【文義】 명(命)은 이름을 붙인다는 뜻이다. 비류(費留)는 경비를 써가며 군대를 머물러 둔다는 뜻이다.

  대개 싸움이란 승리를 위해서 하는 것이고, 공격은 앗아 차지하기 위해 하는 것이다. 그런데 싸워도 승리를 얻지 못하고 공격을 해도 이를 앗아 손에 넣지 못한다면, 그것은 한낱 나라의 경비를 소모시키고 백성들을 이유 없이 밖에 머물러 있게 하는 것밖에 아무것도 아니다.

  그렇기 때문에 경솔하게 일을 일으키지 않고, 깊이 생각을 거듭한 끝에 비로소 군사를 동원하는 것이 현명한 임금의 처사요, 확실한 전과를 거두게 되는 것이 훌륭한 장수인 것이다.

  확실히 나라의 이익이 된다고 판단이 서지 않는 한 함부로 움직이지 않고, 뭔가 확실히 얻는 것이 없는 한 군사를 쓰지 않으며, 나라의 안위와 관련된 심각한 사태가 아닌 한 전쟁이란 피하지 않으면 안된다.

【解説】 이익이 없으면 움직이지 않고, 얻는 것이 없으면 쓰지 않고, 위태롭지 않으면 싸우지 않는다는, 이 세 가지는 그대로 기업전의 제목으로 해도 좋을 것이다. 그 중 어느 하나라도 빠져 있을 경우는, 절대로 전투적인 행동을 일으키지 않는 것이 바람직한 일이다.

「이(利)를 보고 하지 않는 것은 용기가 없는 것이다」라는 문자를 쓰는 사람이 있다. 이것은 「의(義)를 보고 하지 않는 것은 용기가 없는 것이다」라고 한 공자의 말을 뒤집어, 이것이 오늘의 기업 정신이라고 비꼬아 하는 말이다.

아무리 이윤을 추구하는 것이 기업 정신이라고는 하지만, 오직 돈을 번다는 한 가지 목적만으로 움직여서는 안되는 것이다. 이익이니 얻는 것이니 하는 것은, 한 개인의 이익과 얻는 것만이 아니고 전체 사회의 요구를 충족시키는 것이라야 한다. 그런 것이 아니면, 결국 그 기업은 언제나 파탄을 가져오고 마는 것이다.

6

主不可以怒而興師, 將不可以慍而致戰. 合於利而動, 不合於利而止. 怒可以復喜, 慍可以復悅, 亡國不可以復存, 死者不可以復生. 故明主愼之, 良將警之, 此安國全軍之道也.

【解義】 임금은 노여움을 가지고 군사를 일으켜서는 안되고, 장수는 분함을 가지고 싸움에 이르게 해서는 안된다. 이익에 합하면 움직이고, 이익에 합하지 않으면 그친다. 노여움은 다시 기뻐질 수 있고, 분함은 다시 기쁠 수 있으나, 망한 나라는 다시 존재할 수 없고, 죽은 사람은 다시 살아날 수 없다. 그러므로 밝은 임금은 조심하고, 어진 장수는 징계한다. 이것이 나라를 편안히 하고 군사를 온

전히 하는 길이다.

【文義】 일국의 임금이 된 사람은, 단순히 노엽다든가 괘씸하다든가 하는 이유만으로 군대를 출동시켜서는 안된다. 장군도 역시 울분을 못 참아 전투를 시작하는 일이 있어서는 안된다.

국가의 전체 이익에 합치된 뒤에라야 군사를 움직이고, 그렇지 않을 경우에는 즉시 중지해야만 한다. 노여웠던 마음은 곧 풀어질 수 있고, 분한 마음은 다시 기뻐질 수 있다. 그러나 앞뒤 분간 없이 전쟁을 시작했다가 나라가 망하게 되면 다시는 이를 돌이킬 수 없고, 전쟁으로 억울하게 죽은 생명은 영영 보상할 길이 없는 것이다. 그렇기 때문에 현명한 임금은 그런 자기 한 사람의 기분으로 공연한 전쟁을 일으키는 일이 없도록 조심을 하고, 훌륭한 장수 역시 개인의 감정에 의해 본의 아닌 전투에 말려드는 일이 없도록 경계한다. 이것이 나라를 위태롭게 하지 않고, 군대의 생명을 제대로 보전하는 길인 것이다.

【解說】 사업과 경영에 있어 감정은 절대 금물이다. 강철 같은 냉정함이 모든 일을 지배한다. 경영자와 수뇌부라 하더라도 역시 인간이다. 경영자와 수뇌부는 인간이어서 좋은 면과, 인간이 아니어서는 안되는 면과, 절대로 인간이어서는 안되는 면이 있다.

더구나 한때의 화풀이를 위한 경솔한 행동 같은 것은 생각조차 할 수 없는 일이다. 설령 그것이 공분(公憤)이라 하더라도 결과는 사분과 마찬가지다. 대의 명분의 있고 없는 것은 별개의 문제다.

삼국지에 나오는 적벽강 큰 싸움도, 오나라가 전쟁을 결정한 것은 제갈양이 손권의 사적 분노를 격발시킨 데 큰 원인이 있었다. 또 병자 호란 때 척화파(斥和派)와 주화파(主和派)의 대립 같은 것도 결국 따지고 보면 감정파와 실리파의 대립으로 볼 수 있다. 어느 쪽이 더 현명했느냐 하는 것은 더 논할 필요조차 없는 일이다.

用間 第十三

1

> 孫子曰, 凡興師十萬, 出征千里, 百姓之費, 公家之奉, 日費千金, 內外騷動, 怠於道路, 不得操事者, 七十萬家, 相守數年, 以爭一日之勝. 而愛爵祿百金, 不知敵之情者, 不仁之至也. 非人之將也, 非主之佐也, 非勝之主也.

【解義】 손자가 말했다. 무릇 군사 10만을 일으켜 천 리에 나가 치면, 백성의 씀과 공가(公家)의 바침이 하루 천 금을 쓰고, 안팎이 소동하여 도로에 시달려, 일을 잡을 수 없는 것이 70만 집이 되고, 서로 지키기를 여러 해, 그로써 하루의 이김을 다툰다. 그런데 벼슬과 녹과 백금을 아껴 적의 실정을 알지 못하는 것은, 어질지 못함이 지극한 것이다. 사람의 장수가 아니요, 임금의 보좌가 아니요, 승리의 주인이 아니다.

【文義】 백성의 씀이란 것은, 일반 백성들에게 부과된 군역(軍役), 강제 노동, 전지 과세 등의 비용 부담을 말하는 것이고, 공가의 바침이란 것은, 국가에서 부담하는 전쟁 비용과 봉급 같은 것을 말한다. 안팎이 소동한다는 것은, 국내와 전쟁터에서의 부산한 심한 노동이란 뜻이다.

도로에 시달린다는 것은, 싸움터와 본국과의 사이의 수송에 지쳐 있는 것을 말한다. 다음에 일을 잡지 못하는 것이 70만 집이라는 글귀에 대해서는 당시의 제도를 설명하지 않으면 이해하기 어려울 것이다.

고대 중국에서는 9백 묘(畝)의 네모난 밭을 우물 정(井)자로 9등분하고, 중앙의 한 구획을 공전(公田)이라 하여 그 수확을 조세로서 나라에 바치고, 나머지 8구획을 8가구에 각각 1구획씩 나눠 주어 농사를 짓게 하고, 거기에서 나오는 것은 각 개인의 소득으로 했다. 중앙의 공전은 이들 8가구가 공동으로 경작하게 되어 있었다.

전쟁이 일어났을 때는, 이 8가구 단위마다 의무적으로 한 명의 젊은이를 군대로 징집한다. 그리고 군대를 내보내지 않은 나머지 7가구는 군수품 수송 등에 징발되고 각종 물자의 공출을 책임지게 된다. 글자 그대로 거국 체제였던 것이다.

따라서 10만 명 군사를 동원하면, 군무 이외의 참전자는 70만 가족이란 계산이 된다. 일을 잡는다는 것은 본업에 종사한다는 뜻이고, 작록은 관직과 봉록을 말한다.

만일 여기에 10만의 군사를 움직여 천리 먼 길에 보낸다고 가정하자. 이로 인해 소비되는 일반 국민의 비용 부담과 국가 지출 등을 합계하면, 매일 막대한 돈을 소비할 뿐만 아니라, 국내 국외를 통해 상하가 온통 야단 법석을 떨게 되고, 온 국민이 전쟁의 뒤치닥거리에 시달리고 지쳐, 자기 집 일을 내던져야만 하는 수가 70만 가구에 달하게 된다.

적과 맞서 싸우기를 몇 해나 계속하며, 허다한 준비와 막대한 출비 끝에 결국 얻게 되는 것은 마지막 승리인 것이다. 그런데 벼슬과 봉록을 내놓기가 아깝고 돈을 쓰는 것이 아까워, 적의 실정을 충분히 탐지하지 못한 채 전쟁에 돌입한다는 것은, 그 이상 현명하지 못한 일은 있을 수 없다.

이래가지고는 많은 사람을 거느리는 장수라고 말할 수 없으며, 임금을 보좌하는 그릇이 될 수 없고, 또 승리를 가져오게 하는 인물도 될 수 없다.

【解說】 한 장수의 성공을 위해 만 명의 목숨이 희생된다는 옛 시가 있지만, 성공하고 못하는 것은 결과의 문제다. 비록 성공을 못하는 경우라도, 전쟁이란 것은 군대와 국민들의 마지막 피 한 방울, 땀 한 방울까지 다 짜낼 정도로 있는 정력을 다 써버리고 마는 것이다.

이러한 큰 희생을 치르게 되는 싸움에는, 사전의 충분한 조사가 있어야만 한다는 것이 이『用間』편의 주제가 되어 있는 것이다. 이것을 사업 경영에서 말하면 조사하는 일에 해당할 것이다. 충분한 조사 없이 수립된 기획처럼 위험한 것은 없다. 날카로운 판단과 영감이란 것도 필요하지만, 그것도 그 바탕이 되는 조사가 있는 다음의 이야기다.

2

故明君賢將, 所以動而勝人, 成功出於衆者, 先知也. 先知者, 不可取於鬼神, 不可象於事, 不可驗於度, 必取於人知敵之情者也.

【解義】 그러므로 명군과 현장이 움직여 사람을 이기고 성공이 뭇에서 뛰어나는 까닭은, 먼저 알기 때문이다. 먼저 아는 것은, 귀신에게 취해도 안되며, 일에 본따도 안되며, 도(度)에 시험해도 안되며, 반드시 사람에게 취하여 적의 정을 알아야 하는 것이다.

【文義】 귀신에게 취한다는 것은 귀신에게 물어서 아는 것을 말하고, 일에 본뜬다는 것은 비슷한 다른 예를 가지고 판단하는 것을 말한다. 도에 시험한다는 도(度)는 해와 달과 별의 운행도수로 풀이하여, 천문(天文) 즉 별을 보고 점치는 것으로 풀이할 수 있을 것이다.

옛부터 현명한 임금과 장수라는 사람들이 한번 움직이기만 하면 반드시 남보다 뛰어난 전공을 세운 것은, 먼저 상대방의 실정을 충분히 안 뒤에 일을 일으키기 때문이었다.

미리 안다는 것은, 무슨 무당 점쟁이를 통해서 아는 것도 아니며, 다른 어떤 일을 통해 추리로 아는 것도 아니며, 천문을 보고 아는 것도 아니다. 천하의 중대한 일을 그런 막연한 것에 의지할 수는 없는 일이다. 어디까지나 사람의 힘을 통해 적의 실정을 탐지할 일이다.

【解說】 앞을 미리 내다본다는 것은 참으로 어려운 일이다. 어려운 것인 만큼 그 가치도 그만큼 크고, 관심도 그만큼 큰 것이다. 그래서 세상에 여전히 명맥을 이어오고 있는 것이 관상이니 사주니 점이니 하는 것들이다.

그것이 맞을 리도 없지만 설사 맞는다고 하더라도 그것을 믿고 있을 수는 없는 일이며 또 믿어서는 안되는 것이다.

결국 어떤 일을 새로 시작하거나 변경하거나 확장하거나 하려면 먼저 충분한 과학적인 사전 조사가 필요한 것이다. 그래야만 도중의 사고나 착오 없이 일을 마칠 수 있는 것이다. 일을 끝낸 뒤에 돌이켜 보게 되면, 그런 시간과 돈의 낭비 없이, 즉 사전 조사 없이도 같은 결과를 얻었을 것으로 생각되는 것이 보통이다.

그러나 이러한 조사 없이 일을 시작했을 경우와 비교해 보면, 조사를 먼저 하고 시작한 쪽이 결과를 얻기까지의 전체적인 시간과 경비면에서 훨씬 빠르고 절약되어 있는 것이다.

설사 시간이 걸리고 경비가 든다 해도 만일에 대한 실패나 손실을 미리 막을 수 있고, 예측할 수 있었던 어려운 사태가 밀어닥쳤을 때도 당황하는 일 없이 무사히 타개해 나갈 수 있다는 것을 생각하면, 마치 보험에 든 것처럼 마음 든든하고 가치있는 일이 아닐 수 없다.

3

> 故用間有五, 有鄕間, 有內間, 有反間, 有死間, 有生間, 五間俱起, 莫知其道, 是謂神紀, 人君之寶也.

【解義】 그러므로 간첩을 쓰는 데 다섯이 있다. 향간이 있고, 내간이 있고, 반간이 있고, 사간이 있고, 생간이 있다. 다섯 간첩이 함께 일어나 그 길을 알 사람이 없다. 이를 일러 신기라고 한다. 임금의 보배다.

【文義】 향간·내간·반간·사간·생간에 대해서는 다음 하나씩 설명이 되고 있으므로 하나하나의 의미는 그때로 미룬다. 신기의 기(紀)는 기강(紀綱)이라고 할 때의 〈기〉로 경륜의 재능을 말한다. 신기는 신묘 불측한 큰 재주란 뜻이다.

　적의 실정을 탐지하는 첩보 활동에는 다섯 가지 종류가 있다. 즉 향간·내간·반간·사간·생간이 그것이다. 이 다섯 가지 첩보 활동을 동시에 기용해서, 적으로 하여금 그 활동 상황을 전혀 알아 내지 못하게 한다.

　이것은 귀신의 재주라고 불리게 되는데, 이것이야말로 국보적인 존재가 아닐 수 없다.

【解說】 적의 실정을 탐지하는 데는 여러 가지 수단과 방법이 동원될 수 있지만, 가장 중요한 것은 상대방이 눈치를 채지 못하게 하는 일이다. 이쪽의 활동이 저해되는 것도 문제가 되지만 저쪽에 역이용당할 염려가 보다 크기 때문이다.

4

> 鄕間者, 因其鄕人而用之. 內間者, 因其官人而用之. 反間者, 因其敵間而用之. 死間者, 爲誑事於外, 令吾間知之, 而傳於敵也. 生間者, 反報也.

【解義】 향간이란 것은, 고을 사람을 인해 쓰는 것이다. 내간이란 것은, 그 벼슬한 사람을 인해 쓰는 것이다. 반간이란 것은, 그 적의 간첩을 인해 쓰는 것이다. 사간이란 것은, 거짓 일을 밖에서 하여, 우리 간첩으로 하여금 알게 하여 적에게 전하는 것이다. 생간이란 것은, 돌아와 보고하는 것이다.

【文義】 광(誑)은 속인다는 뜻으로, 광사(誑事)는 거짓으로 꾸며낸 일, 헛소문 같은 것을 말한다.

향간은, 상대국 농촌 같은 데 있는 사람을 잘 이용해서 정보를 얻는 경우다. 말하자면 고정 간첩 비슷한 것이다. 내간은 같은 상대국 사람이기는 하지만 상당한 직책을 갖고 있는 사람을 이용할 경우다. 반간은 상대방 간첩을 이용하는 것이다. 이중 간첩과 같은 것으로, 상대를 매수해서 쓸 경우도 있고 단순히 거짓 정보를 제공하는 경우도 있다.

사간이란 것은 이 이중 간첩의 또 다른 복잡한 사용 방법으로, 이쪽을 배반하게 되어 있는 간첩에게 허위 정보를 주고 이것을 적에게 팔도록 하는 방법이다. 파는 간첩이나 사는 상대방이나 그것이 참인 줄로 알고 있었지만, 결과가 거짓이 되고 말기 때문에 정보를 판 이쪽 간첩은 적의 손에 죽게 된다. 그래서 죽는 간첩이란 이름을 붙인 것이다.

마지막의 생간이란 것은, 상대방 정보를 정확히 알아낸 다음 살아 돌아와 보고하도록 하는 간첩이다.

【解說】 사업면에서 말하면, 향간이란 것은, 상대 쪽 가까운 이웃에 살고 있는 사람이라든가, 출입하는 과정업자나 납품업자, 그 밖의 출입이 잦은 단골 장사꾼 등을 통해 정보를 얻는 방법이 될 것이다.
　　내간은 상대방 내부의 사람을 쓰는 것이다. 매수 같은 것에 의한 내통이라든가 연고 관계 등을 활용하는 것이 되겠는데, 기밀에 속한 사항은 그럴 만한 지위에 있는 중역급을 손에 넣어야만 된다.
　　반간은 역(逆)데마와 이중 간첩 두 가지가 있다는 것을 앞에서 말했는데, 역데마 쪽은 정보를 입수한다기보다도 일종의 변형된 전투 행위에 들어가는 것으로, 간첩에 대한 대응책으로서는 아주 긴요한 역할을 하게 된다.
　　사간이란 것은, 좀 야비한 수법에 속하는 것이지만, 상대방에 가까운 단골 상인들을 이용할 수 있는 수법이다. 결과적으로 잘 보이려고 제공한 정보가 전혀 터무니없는 것이 되었을 때, 그 상인은 단골을 잃게 될 것이 뻔하다. 그러므로 사간이 되는 셈이다.

5

> 故三軍之事, 莫親於間, 賞莫厚於間, 事莫密於間. 非聖知不能用間, 非仁義不能使間, 非微妙不能得間之實.

【解義】 그러므로 삼군의 일은, 간첩보다 친밀한 것이 없고, 상은 간첩보다 후한 것이 없고, 일은 간첩보다 비밀한 것이 없다. 성지가 아니면 능히 간첩을 쓰지 못하고, 인의가 아니면 능히 간첩을 부리

지 못하고, 미묘하지 않으면 능히 간첩의 실을 얻지 못한다.

【文義】 3군을 맡은 장군의 일 가운데, 간첩과 장군과의 사이처럼 긴밀을 요하는 것은 없다. 둘 사이에 호흡이 서로 맞지 않으면 안 된다. 따라서 대우나 표상도 다른 것과는 비교도 안될 정도로 후하다.

일체는 그 어느 것보다도 극비리에 진행된다. 최고 지휘관의 직속 사항으로 취급되는 것이다. 아무튼 많은 사람의 지혜를 모아, 여럿이 함께 검토를 해볼 수 없는 일인 만큼, 장군된 사람은 성지(聖知)로 평을 들을 만큼 주도 면밀한 무엇이 없이는 간첩을 올바로 쓸 수 없을 것이다.

이렇게 어려운 일인 만큼, 부하들을 아끼고 사랑하며 신의를 지키는 인덕이 없으면, 간첩들을 자기 생각대로 부릴 수는 없는 일이다. 그리고 간첩의 활동 상황과 그들이 제공한 정보와, 그 밖의 내외 정세 등의 미묘한 관계를 재빨리 판단하는 무엇이 없으면 그 실효를 거두기는 어려운 일이다.

【解說】 사업 경영에 있어서는, 어찌된 일인지 실태 조사 같은 것을 주시하지 않는 경향이 많다. 예를 들어 조사부장 자리 같은 것은, 어쩐지 일선에서 멀리 밀려나는 듯한 느낌을 남이나 본인이 다 같이 갖게 된다.

이것은 대단히 잘못된 생각이다. 그것이 얼마나 중요한 자리며, 얼마나 힘드는 자리라는 것을 느낄 수 있는 사업체라면, 그 사업체는 반드시 발전할 수 있을 것이다. 이 조사부를 제대로 활용하지 못하는 기업가, 조사 부장을 무능력한 사람의 잠시 쉬어가는 자리로 아는 기업체는 『용간』편의 중요성을 이해 못하는 사람이 전쟁을 지휘하는 거나 별로 다를 것이 없다.

조사 부장이야말로 명석하고 치밀하고, 묵중하고 경험이 풍부한 그런 사람이 아니고서는 자기 임무를 수행할 수 없는 자리인 것이다.

6

> 微哉微哉, 無所不用間也. 間事未發而先聞者, 間與所告者皆死.

【解義】 미묘하고 미묘하다. 간첩을 쓰지 않는 곳이 없다. 간첩의 일이 발하지 않고 먼저 들리게 되면, 간첩과 이른 사람이 다 죽는다.

【文義】 미묘한 놀라운 위력을 발휘하게 되는 것도 이러한 주도 치밀한 간첩의 사용 방법으로, 쓰기에 따라서는 어느 곳이든 유효하게 쓸 수 있다.

만일에 간첩의 보고에 의한 어떤 계획이 사전에 새어 나가 외부에 알려지게 되면, 거기에 관련된 간첩과 그것을 새어 나가게 한 모든 사람은 다 죽게 된다.

【解說】 정보를 탐지하는 쪽이나, 정보를 탐지당할 염려가 있는 쪽이나, 기밀이 새어나가는 것에는 지나칠 정도의 경계를 필요로 한다. 실전에 있어서는 죽여 버리면 그걸로 기밀은 지켜질 수 있는 것이지만, 사회 생활에서는 그런 일이 있을 수 없다. 그런만큼 사전의 경계에 더욱 만전을 기하지 않으면 안된다. 양계초(梁啓超)는 「세상 사람을 다 도둑으로 생각하고 처세를 하지 않으면 오늘을 살아갈 수 없다」고 했는데, 기업인,특히 기밀에 관련이 있는 사람은, 친구나 가족까지도 간첩일 가능성이 있다고 한 것이다.

7

> 凡軍之所欲擊, 城之所欲攻, 人之所欲殺, 必先知
> 其守將左右謁者門者舍人之姓名. 令吾間必索知之.

【解義】 무릇 군사로서 치고자 하는 바, 성으로서 치고자 하는 바, 사람으로 죽이고자 하는 바는, 반드시 먼저 그 지키는 장수와 좌우와 알자와 문지기와 사인의 성명을 알아야 한다. 우리 간첩으로 하여금 반드시 찾아 알게 한다.

【文義】 좌우는 측근·막료 같은 사람을 말하고, 알자는 연락을 맡은 비서관 같은 것, 사인은 잡무에 종사하는 사용인들을 말한다.
 우리 군대가 공격하려 하는 적군, 함락시키려는 적의 성, 죽이려 하는 적 쪽의 인물에 대해서는, 반드시 미리 그곳을 지키고 있는 장군이나 부장, 그 좌우에 있는 측근, 연락을 맡고 있는 비서, 문지기, 잡무에 종사하는 사람들의 성명을 알아 두지 않으면 안된다. 그러기 위해 우리 쪽 간첩을 시켜 그것을 찾아 알도록 만든다.

【解說】 상대를 안다는 것은 사람을 아는 것이 제일 중요하다. 인적 구성을 제일 먼저 알지 않으면 안된다. 표면적인 사원 명부만에 의한 조사 같은 것으로는 불충분하다. 문지기·수위·식당 급사·자동차나 트럭 운전사에 이르기까지, 사람이란 사람은 모조리 알아 두어야 한다는 것이 손자의 사고 방식이다.
 만일 이것이 자가 제품의 소비층에 대한 조사라면, 수요자층의 남녀 성별·연령별·직업별, 될 수 있으면 그 학력, 교양 정도라든가 수입액까지 알 필요가 있다. 가족 구성이라든가, 지역적인 특징이라든가, 그 밖의 취미 기호 등, 알아 두어야 할 항목은 수없이 많을 것이다. 이러한 조사의 수고를 아끼며 수요의 동태를 파악하려고 하면, 그것은 언제나 실태와 거리가 먼 탁상 공론에 그치고 만다.

이러한 조사를 하는 한 방법으로서, 앙케이트를 요구하는 방법이 채택되는 일이 있는데, 이 앙케이트에 대해서는 서슴지 않고 자진해서 대답해 오는 사람과, 그런 수고를 극도로 꺼리는 사람이 있기 때문에 거기에는 반드시 편향성이 있는 것이다. 그러한 편향의 오차란 것을 수정할 만한 숫자를 파악하고 있지 않는 한, 이 앙케이트를 통한 정보란 것은 별로 신뢰할 것이 못된다.

8

> 必索敵間之來間我者, 因而利之, 導而舍之. 故反間可得而使也. 因是而知之, 故鄕間內間可得而使也. 因是而知之, 故死間爲誑事, 可使告敵. 因是而知之, 故生間可使如期.

【解義】 반드시 적의 간첩이 와서 우리를 엿보는 사람을 찾아, 인하여 이를 이롭게 해 주고 인도하여 이를 머물게 한다. 그러므로 반간은 얻어 부릴 수가 있다. 이를 인해 알게 되는지라, 그러므로 향간과 내간은 얻어 부릴 수가 있다. 이를 인해 알게 되는지라, 그러므로 사간이 거짓 일을 하여, 적에게 일러 주게 할 수 있다. 이를 인해 아는지라, 그러므로 생간은 기약한 대로 할 수 있다.

【文義】 사(舍)는 집에 재운다는 뜻, 즉 오래 머물러 있게 하는 것이다.

이번은 반간이란 것에 대해서다. 적의 간첩이 잠입해 오면, 널리 수사망을 펴고 이를 걸려 들게 만든다. 발견이 되면 그에게 적당한 편의를 제공하든가, 매수를 하든가, 교묘히 유도해서 이쪽에 오래 머물러 있도록 만든다.

이렇게 해서 그를 우리 편으로 끌어넣어 적의 내정을 차츰 알아내도록 한다.

적의 내정을 이에 따라 자세히 알게 되면, 향간과 내간을 이용할 수 있는 실마리가 생기게 된다.

이것에 의해 보다 자세한 것을 알게 되면, 이번에는 사간을 통해 헛소문이 적의 손으로 들어가게 만든다. 또 이렇게 함으로써 생간이 무사히 정보를 가지고 돌아올 수 있게 되는 것이다.

【解說】 앞에 말한 앙케이트에 대해 빠짐없는 회답을 얻기 위해, 뭔가 경품을 주겠다는 방법을 쓰기도 한다. 그런데 결과적으로 그 경품이란 것이, 회답을 보내온 사람의 수고를 무시한 엉터리 물건인 경우가 많다. 비용에 관계되는 문제이겠지만 정확한 정보와 통계의 가치가 얼마나 대단한 것인가를 모르는 인식 부족에서 온다고 볼 수 있다.

선전전 시대라고 하니까, 그 방면의 비용은 비교적 아낌없이 쓰고 있는 모양인데, 그런 목표가 뚜렷하지 못한 선전은 이른바 부동층에 대한 것으로 막연한 효과밖에 기대할 수 없다.

완전한 조사에 의해 수요층의 실체를 파악하고 정확하게 과녁을 쏘는 선전이라면, 드는 비용도 훨씬 가치 있는 것이 될 것이다.

한 가지 항목에 대한 조사가 완전히 끝나면, 그것이 발판이 되어 차례로 보다 깊은 조사가 가능해진다는 것은 손자가 지적하고 있는 대로다.

9

> 五間之事, 主必知之. 知之必在於反間. 故反間不可不厚也, 昔殷之興也, 伊摯任夏, 周之興也, 呂牙在殷. 故惟明君賢將, 能以上智爲間者, 必成大功. 此兵之要, 三軍之所恃而動也.

【解義】 오간의 일은 임금이 반드시 알아야 한다. 아는 것은 반드시 반간에 있다. 그러므로 반간은 후하게 하지 않을 수 없는 것이다. 옛날 은나라가 일어나자 이지(伊摯)가 하나라에 있었고, 주나라가 일어나자 여아(呂牙)가 은나라에 있었다. 그러므로 오직 밝은 임금과 어진 장수만이, 능히 상지로써 간자를 삼아 반드시 큰 공을 이룬다. 이것이 군사의 요긴한 것으로 삼군이 믿고 움직이는 것이다.

【文義】 이지(伊摯)는 이윤(伊尹)을 말한다. 그는 성탕(成湯)을 도와 하나라 걸(桀) 임금을 밀어내고 은나라를 창건하기에 앞서 다섯 번이나 걸에게 가 있었다는 전설이 있다. 여아(呂牙)는 강태공 여상(呂尙)으로 그의 자가 자아(子牙)였다. 그는 주나라 무왕을 도와 은나라를 쳐 멸하고 천하를 통일한 유명한 정치인이요 군략가였는데, 그가 주나라로 오기 전에는 은나라에서 낚시질을 하며 지냈다.
　다섯 간첩에 대한 일은, 임금으로서 당연히 알고 있지 않으면 안되는 일이다. 이 다섯 간첩에 대한 가장 근본적인 것은 반간이다. 그렇기 때문에 이 반간이란 것은 후하게 대우하지 않으면 안되는 것이다.
　옛날 은나라가 일어날 때는, 은나라 탕임금의 신하 이윤이 하나라에 있으면서 그 실정을 완전히 다 알고 있었고, 또 주나라가 일어나게 되었을 때는, 주나라 무왕의 신하 여상이 은나라에 있으면서 은나라 실정을 골고루 알고 있었던 것이다. 그렇기 때문에 쉽게 혁명을 일으켜 천하를 손아귀에 넣을 수 있었던 것이다.

그러므로 현명한 임금과 장군만이 뛰어난 지혜를 가진 사람을 간첩으로 사용할 수가 있고, 그로 인해 큰 일을 이룰 수 있는 것이다.

간첩이란 이토록 군사상 중요한 역할을 하는 것으로, 한 나라의 군대는 그것에 의해 기획하고 행동하게 되는 것이다.

【解說】 이 마지막 대목에서, 손자는 뒷날 성인으로 추앙받고 있는 이윤과 여상 같은 사람을 뛰어난 지혜를 가진 간첩으로 해석하고 있는 점은 매우 흥미있는 일이다. 그만큼 손자는 간첩을 높이 평가하고 있는 것이다.

앞서 말한 대로 어떤 일을 시작하기 위해서는 먼저 그 실정과 실태를 완전히 파악하지 않으면 안된다. 기초 조사가 모든 일의 터전이 되고, 설계의 바탕이 되고, 행동의 지침이 되는 것이다.

《손자》가 오간으로 끝을 맺은 것도 그만한 까닭이 있었다고 말할 수 있을 것 같다.

東洋古典百選·14

孫子兵法

　著　者：孫　　　　武
　譯解者：許　文　純
　發行者：南　　　溶
　發行所：一信書籍出版社

주소：１２１－１１０
　　　서울 마포구 신수동 177-3
등록：1969. 9. 12. NO. 10-70
전화：영업부 /703-3001～6
　　　편집부 /703-3007～8
　　　F A X /703-3009
ⓒ ILSIN PUBLISHING Co.

ISBN 89-366-0564-X　　03130

값 12,000원